柳宗元的權力與筆鋒

以文字書寫的壯志未酬

陳為人 著

從雄心壯志到圓外方中，走入柳宗元的作品
探索諫諍、寓言與改革背後的理念

——— 諫言如鐵，心似流水 ———

從輝煌到流放，由諫臣變為文豪
以簡練的筆觸道盡人性的矛盾與世事的無常
以寓言承載內心的理想與抱負
在詩文中探尋心靈的平靜，寄情於山水間

目 錄

引言 005

第一章　柳氏民居引出宗嗣血脈 017

第二章　從「柳河東」透出的生命訊息 033

第三章　嗟餘聽鼓應官去，走馬蘭臺類轉蓬 051

第四章　當官乎？為文乎？選擇的困境 067

第五章　諫諍是拿生命做搏擊 091

第六章　寓言與政論 111

第七章　思想是改革的靈魂 135

第八章　少時陳力希公侯，許國不復為身謀 159

第九章　輝煌在瞬間殞落 187

第十章　風波一跌逝萬里，壯心瓦解空縲囚 231

第十一章　從頭角崢嶸到「圓外方中」 269

目錄

引言

梁啟超在〈讀陸放翁集〉中，寫下這樣的詩句：「辜負胸中十萬兵，百無聊賴以詩鳴。誰憐愛國千行淚，說到胡塵意不平。」以詞家名世的陸游陸放翁，本是「胸中十萬兵」，有心為將為相者，然而，命運陰差陽錯，偏偏泯滅了他馳騁官場之夢，只落得「百無聊賴以詩鳴」。幾千年來，中國的文人士大夫們，總是身不由己地、抑或是趨之若鶩地，落條文學家官場得意成為政治家、政治家官場失意又回歸文學家的循環。

中國的文人向來矯情。

老子、莊子示人的形象顯然是逍遙出世之人。但細讀《老子》、《莊子》，卻產生諸多疑問：老子言：「失道而後德，失德而後仁，失仁而後義，失義而後禮」，既然老子認為人心已失，盛世不再，卻還存有救世之心，倡言「為無為，則無不治」。既然認為天下已不可救，卻還要開出救世的藥方？暴露出的不正是他內心的自相矛盾？《老子》五千言，口口聲聲教誨「言者無知，知者無言」，然而從話語中我們仍不難聽出孜孜以求「為帝王師」的弦外之音。老子的諸如「以其無私邪故能成其私」、「夫唯不爭故天下莫能與之爭」、「為無為則無不治」所曲折表達出的，何嘗不是為當政當權者獻計獻策的良苦用心？

據司馬遷《史記》記載，莊子也曾出任蒙邑的「漆園小吏」，也曾懷抱「了卻君王天下事，贏得生前身後名」的雄心壯志。終究是無情的現實政治，破滅了莊子的從政之夢。楚國、魏國也曾多次派出使者意欲聘莊子為相，《莊子·山木》篇中，記載了莊子對魏惠王的一番表白：「今處昏上亂相之間，而欲無憊，奚可得邪？此比干之見剖心，徵也夫！」自古

引言

伴君如伴虎。為人臣子身處庸帝昏君之側，還能存什麼奢望呢？如同比干被剖心，正是時勢險惡的徵象！正是官場的凶險，使得明智之士為求保身只得「激流勇退」。可以推想，莊子如若真是追求他的「逍遙遊」，那麼何須殫精竭慮地寫出〈大宗師〉篇來表白入仕之心跡，又何必用心良苦地以〈應帝王〉篇來介紹從政的技巧？從莊子對「庖丁解牛」的描繪中，我們更清楚地感受到一種入世的激情。

明明身懷經天緯地之才，心存入閣出相之志，不時流露「大鵬一日同風起，扶搖直上九萬里」的壯志凌雲。但當著人的面卻總要羞羞答答，遮遮掩掩，「猶抱琵琶半掩面」，倡言「人生在世不稱意，明朝散發弄扁舟」，表現出一副文人傲骨。把心中理想抱負，埋藏於內心深處，不到火候不揭鍋。即便鬱悶不堪到不吐不快之時，也以一種折光反射的形式表現出「曲線救國」。與柳宗元同為唐代文人的李商隱可算典型一例。李商隱明明對「走馬蘭臺類轉蓬」的官場很有興趣，卻偏偏寫下那麼多的〈無題〉詩。「春蠶至死絲方盡，蠟炬成灰淚始乾」、「身無綵鳳雙飛翼，心有靈犀一點通」、「此去蓬萊無多路，青鳥殷勤為探看」、「滄海遺珠空有淚，藍田生煙玉成灰」等等，比目皆是。愛情本來是私人的隱密話題，然而在對政治孜孜以求而諱莫如深、不願明言之際，便寧可託辭於愛情。李商隱的這些所謂〈無題〉詩，其實政治指向的「主題」非常鮮明。

即使是那位瀟灑飄逸、桀驁不馴的詩仙李白，也放不下男兒的政治情結，也是孜孜以求於「長風破浪應有時，直掛雲帆濟滄海」。李白雖然為了「免受盲試官之氣」，不屑走一般文人趨之若鶩的科舉之途。但他為了得到玄宗的賞識，費盡心機透過道教中重量級人物元丹丘，與信奉道教的玄宗親妹妹玉真公主牽上關係，才得以一睹「龍顏」。然而，以李白

曠性任達、風流明敏、卓拔獨見的天性稟異，與世俗庸習不合；更對於官場皇室的頤指氣使，多所扞格，很難阿承附合，隨波逐流；政治上的風雨漩渦，更使李白如入樊籠，腦門頂上的花翎冠冕猶如精神桎梏，讓他覺得壓抑窒息。後世評價詩仙李白時認為，歷史真會開玩笑，活生生地把一個完整的人劈成了兩半。成為「一個分成兩半的子爵」。一半是終其一生渴望著能登龍入仕、施展自己經國濟民的宏願，然始終不能如願；而另一半則是，志不在為文為詩，最後竟以文豪詩仙名垂千古。「蚌病成珠」，李白因禍得福。命運的蹉跎，心靈的煎熬，這些尖銳而深刻的矛盾，打造出偉大詩人創造力的心理基礎和內在動因。現實與理想一刻也不停息的衝突，成為李白創作出「驚天地、泣鬼神」作品的不竭泉源。

柳宗元一生升任的最高官階為禮部員外郎，這一職務在隋、唐初，又稱為「儀曹郎」，所以，後人亦稱柳宗元為「柳儀曹」。

唐朝的官制秩序基本是沿襲隋朝。把尚書省（類似於當今的行政院）諸曹正式確定為吏、戶、禮、兵、刑、工六部。部的首長稱尚書、副首長稱侍郎。部下設司，司的正職稱郎中，副職稱員外郎。柳宗元獲得的最高職務，也就是個小小的「副司局級主管」。在序階井然的官場宦海，就是為了這麼個小小的「芝麻綠豆官」，柳宗元付出了畢生的心血和代價。

柳宗元在〈與楊誨之第二書〉一文中，寫有這樣的字句：「吾年十七求進士，四年乃得舉。二十四求博學宏詞科，二年乃得仕……時遭訕罵詬辱，不為之面，則為之背。」柳宗元泣血無淚地勾勒出自己艱難的求仕之途。

柳宗元屢試不中落第後的複雜心理，在〈送元秀才下第東歸序〉一文中表達得淋漓盡致：立志堅定的人，「窮躓不能變其操」，困頓挫折不

能改變他的節操；飽學多才之人,「屈抑不能貶其名」,壓抑屈辱不能貶低他的名聲。「夫有湛盧、豪曹之器者,患不得犀兕而之,不患其不利也。」擁有湛盧、豪曹之寶劍,何愁找不找犀牛兕象之類來試刃?

柳宗元在「仕進之路」上屢試不中而越挫越勇,給人一種「官迷」的錯覺。好像他無所不用其極地想要擠進官場。其實,柳宗元在〈上大理崔大卿應制舉不敏啟〉一文中,早就闡明了自己對「舉仕入官」的看法。他認為,想當官的人無外乎這麼幾種想法:一種人並不知道當官要做什麼,只因為「舉天下而好之,吾何為獨不然?」人棄我棄,人取我取,大家都爭著當官,當了官光宗耀祖。一種人,「有慕權貴之位者,以將相為悅者也」,當了官自然帶來一連串的好處,權力很容易轉化為利益。還有人「有樂行乎其政者,以理天下為悅者也」,占著茅坑不拉屎,當一天和尚撞一天鐘。而柳宗元「吾何修而可以登之乎?必求舉是科也」。學得屠龍術,總得有一個施展屠龍的舞臺,而不是扮演一個「葉公好龍」之人。

柳宗元在〈唐故給事中皇太子侍讀陸文通先生墓表〉中,表白自己參加科舉,其目的不在於登朝廷、列將相,而是「書而志之者,其事大備」,是準備幹一番大事業。柳宗元在〈送寧國範明府詩序〉「夫為吏者,人役也。役於人而食其力,可無報耶?」所謂的當官,就是要做老百姓的僕人。後來,柳宗元被貶官永州期間,在〈送薛存義之任序〉中,又重申和強調了「吏為人役」的觀點。柳宗元說出了自己的一番見解:「蓋民之役,非以役民而已也」。他們的職責應該是,為百姓做事的奴僕,而不是去奴役他們的百姓。「凡民之食於土者,出其十一傭乎吏」。老百姓為國家納稅,從他們的收穫中抽出十分之一來養活官吏,希望官吏公平地為自己做事,是這樣一種僱傭關係。而現在的官吏拿了百姓的錢卻沒有盡忠職守,「天下皆然」,天下的烏鴉一般黑。進一步說豈止是不盡守職

守，還監守自盜，進而竊取他不該得到的份外之利。假如你家中僱用了一名僕人，他接受了你的佣金，卻怠慢你的工作，還偷盜你的物品，那麼你肯定會非常氣憤，撤掉他的差役，對他進行處罰。「有達於理者，得不恐而畏乎」，如果官吏明白這層道理，怎麼會不誠惶誠恐而有所顧忌呢？

柳宗元在多篇文章中，都涉及到一個「官」與「民」的關係問題。並毫無疑義地表達了「官為民役」的觀點，提出對「怠事」、「盜器」之吏應由民眾「黜罰」的主張。當官不為民謀福，不如回家賣蕃薯。

柳宗元初入官場，還寫過一篇〈守道論〉。柳宗元認為「官也者，道之器也，離之非也」，「守道」比「守官」更為重要。也就是說，當官只是實現理念的途徑，不應走上了這條路卻忘記了最終目標。柳宗元基於「官所以行道」的原則，主張「守道」與「守官」的一致性。柳宗元雖然迷戀於金榜題名，但是如果當官不能實現自己的主張，則「言從則人留，言不從則人去」，完全可以掛冠而去，棄官職如敝屣。

柳宗元原本是一個富有「救世主」情結之人，立志要把自己的經天緯地之才，報國利民熱心於改革現實，並無意於當一個「空頭文學家」。柳宗元在〈答貢士元公瑾論仕進書〉中，直言不諱地表白：「始僕之志學也，甚自尊大，頗慕古之大有為者。」認定「天降大任於斯人」，理應幹一番轟轟烈烈的大事業。柳宗元在〈答吳武陵論非國語書〉中，也表達了相似的意願：「僕之為文久矣，然心少之，不務也。以為是特博弈之雄耳。故在長安時，不以是取名譽，意欲施之實事，以輔時及物為道。」柳宗元認為，為文只是雕蟲小技，沽名釣譽，為有志者所不屑。大丈夫在世，自當「鯤鵬展翅九萬里」。柳宗元在第一次科舉落第時，不僅不為之沮喪，反而致信大理卿崔儆，表示自己不是「探奧義、窮章句」、「為腐爛

之儒」。他寫道：「有愛錐刀者，以舉是科為悅者也；有爭尋常者，以登乎朝廷為悅者也；有慕權貴之位者，以將相為悅者也；有樂行乎其政者，以理天下為悅者也。然則舉甲乙、歷科第，因為末而已矣。得之不加榮，喪之不加憂，苟成其名，於遠大者何補焉！」在柳宗元看來，人各有志，「燕雀豈知鴻鵠之志哉？」登科第、做高官並不是自己的目的，他也不願做尋章摘句、皓首窮經的「腐爛之儒」，而希望「行乎其政」以「理天下」。他所謂的「政」，即孔孟儒家提倡的「仁政」，他希望透過自己的政治實踐，「興堯、舜、孔子之道，利安元元」。

在封建時代，萬般皆下品，唯有讀書高。讀書人皓首窮經，苦學力文，衣帶漸寬終不悔，為伊熬得人憔悴。以致膚革不豐，齒髮早衰，也要以求仕進。所謂「學成文武藝，貨與帝王家」。人生的四大快事也被描寫為「洞房花燭夜，金榜提名時」。讀書成為求仕的「敲門磚」，讀書人夢寐以求中科入仕，獲取官職，為了替自己的才能尋求一個得以施展的舞臺。

古希臘哲人亞里斯多德有名言：「人天生是政治的動物。」有志男兒誰沒有強烈的政治情結？

韓愈在〈柳子厚墓誌銘〉文中，說了這樣一番話中有話、弦外有音之言：「子厚前時少年，勇於為人，不自貴重顧藉，謂功業可立就，故坐廢退。既退，又無相知有氣力得位者推挽，故卒死於窮裔，材不為世用，道不行於時也。」韓愈以極含蓄的貶抑筆法勾勒出柳宗元短暫的官場之夢的破滅。

韓愈所說柳宗元「不自貴重顧藉，謂功業可立就，故坐廢退」之言，是指柳宗元參與王叔文的「永貞革新」一事。

唐順宗李誦即位後，啟用王叔文等人進行「永貞革新」：「禁中文誥，

到涼爽，穿上皮襖就覺得暖和，人與人差距能有多大？由此類推到聖人，自然也是一個樣子。那麼伏羲、女媧、孔子，他們也都是人罷了，又怎麼會成為牛頭、蛇身、方腦袋呢？

可是世上那些尋求駿馬的人，不是到馬群裡去尋找，而一定要找如同圖畫上的那般，所以終究得不到駿馬。仰慕聖人的人，不從人群中去尋求，而一定要找模樣奇怪的，所以終究找不到聖人。「誠使天下有是圖者，舉而焚之，則駿馬與聖人出矣。」如果天下藏有這樣圖的人，都拿出來通通燒掉，那麼就會出現聖人和駿馬了。

柳宗元實際上是指出了選拔超凡脫俗人才的一種失誤。

柳宗元感覺到，楊誨之與當年的自己，何其相似乃爾！「當時志氣類足下，時遭訕罵詬辱，不為之面，則為之背。積八九年，日思摧其形，鋤其氣，雖甚自折挫，然已得號為狂疏人矣。」正反兩方面的經驗與教訓，使柳宗元有著理性認知：「吾信夫狂之為聖也！」他悟出了性格、人際關係與從政熱情的內在連繫，「苟縱直而不羈兮，乃變罹而禍仍。歷九折而直奔兮，固摧轅而失途。」他理解到我行我素的性格對於實現抱負沒什麼好處，柳宗元說，山中的猴子，本來「輕、躁、狠、戾（怪僻）」，一旦「優人（雜耍藝人）」得之，不僅「未有一焉狂、奔、掣（阻撓）、頓（停下）」，而且，可以「為人所為」。這說明，如果加以「縶（約束）」、「制（控制）」以及「鞭箠（鞭策）」，那麼，輕狂有改變的可能（上段論述參閱了馬曉斌先生的〈用坎坷和挫折換來的經驗〉一文。）

柳宗元給楊誨之的二封信，其實在勸說別人的同時，何嘗不是在說服自己。

柳宗元給楊誨之的回信，洋洋灑灑、數千言之長。此後還旁徵博引，對楊誨之信中所涉及的人物，管仲、伊尹、甘羅、終軍、阮咸、嵇

第十一章　從頭角崢嶸到「圓外方中」

康等人的命運和際遇，作出了詳盡的分析和評價。以歷史為鑑，以人物為鏡，試圖說服、開導楊誨之。

我無意對柳宗元的人生經驗做更多的道德是非評價。存在即合理，它自有其形成的社會學邏輯。柳宗元人生理念的微妙改變，使我聯想到卡夫卡筆下的一篇小說：《致某科學院的報告》。小說以猿猴自述的口氣，描繪了人類把一隻猿猴馴化為「達到歐洲人平均教育程度」的人類之過程。用卡夫卡的話說，就是「一隻昔日的猿猴需要經過什麼途徑，才能步入人類世界，並取得安身立命之道。」

正是經過生存現實的馴化，一隻自然界的野性猿猴消失了，一個改造成的「新人」誕生了。

動物園裡的牢籠是有形的，動物園之外，牢籠無處不在。生存欲望成為身體的牢籠。誰是牢房的監管者？上帝，還是社會制度？──尼采說是上帝，傅柯說是社會制度。逐走上帝、取消社會制度，牢房就不存在了？──卡夫卡說：「不！沒有上帝或社會制度，身體也是牢房。」

柳宗元從「頭角崢嶸」到「圓外方中」的轉變，使我看到了生存現實的殘酷無情。

柳宗元的權力與筆鋒，以文字書寫的壯志未酬：

從雄心壯志到圓外方中，走入柳宗元的作品，探索諫諍、寓言與改革背後的理念

作　　　者：陳為人
發　行　人：黃振庭
出　版　者：崧燁文化事業有限公司
發　行　者：崧燁文化事業有限公司
E - m a i l：sonbookservice@gmail.com
粉　絲　頁：https://www.facebook.com/sonbookss
網　　　址：https://sonbook.net/
地　　　址：台北市中正區重慶南路一段61號8樓
8F., No.61, Sec. 1, Chongqing S. Rd., Zhongzheng Dist., Taipei City 100, Taiwan
電　　　話：(02)2370-3310
傳　　　真：(02)2388-1990
印　　　刷：京峯數位服務有限公司
律師顧問：廣華律師事務所 張珮琦律師

-版權聲明

本書版權為北嶽文藝所有授權崧博出版事業有限公司獨家發行電子書及繁體書繁體字版。若有其他相關權利及授權需求請與本公司連繫。

未經書面許可，不得複製、發行。

定　　　價：420 元
發行日期：2024 年 11 月第一版
◎本書以 POD 印製

國家圖書館出版品預行編目資料

柳宗元的權力與筆鋒，以文字書寫的壯志未酬：從雄心壯志到圓外方中，走入柳宗元的作品，探索諫諍、寓言與改革背後的理念 / 陳為人 著. -- 第一版. -- 臺北市：崧燁文化事業有限公司，2024.11
面；　公分
POD 版
ISBN 978-626-416-096-4(平裝)
1.CST: (唐) 柳宗元 2.CST: 學術思想 3.CST: 傳記
782.8416　　　　113016982

電子書購買

爽讀 APP

臉書

皆出於叔文」。王叔文「尤奇待宗元」，尤其看重柳宗元，「以宰相器待之」。「密引禁中，與之圖事」，「言無不從」。柳宗元任尚書禮部員外郎，原本還想更「大用之」，柳宗元的仕途前程似錦。

然而，「永貞革新」猶如夏夜裡迅疾短暫的一道閃電，撕裂了如磐如漆的封建蒼穹，然而不到八個月的時間，一切又復歸混沌鴻蒙。柳宗元等「永貞革新」的主事者，政治新星「二王八司馬」們，為了流星般的一刻輝煌，付出的是整整一生的悲情生命。

永貞革新的失敗，帶給柳宗元巨大的打擊。「摧心傷骨，若受鋒刃」。他常以被放逐的屈原和被貶謫的賈誼自喻：「不信縲絏枉，徒恨纆徽長。賈賦愁單闕，鄒書怯大梁。」韓愈感嘆於柳宗元的懷才不遇：「材不為世用，道不行於時」。劉禹錫也發出「皇天厚土，胡寧忍此」，感嘆柳宗元生不逢時。

命運之神是一個喜歡「惡作劇」的老頑童，他把手中的命運之魔棒輕輕一撥，柳宗元的人生就此發生了南轅北轍的轉向。

早在中學時代，就熟誦柳宗元那首千古絕唱〈江雪〉：「千山鳥飛絕，萬徑人蹤滅，扁舟簑笠翁，獨釣寒江雪。」當年，以一個中學生的理解，只是感嘆於詩人遣詞造句錘鍊語言的功力。他為讀者描繪出一幅幽靜寒顫的畫面：在廣袤的江面上，大雪覆蓋了一切。蒼茫的天穹下，沒有鳥影，沒有人跡；整個天地之間，唯有一葉孤舟，一個孤零零的漁翁，在大雪漫漫中獨自垂釣。天垂雲暗，勾勒出一個孤寂的身影，萬籟無聲而「於無聲處聽驚雷」。這只是一個中學生的「唐詩欣賞」。

有些凝鍊的詩句需要人生閱歷才能讀懂。隨著年齡的增長，隨著對柳宗元生平經歷的了解，我終於讀出了柳宗元描繪的淒涼畫面之中，力透紙背的內容，且越來越驚悚於柳宗元詩中所展示、創造的意境：這是

一個落魄士大夫的心電圖！柳宗元以寥寥二十個字，向世人展示出一幅淒涼、悽慘、悲愴、悲苦的畫面：群山千韌，連飛鳥也絕跡無影，這是何等蠻荒的自然環境？路有萬條，卻難覓人的足跡，又是何等惡劣的生存境遇。了無生氣，滅寂絕望。舟是「扁舟」，又是「獨釣」，柳宗元作為一名「孤獨者」的形象，襯著悽愴的背景，鐫刻在世人視覺記憶的螢光幕上。

孤獨是一種內心豐富、曲高和寡、知音難覓的狀態；孤獨又是一種燭微知著、洞若觀火、與現世格格不入的反映；孤獨還是一種一騎絕塵、會當臨絕頂、背負青天往下看、高處不勝寒的寫照。

柳宗元的〈江雪〉使我見識了一個孤寂封閉的靈魂，在剪不斷、理還亂，遮天蔽地的困境之中，發出的罕有哀鳴。這種靈感靈動的噴湧而出，一定是在長久的孤寂中被偶然激發的。一種基於靈魂深處的孤芳自賞，伴隨著寂寞油然而生。

驀然間，我走進了一個千年先賢的靈魂。我似乎讀懂了柳宗元。

那位寫出《藏書》、《焚書》等離經叛道名著的明代著名思想家李贄，在〈復焦漪園〉一文中說過這樣一番話：「文非感時發己，或出自家經畫康濟，千古難易者，皆是無病呻吟，不能工。……借他人題目，發自己心事，故不求工自工耳。」短短數語，道盡千古文章成敗之底蘊。柳宗元之所以能夠成為文章大家，自唐以降，盛名不衰，鮮有與其比肩者，蓋出於「言發於心聲」。

當柳宗元經天緯地的從政理想破滅之後，他不甘心「出師未捷身先死」，就此退出人生舞臺。他在〈寄許京兆孟容書〉一文言道：「賢者不得志於今，必取貴於後，古之著書者皆是也。」他在〈貞符序〉中進一步表白心跡：「……念終泯沒蠻夷，不聞於時……苟一明大道，施於人代，

死無所憾。」他在〈上襄陽李愬僕射獻唐雅詩啟〉中還說:「宗元身雖陷敗,而其論著,往往不為世屈。意者殆不可自薄自匿,以墜斯時。苟有輔萬分之一,雖死不憾。」

《後漢書·馮異傳》中有句古語:「始雖垂翅回谿,終能奮翼黽池,可謂失之東隅,收之桑榆。」儒家向來把「兼濟」和「獨善」視為二道。一旦政治上失意,也要回歸文章。柳宗元在永州的十年,可說是「天恐文人不盡才」,是天意促成了一名文學大家的誕生。作為「閒員」,柳宗元被迫退出了政治舞臺,「輔時及物之道,不可陳於今,則宜垂於後」。在長安期間,因為忙於政務和應酬官場,整日置身於喧囂及騷動之中,深入地思索問題和潛心寫作都受到影響。現在有了充裕的時間和平靜的心境,柳宗元廣博地閱讀、潛心地思考,深入地訪求,認真地研究。除了有閒暇餘裕之外,更重要的是他累積了更多的人生經驗和感情體驗,對生存有了更深刻的體會。柳宗元的許多名篇佳作,大多是在永州流放的十年中寫出。《柳河東集》收錄他的詩文五百四十七首(篇),其中就有三百一十七首(篇)是寫於永州。尤其最能顯示柳宗元思想和文學才華的議辯、對、答、說、傳、騷、弔贊箴戒、銘雜題等一百零七篇,就有八十二篇寫於永州。如《非國語》、〈天說〉、〈天對〉、〈捕蛇者說〉、〈三戒〉、〈永州八記〉等。

柳宗元在永州的十年,是他文學創作的極盛時期。

司馬遷在〈報任少卿書〉中寫道:「蓋文王拘而演《周易》;仲尼厄而作《春秋》;屈原放逐,乃賦〈離騷〉;左丘失明,厥有《國語》;孫子臏腳,《兵法》修列;不韋遷蜀,世傳《呂覽》;韓非囚秦,〈說難〉、〈孤憤〉;《詩》三百篇,大底聖賢發憤之所為作也。」

陰錯陽差、鬼使神差、歪打正著,「有心栽花花不開,無意插柳柳成

蔭」，因禍得福，家國不幸詩人幸。柳宗元的貶謫永州，封建王朝少了一位憂國憂民的官吏，卻多得了一名名垂青史的「唐宋八大家」。

歐陽修在〈薛簡肅公文集序〉中說了一段意味深長的話：「君子之學，或施之事業，或見於文章，而常患於難兼也。蓋遭世之士，功烈顯於朝廷，名譽光於竹帛，故其常視文章為末事，而又有不暇與不能者焉。至於失志之人，窮居隱約，苦心危慮，而極於精思，與其有所感激發憤，唯無所施於世者，皆一寓於文辭，故曰窮者之言易工也。如唐之劉、柳，無稱於事業，而姚、宋不見於文章。彼四人者，猶不能於兩得，況其下者乎？」歸隱書齋、著書立言，出將入相、叱吒風雲，難得二者兼顧。走時運之人，高居廟堂，把文章之事視若閒為；至於失志，退守書房，滿腔激憤、無以宣洩，只能訴諸筆端。所以窮困失落者易工文辭。即如柳宗元之大才，尚且不可魚與熊掌兼得。

韓愈也為此發出感慨：「使子厚在臺省時，自持其身已能如司馬、刺史時，亦自不斥。斥時，有人力能舉之，且必復用不窮。然子厚斥不久，窮不極，雖有出於人，其文學辭章，必不能自力以致，必傳於後如今，無疑也。雖使子厚得所願，為將相於一時，以彼易此，孰得孰失，必有能辨之者。」柳宗元如果仍然一直身居官場，處於高位，他還會致力於文章？如果貶謫後很快有人抬舉，他復得志於官場，不是一直困頓蠻荒，他還能寫出那樣的錦繡文章？如果遂了柳宗元之願，出將入相，予以交換位置，我們是需要一個政治改革家的柳宗元，還是更鍾情於一個文學領袖的柳宗元？孰得孰失，幸矣不幸？也許我們當今人的智慧不足，只有留待智力更為發達的後人來予以評價了。

愛因斯坦的相對論認為：「質量是能量的一種表現形式。質量的高低決定於能量的大小。」什麼是生命的質量？如何贏得人生的最大價值？

是在官場上叱吒風雲、左右歷史的能量大？還是文壇閉門造車、舞文弄墨、留取丹青的能量大？對於法蘭西民族來說，究竟是以劍征服了整個歐洲的拿破崙可稱之為偉人，還是用筆征服了全世界讀者的巴爾札克該稱之為偉人？

柳宗元的人生，是悲劇抑或是喜劇？千秋功過得失，誰人來與評說！

從柳宗元的身上，我看到了政治家、文學家兩種命運軌跡的交錯際遇，它形成了一個歷史時空的交會點，蔓延出的盤根錯節、千絲萬縷，同時也是中國幾千年來文人士大夫的「宿命」。

引言

第一章
柳氏民居引出宗嗣血脈

　　出了沁水縣城西南，驅車25公里來到土沃鄉。在群峰峻嶺與河谷交錯的坪崗上，坐北朝南、背依青山、兩面環河，坐落著一個叫西文興的小山村。人們指認那就是以血緣為紐帶，柳氏家族後裔集聚的古村落。

　　過去，我只知道柳宗元素有「柳河東」、「柳柳州」之稱，分別指明了柳宗元的祖籍地和逝世地。現在怎麼又驀然冒出個柳氏家族後裔集聚的古村落——西文興村？

　　西文興村有座關帝廟，廟裡存有一塊明朝的碑：「柳氏宗支圖記碑」，上面記載：「柳氏系出魯大夫展獲公，食邑柳下，因姓焉。厥後譜，代有聞人，而唯唐猶勝，名賢繼出，卒流於史，炳如也。唐末，始祖自河東徙沁歷。」

　　這塊碑記展示了柳氏家族的血脈傳承淵藪。追溯柳宗元家族祖先的世系，學界往往推尊西周時期的展禽為柳氏始祖。據《元和姓纂》載：「周公孫魯孝公（西元前796年至西元前769年在位）子展，展孫無駭，以王父字為展氏，生禽，食採柳下，遂姓柳氏。」以封地為姓，是春秋戰國時的通例。《新唐書》卷七三也載：「柳氏出自姬姓。魯孝公子夷伯、展孫無駭生禽，字季，為魯士師，諡曰惠，食採於柳下，遂姓柳氏。」根據《中國姓氏尋根》載：柳氏源出於姬姓，魯孝公的兒子叫公子展，展的孫子叫無駭，以祖父名命氏，稱為展氏。展無駭的兒子叫展禽，字季。展禽的封地在柳下，死後諡號為惠，所以又叫柳下惠。《文韻》中更為疏

第一章　柳氏民居引出宗嗣血脈

理的明確：柳下惠的子孫由此便稱柳氏，魯為楚滅，柳氏入楚。楚為秦滅，乃遷晉之解縣。秦置河東郡，故為河東解人。由此看來，柳氏第一世祖先應為柳下惠。清朝年間，乾隆皇帝敕賜柳氏家族的匾額，御筆親書「香泛柳下」四字。這塊牌匾金口玉言，點明了柳氏家族的宗嗣淵源。

柳宗元在所撰的多篇碑誌祭文中，都提及自己這位值得炫耀的祖先柳下惠。

〈故銀青光祿大夫右散騎常侍輕車都尉宜城縣開國伯柳公行狀〉：「柳氏自黃帝、後稷降於周、魯，以字命族，因地受氏，載在《左氏》內、外傳及《太史公書》。」

〈故叔父殿中侍御史府君墓版文〉：「柳氏之先，自黃帝歷周、魯，其著者無駭，以字為展氏，禽以食採為柳姓。厥後昌大，世家河東。」

〈萬年縣丞柳君墓誌〉：「系自周、魯，後得柳姓。」

柳下惠在西周、春秋時代是個極有影響的人物。在諸多文獻典籍中，對其生平事蹟都有所記載：

《列女傳》記載了一段柳下惠夫妻間的對話：「妻曰：『君子有二恥：國無道而貴，恥也；國有道而賤，恥也。今當亂世，三黜而不去，亦近恥也。』柳下惠曰：『油油之民，將陷於害，吾能已乎？且彼為彼，我為我，彼雖裸裎，安能汙我？』油油然與之處，仕於下位。」（【漢】劉向，張濤譯註《列女傳譯註》，山東大學出版社 1990 年版）柳下惠的妻子說，君子士大夫有兩恥：國家失去公平正義，你處於顯貴尊榮，這是一種恥辱；國家兵強民安、欣欣向榮，而你獨守貧賤，這也是一種恥辱。眼下是一個昏庸亂世，你三次被罷黜官職，而仍留在國內，也可算是一種恥辱了。柳下惠回答：天下百姓都在煎熬之中，我何能只考慮自己？何況人是人，我為我，你縱然在我身邊赤身裸體，也不會沾染上我的汙濁。

柳下惠坦然處於低下之位。

《戰國策‧燕策三》:「柳下惠吏於魯,三黜而不去。或謂之日:『可以去』。柳下惠日:『苟與人之異,惡往而不黜乎,猶且黜乎,寧與故國爾』。」(【漢】劉向集錄《戰國策》,上海古籍出版社 1985 年版)柳下惠在魯國任士師官(司法官),因為他耿直正道、秉公辦案,得罪了不少權貴,曾遭遇過三次「罷黜」。有人問,你遭受如此待遇,為什麼還不離開魯國呢?柳下惠回答,若想做一個正直的人,到哪都一樣會受排擠,為什麼要離開「父母之邦」呢?寧可祖國負我,我不能負祖國。

《左傳‧僖公 26 年》:「夏,齊孝公伐我北鄙。……公使展喜犒師,使受命於展禽。齊侯未入境,展喜從之,日:『寡君聞君親舉玉趾,將辱於敝邑,使下臣犒執事。』齊侯日:『魯人恐乎?』對日:『小人恐矣,君子則否。』齊侯日:『室如懸罄野無青草,何恃而不恐?』對日:『恃先王之命。昔周公、太公股肱周室,夾輔成王。成王勞之,而賜之盟,日:世世子孫無相害也!載在盟府,太師職之。……恃此以不恐。』齊侯乃還。」(楊伯峻編著《春秋左傳注》,中華書局 1981 版)魯僖公 26 年夏,齊孝公侵犯魯國北部邊疆。柳下惠受命出使見齊侯。齊國之師尚未入魯境,柳下惠已經迎了上去。對齊侯說:我的國君聽說大王御駕親征,要侵犯魯國,特遣我前來交涉。齊侯問,魯國人面臨大軍壓境害怕嗎?柳下惠答日,小民或者惶恐不安,而上層卻很坦然應對。齊侯覺得奇怪,朝室危如懸罄,四野青草俱毀,還靠什麼依恃?柳下惠從容應對:魯公依恃的是受命於周室,自周公輔佐成王,一統天下,結兄弟之盟,世世代代和睦相處。得道多助,失道寡助,仁義之師才能無敵於天下。這正是魯君憑藉依恃之處。齊侯聽了柳下惠這番高談闊論,無聲息地收兵回朝了。

第一章　柳氏民居引出宗嗣血脈

柳下惠生於西元前720年，比孔子早一百多年。從以上史籍文獻的記載中可以看出，在他身上充分體現著儒家所倡導的「仁、義、禮、智、信」。司馬遷的《史記》中提到，孔子曾「數稱……柳下惠」，認為孔學的思想核心「仁」，正是由柳下惠身上受到啟發。

據《論語·微子》記載：孔子讚美柳下惠，說他堅定自己的信念，屈辱自己的身分，可是言語必合乎法度，行為必經過思考。因而劉逢祿在《論語·述何》中說：「在魯言魯，前乎夫子而聖與仁，柳下惠一人而已。」認為在孔子之前，聖而仁者唯柳下惠一人。孔子在《論語·衛靈公》中，還責備魯國掌權的大夫臧文仲是「竊位」，魯君不用柳下惠而重用臧文仲是不明賢愚。

孟子也讚揚柳下惠說：不以官小而辭職，立身於朝廷，一定按原則做事，即便被罷官免職，也不怨恨，處於貧困之中，也不憂愁。與柳下惠相處，胸襟狹窄之人會變得寬廣，處世刻薄之人也會變得厚道。《孟子·萬章下》中把柳下惠與孔子相提並論：柳下惠「聖之和者也，孔子，聖之時者也。」由於柳下惠的高尚人格品行，先秦時期的人把他與商周之際的賢臣伯夷並稱「夷、惠」。

漢楊雄在《法言·淵騫》中稱：「不屈其意，不累其身，曰：是夷、惠之聖也！」把柳下惠並稱為先秦「四聖」之一。趙歧在《孟子·萬章下》注中說「孟子反覆羞伯夷、伊尹、柳下惠之德，以為足以配於聖人。」後世因此稱柳下惠為「和聖」。

《荀子·大略》中還記載了柳下惠的高潔品行：柳下惠收留了一個夜無歸宿的女子，徹夜同居一室，為了讓冷餒凍僵的女子取暖，女子坐於柳下惠懷中，又同披一衣，而柳下惠竟然能做到「坐懷不亂」。《毛詩·蒼伯傳》也說到這件事：柳下惠與女子夜居一室，而眾人「皆無疑」，可

見柳下惠「素行為人所信」，在左鄰右舍中有好口碑。《輟耕錄・不亂附妾》也提到這件事，認為，女子一夜坐於男子懷中而不亂，難矣；而人均不疑之，更難呀！說明平日言行為人所信服。

追宗溯源，河東柳氏出自姬姓。宗嗣的先祖即是那位贏得萬世美名的「坐懷不亂柳下惠」。

柳宗元深以自己有這樣的祖先為榮。他在〈送從兄偁罷選歸江淮詩序〉一文中，說了這樣一番話：「昔吾祖士師，生於衰周，與道同波，為世儀表。故直道而仕，三黜不去，孔氏稱之。遺佚而不怨，厄窮而不憫，孟子贊之。今吾遑遑末路，寡偶希合，進不知向，退不知守，所不敢折其志，戚其心，遵祖訓也。」柳宗元說自己的祖先，懷才不遇而不怨憤，獨守貧困而不悲憫。正是因為有著祖先的榜樣，而使自己發達時不會得意忘形，潦倒時也不會自暴自棄，仍能百折不喪其志。

柳宗元在〈送元秀才下第東歸序〉一文中說道：「獻藝春卿，當三黜之辱，可謂屈抑矣。而名益茂，藝之周也。苟非處心定氣，則曷能如此哉！」柳宗元以勸解朋友元公瑾為契機，抒發自己的心志。雖然三場科舉連連失利，但不應以一時的勝負得失為意。祖輩柳下惠為士師而三黜之辱，仍不失「處心定氣」。「周乎志者，窮躓不能變其操」，志向堅定之人，困頓挫折不能改變他的節操；「周乎藝者，屈抑不能貶其名」，飽學多才之士，壓制屈辱不能詆毀他的名聲。只要自己擁有湛盧、豪曹之劍，何愁找不到犀牛兕象這樣的目標來「安得倚天劍」。

柳宗元在〈送從兄偁罷選歸江淮詩序〉一文中，也是以「吾祖士師」、「直道而仕，三黜不去」為榜樣，發出「勉修厥志，懼不恆久」、「慰我窮局之懷，袪我行役之憤」的豪言誓詞。

「柳氏宗支圖記碑」上還記載：「厥後譜，代有聞人，而唯唐猶勝，

名賢繼出，卒流於史，炳如也。」

魏收等著《魏書》卷七十一載：柳宗元七世祖柳僧習，「善隸書，敏於當世。景明初，為裴植徵虜府司馬。稍遷北地太守，為政寬平，氐羌悅愛。肅宗時，至太中大夫，加前將軍，出為穎川太守。」

令狐德棻等著《周書》卷二十三載：柳宗元六世祖柳慶「仕後趙，為河東郡守。後以秦、趙喪亂，乃率民南徙，居於汝、穎之間，故世仕江表。祖緝，宋司州別駕，宋安郡守。」西魏時「加平南將軍」，「大行臺右丞，加撫軍將軍。還轉尚書右丞，加通直散騎常侍」。後又加封「車騎大將軍、儀同三司。魏恭帝初，進位驃騎大將軍、開府儀同三司、尚書右僕射，轉左僕射」；「拜司會中大夫」，「太子宮尹，封平齊縣公」。

魏徵等著《隋書》卷四十七載：柳宗元五世祖柳旦仕周，「拜衛州刺史。及踐阼，進爵建安郡公」。入隋，封新城縣男，大業初，任龍川太守，尋徵為太常少卿，攝判黃門侍郎。時年五十六卒於家，追「贈大將軍、青州刺史，諡曰簡」。

儘管各種史書典籍中的記載在官職封號上有所差異，但還是能看出一個大致輪廓。柳氏家族輩出俊傑。

柳宗元在〈先侍御史府君神道表〉中，對自己的族譜進行了一番梳理：「自慶以下四世為相封侯」，「六代祖諱慶，後魏侍中、平齊公（慶，字更興。河東解人，魏尚書左僕射）。五代祖諱旦，周中書侍郎、濟陰公（慶四子：機、弘、旦、肅。旦，字匡德，仕隋為黃門侍郎）。高祖諱楷（旦二子：則，楷），隋刺濟、房、蘭、廊四州。曾伯祖諱奭，字子燕，唐中書令。曾祖諱子夏，徐州長史（楷二子：長曰子夏，次曰繹）。祖諱從裕，滄州清池令。皇考諱察躬（察躬弟為臨邛令），湖州德清令。」柳宗元頗為自豪地說：「世德廉孝，颺於河滸，士之稱家風者歸焉。」意思

就是說，祖上世世代代都因為廉孝道德，在河東地區被廣泛傳誦，讀書做官的士人都稱讚他們祖上積德、門風昌盛。

正是祖先的血脈注入後輩的遺傳基因。

考察柳氏家族歷祖歷宗仕宦的史蹟，其祖先多代可以說得上是門庭顯赫、家族輝煌。早在魏晉南北朝時期，河東柳氏家族，就已經是中國北方一支勢力強盛的門閥士族，元稹的〈贈左散騎常侍薛公神道碑〉中稱：在北朝時期，柳氏是著名的門閥士族，柳、薛、裴被並稱為「河東三著姓」。柳宗元在〈與楊京兆憑書〉中寫道：「且柳氏號為大族」；在〈潞州兵曹柳君墓誌〉記載：「吾之先，自魏已來，為宰相者累世。」在〈祭從兄文〉中又說：「嗚呼，我姓嬋嫣，由古而蕃，鐘鼎世紹，圭茅並分。至於有國，爵列加尊。聯事尚書，十有八人。」柳宗元還在〈故大理評事柳君墓誌〉中自豪地說：「柳氏之分，在北為高。充於史氏，世相重侯」。

從魏晉、南北朝到隋、唐之際，是中國歷史上戰亂動盪、社會統治結構發生劇烈變動的時代。演變到初唐，士、庶的組成已經發生了很大的變化。杜甫有詩曰：「將軍魏武之子孫，於今為庶為清門。」就是說，儘管曹霸以家世而言是帝王的後裔，但他已成為道地的庶人，只有靠繪畫的技藝混跡於江湖了。杜甫本人原本也是晉代顯赫的士族，權臣杜預的後人，卻也成了杜陵「布衣」，一介「腐儒」。

唐代士大夫因襲舊傳統，重門第，許多人追溯先世攀龍附鳳，將自己的家族與高貴府第掛鉤。有些人為了抬高身分，故意偽造世系，替自己套些顯貴祖宗。就連最高統治者皇帝也是這樣，李唐冒稱隴西望族，編造說自己是道家始祖李耳的後代。如族出不明的李白，自稱出於隴西李；本來系出龜茲族的白居易、匈奴族的劉禹錫、鮮卑族的元稹也分別在漢、魏世家旺族裡找到了自己的祖先。「龍生龍，鳳生鳳」，一個好的姓氏，成

第一章　柳氏民居引出宗嗣血脈

為罩在頭上的光環。唐代有個叫鄭仁表的人，靠文章和門閥做過起居郎，這是編修皇帝起居言行錄的官。鄭仁表有詩云：「文章世上爭開路，閥閱山東捱破天。」詩中「閥閱」是指世家門第，當時的世宦門前都立有表功績的牌坊柱子。鄭仁表說他家是山東大姓，門前的柱子可以捅破天。

唐初，雖經「城頭變幻大王旗」的滄海桑田、天翻地覆，「昔日座上客，今為階下囚」，舊臣新貴的位置顛倒。唐太宗的《氏族志》，武則天的《姓氏錄》，已經確認了大洗牌後的新格局。但那些出生於世家大族或與世家大族稍有聯繫的「昔日黃花」，仍沉浸陶醉於「我家祖上也闊」的先人餘蔭下，將《氏族志》、《姓氏錄》的頒布，貶稱為「勳格」，認為是「暴發戶」，以被錄入為恥。頗似後來的「明朝遺老遺少」、「清朝紈褲子弟」。

顧炎武在《顧亭林詩文集》中，對柳宗元之家族做了如此總結：「蓋近古氏族之盛，莫過於唐，而河中為唐近畿地，其地重而族厚。若解之柳、聞喜之裴，皆歷任數百年，冠裳不絕。」柳宗元的家族到唐初達到了鼎盛。

在隋末的農民起義中，雖然士族地主受到了重創，但柳宗元的家鄉河東屬於李淵、李世民「關隴集團」，是當時反隋起義的一支武裝，所以李淵、李世民父子建立唐王朝後，柳氏作為「關隴集團」的重勳功臣，在新王朝中取得顯赫地位。

柳宗元高祖柳楷的兄弟柳亨，在劉昫等著的《舊唐書》卷七七〈柳亨傳〉中，有這樣描述：

柳亨，蒲州解人，魏尚書左僕射慶之孫也。父旦，隋太常少卿、新城縣公。亨，隋末歷熊耳、王屋二縣長，陷於李密。密敗歸國，累授駕部郎中。亨容貌魁偉，高祖甚愛重之，特以殿中監竇誕之女妻焉，即帝

之外孫也。三遷左衛中郎將，封壽陵縣男。未幾，以譴出為邛州刺史。加散騎常侍，被代還，數年不調。因兄葬，遇太宗遊於南山，召見與語，頗哀矜之。數日，北門引見，深加誨獎，拜銀青光祿大夫，行光祿少卿。太宗每誡之曰：「與卿舊親，情素兼宿，卿為人交遊過多，今授此職，宜存簡靜。」亨性好射獵，有饕湎之名。此後頗自勖勵，杜絕賓客，約身節儉，勤於職事。太宗亦以此稱之。二十三年，以修太廟功，加金紫光祿大夫。久之，拜太常卿，從幸萬年宮，檢校岐州刺史。永徽六年卒，贈禮部尚書、幽州都督，諡曰敬。

柳亨，隋末先附於李密的瓦崗軍，李密兵敗歸李淵之唐，因其「容貌魁偉」，富有軍事才幹，很受唐高祖李淵的器重，把外孫女嫁給他為妻。三遷至左衛中郎將，後拜太常卿，檢校岐州刺史。文中提及「拜銀青光祿大夫」、「加金紫光祿大夫」之官職，戰國時代置中大夫，漢武帝時始改為光祿大夫，秩比二千石，掌顧問應對。是朝廷重臣。在官階上褒贈金章紫綬者，稱金紫光祿大夫；褒贈銀章青綬者，稱銀青光祿大夫。是一種深得恩寵的加冕之舉。所以連唐太宗李世民也與柳亨攀交情：「與卿舊親，情愫兼宿」，可見「皇恩浩蕩」。

柳宗元的曾祖柳子夏的兄弟柳奭，在《舊唐書》卷七七中也有記載：

亨兄子奭。奭父則，隋左衛騎曹，因使卒於高麗。奭入蕃迎喪柩，哀號逾禮，深為夷人所慕。貞觀中，累遷中書舍人。後以外甥女為皇太子妃，擢拜兵部侍郎。妃為皇后，奭又遷中書侍郎。永徽三年，代褚遂良為中書令，仍監修國史。

柳奭在唐太宗貞觀年間為中書舍人。中書舍人是一種官名。舍人始於先秦，本為國君、太子親近屬官，魏晉時於中書省內建中書通事舍人，掌宣詔命。南朝沿置，任起草詔令之職，參與機密，權力日重。甚至可以利用職務之便，「挾天子以令諸侯」。隋、唐時，中書舍人在中書

第一章　柳氏民居引出宗嗣血脈

省掌制誥（擬草詔旨），多以有文學資望者充任。隋煬帝時曾改稱內書舍人，武則天時稱鳳閣舍人。

永徽三年，柳奭代褚遂良為中書令。中書令是幫助皇帝在宮廷處理政務的官員，中書令負責直接向皇帝上奏密奏「封事」，可見其位置之舉足輕重。隋、唐早期，中書令為中書省之長官，屬於宰相職。唐朝官秩沿襲隋朝，唐太宗開始加銜尚書令。唐武德三年（西元620年），復為中書令。高宗曾改為右相。武則天時改中書令為「內史」，中書省為「鳳閣」。玄宗開元初一度改為紫微令，天寶初又改為右相。後均復舊。也就是說，柳奭在高宗李治朝官至宰相，「一人之下，萬官之上」。柳奭的外甥女就是高宗皇帝李治的王皇后。由此可見，當年柳氏一族在唐朝既是皇親國戚，又是功勳重臣。僅高宗一朝，柳氏家族居尚書省的就多達二十餘人。

「日中則昃，月盈則食」。柳氏家族命運的急遽變化、盛極而衰，與武則天當女皇帝有關。

《資治通鑑》第199卷記載：

初，王皇后無子，蕭淑妃有寵，王后忌之。上之為太子也，入侍太宗，見才人武氏而悅之。太宗崩，武氏隨眾感業寺為尼。忌日，上詣寺行香，見之，武氏泣，上亦泣。王后聞之，陰令武氏長髮，勸上內之後宮，欲以間淑妃之寵。武氏巧慧，多權數，初入宮，卑辭屈體以事后。后愛之，數稱其美於上。未幾大幸，拜為昭儀，後及淑妃寵皆衰，更相與共譖之，上皆不納。

這段武則天的發跡史，在近年的電視劇中已經演繹得老孺皆知。王皇后因為忌妒「蕭淑妃有寵」，所以想以武昭儀的美色，來轉移高宗皇帝的專寵。誰曾想，自以為「機關算盡太聰明」的高招，卻成為「飲鴆止渴」、「搬起石頭砸自己腳」的一步壞棋。武則天是何等人物，初始「卑辭

屈體以事后。后愛之，數稱其美於上」。武則天韜光養晦藉助王皇后之手，取而代之蕭淑妃，奪得了唐高宗的「專寵」。等到王皇后恍然醒悟，生米已成了熟飯。王皇后發現，自己「前門拒狼，後門迎虎」，遇上了一個更為強悍的對手。

《資治通鑑》第 199 卷記載：

后不能曲事上左右，母魏國夫人柳氏及舅中書令柳奭入見六宮，又不為禮。武昭儀伺后所不敬者，必傾心與相結，所得賞賜分與之。由是后及淑妃動靜，昭儀必知之，皆以聞於上。

王皇后尊為國母，對宮人自然頤指氣使、盛氣凌人。而后母柳氏出入宮中，也不把下人看在眼裡，難免有得罪之處。皇后執掌六宮，「當家三年狗也嫌」，因此尚宮（女官名）以下，往往背後常有蜚短流長。而武則天入宮後，「平易近人」刻意籠絡。每得賞賜，悉數分享於眾人。宮人當然感激，甘願為武氏耳目。於是，皇后與蕭淑妃的一舉一動，盡在武則天的掌控之中。等到王皇后與蕭淑妃察覺不妙，盡釋前嫌聯手對付武則天時，「王皇后、蕭淑妃與武昭儀更相譖訴，上不信后、淑妃之語，獨信昭儀」。她們已經在皇上面前動搖不了武則天的信任。

據《資治通鑑》第 199 卷記載：「王皇后無子，柳奭為后謀，以忠母劉氏微賤，勸后立忠為太子，冀其親己。」唐高宗繼位三年，王皇后未有子嗣，為鞏固皇后地位，作為其母舅的柳奭替外甥女設計：因後宮劉氏生子名忠，而母親微賤，子若得立，必能親后。乃與元老勳臣褚遂良、韓瑗、長孫無忌、于志寧等，次第商量，請立忠為皇太子。高宗「從之」，敕行立儲禮，並令忠歸后撫育。王皇后為了維護自己皇后的地位，可謂殫精竭慮、嘔心瀝血。王皇后成為武則天「得寸進尺」前程中必須搬開的絆腳石。

第一章　柳氏民居引出宗嗣血脈

《資治通鑑》第199卷記載：

后寵雖衰，然上未有意廢也。會昭儀生女，后憐而弄之，后出，昭儀潛扼殺之，覆之以被。上至，昭儀陽歡笑，發被觀之，女已死矣，即驚啼。問左右，左右皆曰：「皇后適來此。」上大怒曰：「后殺吾女！」昭儀因泣訴其罪。后無以自明，上由是有廢立之志。

王皇后雖然失寵，然而畢竟「一夜夫妻百日恩」，王皇后沒甚大過錯，也不能輕易免后。於是武則天自導自演了一齣不惜扼殺還在襁褓中的親生女兒，然後「嫁禍於人」的「苦肉計」。俗話說：「虎毒不食子」。面對這樣違背常情常理，心腸堪稱毒如蛇蠍的武則天，王皇后真正是「百口莫辯」，落下出於婦人的妒忌之心而痛下殺手的罪名。

《資治通鑑》第199卷記載：

永徽六年（乙卯，西元六五五年）

六月，武昭儀誣王后與其母魏國夫人柳氏為厭勝，敕禁後母柳氏不得入宮。秋，七月，戊寅，貶吏部尚書柳奭為遂州刺史。奭行至扶風，岐州長史於承素希旨奏奭漏洩禁中語，復貶榮州刺史。

武則天借題發揮，開始清理王皇后長期以來經營的盤根錯節的官場關係。先不准王皇后的母親柳氏入宮，然後再貶吏部尚書柳奭為遂州刺史，把王皇后的靠山逐出京都。柳奭還在流徙途中，又「欲之加罪，何患無辭」，再加一條「漏洩禁中語」，把辯白之語認為是洩漏了「國家機密」，於是，再貶謫到更遠的荒蠻邊地。同時，把反對立武則天為皇后的長孫無忌、褚遂良、韓瑗、于志寧等，或貶或謫或流放，一一清理乾淨。武則天終於如願以償地登上了皇后寶座。

武則天並沒有就此罷手，而是「宜將剩勇追窮寇」，落井下石，必置對手於死地。

《資治通鑑》卷200〈顯慶四年〉載：

永徽六年（乙卯，西元六五五年）

母及冬，十月，己酉，下詔稱：「王皇后、蕭淑妃謀行鴆毒，廢為庶人，母及兄弟，併除名，流嶺南。」

武則天再如法炮製，誣陷王皇后與蕭淑妃陰謀對唐高宗下毒藥，於是皇帝詔曰，把兩人廢為庶人。王皇后之母及其兄弟，一起發配嶺南。

中國古語云：「子係中山狼，得志便猖狂。」武則天正是這樣的典型。她未為后時，恣意揣摩上旨，多方迎合。就是有意進讒，也多是旁挑曲引，察顏觀色、看風使舵，從未敢有疾言遽色。及至后位到手，政敵清除，漸漸露出了麒麟皮下的馬腳。免不得威福自擅，驕橫霸氣，甚至對唐高宗也恃寵使氣。面對前後判若兩人的武則天，唐高宗不免念起了昔日王皇后和蕭淑妃的好處。

《資治通鑑》卷200載：

故后王氏、故淑妃蕭氏，並囚於別院，上嘗念之，間行至其所，見其室封閉極密，唯竅壁以通食器，惻然傷之，呼曰：「皇后、淑妃安在？」王氏泣對曰：「妾等得罪為宮婢，何得更有尊稱！」又曰：「至尊若念疇昔，使妾等再見日月，乞名此院為回心院。」上曰：「朕即有處置。」武后聞之，大怒，遣人杖王氏及蕭氏各一百，斷去手足，捉酒甕中，曰：「令二嫗骨醉！」數日而死，……淑妃罵曰：「阿武妖猾，乃至於此！願他生我為貓，阿武為鼠，生生扼其喉。」由是宮中不畜貓。尋又改王氏姓為蟒氏，蕭氏為梟氏。武后數見王、蕭為祟，被髮瀝血如死時狀。

有一天，唐高宗趁武氏歸謁家廟，偷得一時閒隙，前往冷宮探望王皇后和蕭淑妃。近得冷宮，只見獸環鉗鎖，庭院深閉，只在牆上開一小洞，每天的飯茶由此送入。二人不見天日，猶如囚徒。唐高宗不免惻然

第一章　柳氏民居引出宗嗣血脈

神傷，幾乎淚下。半晌才說得一句：「王后、淑妃別來無恙？」這不是說了一句廢話？一切你不都看在眼裡？王后與淑妃絕望中燃起一絲希望，淒聲哀告：「陛下若還念舊情，令妾等死而復生，重見天日，把此冷宮賜名『回心院』，則顯皇恩如舊。」

武則天返宮，早有人向她密報。武則天聽後氣得柳眉倒豎、杏眼圓睜，向唐高宗當面質問。唐高宗反而窩囊地自己先予以抵賴，不敢實言。武則天心狠手辣，乾脆斬絕後患，下一道驕旨，令杖二人各百，且把二人手足截去，投入一酒甕中。名曰「醉骨」。任其哀號痛泣，數日不絕聲。蕭淑妃臨死前，詛咒道：「阿武殘忍至此，我死不瞑目。願我後世為貓，阿武為鼠，時時扼住她的咽喉，方解吾心中之恨。」此後，武則天數度夜夢王皇后、蕭淑妃披頭散髮、滿面淋血，向她索命。心存畏懼，下令宮中不許養貓。並下令把皇后改姓作「蟒」，蕭淑妃改姓為「梟」。把人置於異類，以表示自己不是「喪失人性」。

這場血淋淋的宮廷爭鬥，血雨腥風、刀光劍影，其手段之毒辣，心腸之殘忍，幾乎到了令人髮指、無以復加的地步。

為了使王皇后再無翻身之日，武則天不僅斬草還要除根。

《資治通鑑》卷200，記載了這場宮廷爭鬥的大結局：

許敬宗、李義府希皇后旨，誣奏侍中韓瑗、中書令來濟與褚遂良潛謀不軌，以桂州用武之地，授遂良桂州都督，欲以為外援。八月，丁卯，瑗坐貶振州刺史，濟貶臺州刺史，終身不聽朝覲。又貶褚遂良為愛州刺史，榮州刺史柳奭為象州刺史。

敬宗又奏：「無忌謀逆，由褚遂良、柳奭、韓瑗構扇而成；奭仍潛通宮掖，謀行鴆毒，于志寧亦黨附無忌。」於是詔追削遂良官爵，除奭、瑗名，免志寧官。

秋，七月，命御史往高州追長孫恩，象州追柳奭，振州追韓瑗，並枷鎖詣京師，仍命州縣簿錄其家。

詔柳奭、韓瑗所至斬決。使者殺柳奭於象州。韓瑗已死，發驗而還。籍沒三家，近親皆流嶺南為奴婢。

長孫氏、柳氏緣無忌、奭貶降者十三人。……自是政歸中宮矣。

武則天作為中國歷史上唯一的女皇帝，其手段也是空前絕後、嘆為觀止。據《資治通鑑》201卷至204卷記載，武則天為了達到當女皇帝的目的，真可謂殺人不眨眼，殺人不見血。為了確保自己的寶座穩固，先後以各種手段整死了三個太子——李忠、李弘、李賢；中宗李哲接班不到兩個月，就被廢為廬陵王；垂拱四年，「收韓王元嘉、魯王靈夔、黃公譔、常樂公主於東都，迫脅皆自殺，更其姓曰『虺』，親黨皆誅」；永昌元年四月，「殺辰州別駕汝南王煒、連州別駕鄱陽公等宗室十二人，徙其家於巂州」；「諸王之起兵也，貝州刺史紀王慎獨不預謀，亦坐繫獄；秋，七月，丁巳，檻車徙巴州，更姓虺氏，行及蒲州而卒。八男徐州刺史東平王續等，相繼被誅，家徙嶺南」；十月，「己未，殺宗室鄂州刺史嗣鄭王璥等六人。庚申，嗣滕王脩琦等六人免死，流嶺南」；天授元年，「八月，甲寅，殺太子少保、納言裴居道；癸亥，殺尚書左丞張行廉。辛未，殺南安王穎等宗室十二人，又鞭殺故太子賢二子，唐之宗室於是殆盡矣，其幼弱存者亦流嶺南，又誅其親黨數百家。」武則天連皇帝的龍子龍孫，自己的骨肉至親都毫無憐憫之心，更何況是阻擋了她的進身之路的「眼中釘、肉中刺」！

柳氏一族遭受如此滅頂之災，自此一蹶不振。柳氏一族由「奕葉貴盛，而人物盡高」（趙璘：《因話錄》卷一語）的顯貴世家，淪落到五、六代以來，「無為朝士者」（柳宗元〈與楊京兆憑書〉語）的衰敗不振的地位。這是唐代統治階層結構變化的典型事例。結果使得世家子弟、士族後嗣

第一章　柳氏民居引出宗嗣血脈

的柳宗元，成為庶族的代表人物。家族歷史中的劇烈變化，使柳宗元對於政治環境的嚴酷產生痛切之感。柳宗元在〈送澥序〉中說：「人成言吾宗宜碩大，有積德焉。在高宗朝，並居尚書省二十二人。遭諸武，以故衰耗。武氏敗，猶不能興。為尚書吏者，間十數歲乃一人。」墨寫的文字間，透露著血浸的歷史。

此後，柳宗元家族雖然仍有人做官，但幾輩人都只在下層任職。曾祖父柳從裕，做過滄州清池（今河北滄縣東南）縣令；祖父柳察躬，也只做過湖州德清（今浙江德清縣）縣令；父親柳鎮也是長期任職府縣，最高做到殿中侍御史。父親柳鎮，兄弟五個：其中一個名諱不可確考，另外三個名叫柳繢、柳綜、柳纘，後兩位是否當過官吏，史冊中查不到記載。柳繢只做到華陰（今陝西華陰縣）的主簿（柳宗元〈故叔父殿中侍御史府君墓版文〉有述）。和柳宗元家庭關係比較密切的世族兄弟中，做官的也不多。據柳宗元〈先君石表陰先友記〉記載，有個叫柳並的當過御史，還有兩個叫柳中庸、柳中行，都是典型的「文章之士」，在文壇上積極活動，卻基本上沒有進入權勢的官場。

官場險惡叵測、危象環生，置身於其間，猶如被捲入激流漩渦，身不由己。

柳氏家族從顯赫到衰落的滄桑鉅變，決定了柳宗元的個性特點及命運走向。被拋到這個世界上的柳宗元，既沒有「門蔭」可以背靠大樹，也沒有權貴成為「敲門磚」。他唯一的晉升途徑，只剩下透過讀書「求舉覓官」。今昔的對比，既使他滋生出對現實中「卑微」地位懷才不遇的不平，也喚起他「天降大任於斯人」，重振家族雄風的激勵。

宗嗣血脈中的「前車之鑑」，成為柳宗元生命中潛移默化的遺傳基因。

第二章
從「柳河東」透出的生命訊息

　　柳宗元在〈送獨孤申叔侍親往河東序〉裡，對自己的祖籍說了這樣一番話：「河東，古吾土也，家世遷徙，莫能就緒。聞其間有大河、條山，氣蓋關左，文士往往彷徉臨望，坐得勝概焉。我固翹翹褰（ㄑㄧㄢ，提起，揭開）裳，奮懷舊都，日以滋甚。」古時以左為東，關左指關東，即以長安為立足點，眺望函谷關和潼關以東地區。柳宗元「奮懷舊都，日以滋甚」，讚嘆著故鄉河東的「勝概」：黃河水奔湧，流溢著生生不息的血脈；中條山巍峨，挺立起崢崢不屈的脊骨。古人一向喜歡把山水並稱，崔顥言：「青山行不盡，綠水去何長」；王觀曰：「水是眼波橫，山是眉峰聚」；故鄉的好山好水成為「一方水土養一方人」的肥腴土壤。

　　柳宗元文中一個「聞」字，透露出他對故鄉的印象僅僅是「聽說」，並沒有親臨其境。柳宗元的祖上歷代宦遊，早離故籍。柳宗元的出生地為西安朱雀門大街西第一街第一坊，原稱光祿坊，緊靠灃川岸邊的朱雀門，在盛唐時期是繁華中心之地。當年，長安的達官貴人都聚住於此。名將郭子儀的私宅也在這裡。柳宗元在〈遊朝陽巖遂登西亭二十韻〉中，對自家小莊園有描繪：「故墅即灃川，數畝均肥磽。臺館集荒丘，池塘疏沉坳」，有「數頃田，樹果數百株」。在莊園舊宅內，藏有皇帝的賜書三千卷，還依稀殘存著一些祖輩的榮耀。柳宗元出生時，這個莊園已經相當荒蕪冷寂了。

　　零陵學院的翟滿桂先生在〈柳宗元之稱謂辨〉一文中認為：「至於柳

第二章　從「柳河東」透出的生命訊息

宗元本人，他一生中從沒去過河東祖籍，就連柳州任上死後也是移柩回歸至長安萬年縣棲鳳原先人墓側安葬。這說明，人們稱柳宗元為『柳河東』，僅僅是往他的祖籍上掛靠而已。」柳宗元〈先侍御史府君神道表〉說：「太夫人既授封河東縣太君，會冊太上皇后於興慶宮。」這顯然指明其母是按河東人仕授封的。查《柳河東集》及其他柳氏諸碣狀，也僅點明祖籍為河東地區。

正因為眾多典籍中對柳宗元故里的具體地點語焉不詳，只憑一個籠統的「柳河東」，所以產生了不少歧異。

一種說法依據：柳宗元在〈亡友故祕書省校書郎獨孤君墓碣〉中，提到獨孤君的生前友好時說：「柳宗元，河東解人」，透露出自報家門的訊息；劉禹錫在〈天論上〉說：「余之友河東解人柳子厚作〈天說〉」；另柳宗元在〈柳常侍行狀〉說：「其先河東人」。而宋世綵堂本的注說則表達得更為明確：「魯為楚滅，柳氏入楚。楚為秦滅，乃遷晉之解縣。後秦置河東郡，故為河東解縣人。」章士釗考證說：「雖子厚生長京師，幼以入吳，晚乃貶死楚、越，終其身足未涉解一步，而祖籍淵源於解，則無可辯駁。」柳宗元在〈楊氏子承之哀辭〉一文中，還自稱是「解人」，說自己與武聖人關羽是老鄉。民間祭祀在許多地方都有關帝廟，在西文興柳氏民居也有一座關帝廟。但柳氏並不是把關公當作神來供奉，而是當作家鄉名人而崇拜。西文興柳氏民居〈重修關王廟宇募捐緣碑敘〉上有刻記：「故神之祠遍天下，神之靈亦遍天下，而唯關王帝君則吾桑梓焉。」可見柳氏族人也認同柳氏與關公是老鄉。這一切似乎都證實柳宗元是出生在河東解州。

還有一種說法強調：柳宗元在為叔父所作的〈故殿中侍御史柳公墓表〉中，又言他的家族「邑居於虞鄉」。柳宗元的故里似乎又在河東虞鄉縣。

一個人對自己的故里，或曰「河東解人」，或曰「邑居於虞鄉」，亦此亦彼，出現了兩個，柳宗元在文章中不是自相矛盾嗎？

其實，柳宗元在文章中自言「河東解人」和「邑居於虞鄉」並不矛盾。河東，是一個很廣泛的地域概念。黃河之水天上來，奔流到海不復回。自北而南流經山西省境，黃河以東統稱之為河東地區。古時的河東縣也設在這個地方。「解」是指漢晉時的「大解縣」，並非唐時的「小解縣」，為古蒲州所轄。蒲州在秦朝以後隸屬河東郡。所以《舊唐書》卷七七〈柳亨傳〉，謂亨「蒲州解人」，這說明唐時柳宗元的五世祖柳亨已在隸屬蒲州的解縣居住。關於「邑居於虞鄉」，《柳宗元集》百家注本在此句下注，引宋人孫汝所注曰：「虞鄉，縣名，屬蒲州。」《元和郡縣志》卷十二云：「虞鄉縣（原注：西至府【河東】七十里）本漢解縣地」。又：「解縣（原注：西北至府四十五里）本漢舊縣也，屬河東郡。……武德元年改虞鄉縣為解縣，屬虞州，因漢舊名也。」河東歷史上也為郡名，古稱蒲州，唐玄宗時曾改蒲州為河東郡，其治所在蒲坂（今山西永濟蒲州鎮），由此可見，「解縣」和「虞鄉縣」實為一地兩稱，因朝代而異。

柳鳳山，一個來自山西永濟市西文學村土生土長的農民，以柳氏後裔的身分，在〈揭開柳宗元故里千年之謎〉一文中，對柳宗元的具體故里作了詳盡的講述：

西元1974年由山西大學文史系教授發起的柳宗元文化研究團隊，曾在我村進行一段時間的研究，最後為我村留下一個二十五頁的柳宗元生平簡介。其中寫著：明朝為了紀念柳宗元在中國文學史上所做的重大貢獻，把他追認為「唐宋八大家」。從此，柳宗元的故里西潤河村改名為西文學村，同時改名的還有東南北三個潤河村。此一資料現存西文學村檔案室。

柳宗元在一生那麼多的遺作中，只僅在〈故殿中侍御史柳公墓表〉

第二章 從「柳河東」透出的生命訊息

中說到「邑居於虞鄉」，從來沒有寫明或向朋友說明具體村名。追其原因是：我柳家宗賢在魏、隋、唐時期雖被稱為仕林盛族和河東望族，但因生性剛直，從不屈服邪惡勢力而歷遭不幸。為了保住族人免受牽連，而有意隱瞞了我宗賢柳鎮的故里——蒲州西文學村。

永濟在撤縣建市時，就把柳宗元的故里由以前所說的西文學村（柳家巷）改定為虞鄉城內。虞鄉城內現僅有一家柳氏族人，他們自己也說他們不是虞鄉舊戶，而是後來才住進虞鄉的，還不到百年。他說不知道是什麼原因，讓我一家為先祖去守空城。

西文學村是柳宗元故里，不是今天才說，而在永濟設市撤縣前就一直這樣說。我也是從小就聽老人們說我們是宗元後代。在西元1960年代上中學時，老師就說唐代大文學家柳宗元的老家是我們縣的西文學村。我今天只是為此種說法找到了鐵證。

1、現存的〈明勒村太安人展母柳氏墓誌銘〉上記：「太安人，姓柳氏，蒲文學裡巨族，唐子厚先生裔，父北莊公永，母高氏，生三女，太安人其季也」。此物是由中國柳宗元研究會副祕書長，我在中學時期的語文老師，永濟市原觀光局局長仝毅在東姚村發現後，移放到永濟市文物局內收藏。

2、沁水柳氏民居，柳遇春為宗支圖所寫序上有「始祖自河東（運城、永濟、虞鄉、西文學村）徙沁歷」。這裡所寫的運城永濟虞鄉是指安史之亂時柳鎮舉族從那一帶逃到沁水山中。柳宗元的母親盧氏去沁水，也是由西文學村家裡去的。而柳宗元的妻子、兩個女兒和兩個男孩，最後去沁水也是由西文學村家族人送去的。我今年清明節在柳氏民居得見河東柳府全族家譜上就記有柳遇春宗賢所寫的宗支圖全文。

3、現存在西文學村（柳家巷）的八個門樓字牌：「慶有餘」、「燕貽」、「惠迪吉」、「耕讀第」、「志中和」、「宗元第」、「寧居遠」、「忍為福」。根據祖傳四門墳的說法進行考察研究，結合柳家歷史得出：西文學柳家，原是北魏宰相柳慶的後裔，在燕國時，家裡就存有大量的書，一直教育

著後人，靠耕讀養家，靠讀書成名，曾辦了一個自家書院，教出一位歷史名人柳宗元。安史之亂時，為了全族的安寧，曾逃離祖居的虞鄉一帶，忍受了極大的痛苦，最後為家族找到西文學這塊福地（宗元第），現存永濟市文物局。「忍為福」現存在我堂弟柳軍山家的門樓上。

　　柳鳳山老人的講述，以異於官方說法的「民間記憶」，說明柳宗元的具體故里應為「西文學村」。

　　柳鳳山還講述了「西文學」村落及家產在安史之亂中被叛軍嚴重損毀，柳宗元之父柳鎮重建故里的情形：

　　西元773年，柳鎮在為兒子宗元慶祝滿月後，便又同族人一起返回河東蒲州府（這時蒲州府為河中府），向府官提出重建河東柳家村落的要求。蒲州知府根據柳家的歷史和柳鎮時任京官，同意為柳家劃撥土地。經過協商，知府便又同柳鎮及族人從蒲州城出發，乘馬騎來到城東北九餘里的峨嵋寺上坡（此地當時稱普救鄉東源里），剛一上坡，柳鎮一行就十分高興。這裡正是一大片綠油油的草地，地勢又是西北高、東南低。站在高處就能一眼看到柳家祖居的虞鄉一帶和中條山的幾大高峰。再回頭往西望，黃河近在眼底。隔河又看見黃河西岸的大理城的一些村落。頭偏西南，不僅看到了著名的普救寶塔和巍偉的蒲州城廓。再抬頭遠看，西嶽華山的險峰，尤其是挺拔險峻的西峰進入眼簾。柳鎮當機立斷，就讓蒲州知府把這裡劃給了柳家。

　　柳家新村建成後，柳鎮全家也回河東新村參加慶典，這時柳宗元已經四歲，宗元母盧氏和宗元的兩個姐姐也都是首次來到蒲州的這塊風水寶地。族人們都讓柳鎮為新建的家園起個村名。族人問柳鎮：「你在朝多年，又是太常博士，應該知道天下如今什麼地名最好？」柳鎮回答：「那還用問，京城最好，它叫長安。」族人便又說：「長安在河西，我們在河東，那我們就叫東長安吧？」柳鎮忙曰：「萬萬不可，難道大家不知我朝的禁令嗎？若叫長安，我們全族的性命將難保也！」族人嘆氣說：「那你

第二章　從「柳河東」透出的生命訊息

總得給我們起個好村名吧?」柳鎮經過仔細思索,反覆推敲,忽然眼睛一亮:「八水繞長安,渭水最壯觀」,便以渭河給家鄉定村名。眾族人聽後喜曰:「妙哉!還是你讀得書多,學問淵博。」柳鎮告訴族人,村名暫時用問河或聞河。意思是過路人問我家離黃河還有多遠,怎麼走,就說:住在家裡就能聽到黃河的波濤聲,淹水時能聞到黃河的泥腥味。切記不可把長安建在渭河邊的實意讓外人知曉。

第二天,同在上游建村的高家、趙家、李家都來要求柳太常博士替他們三家的村也起名。柳鎮得知這三家和自己家的位置正好是東南西北四個方位後,便又依據好男兒志在四方之意,把李家村叫東問河,高家村叫南問河,趙家村叫北問河。從此,永濟(原蒲坂)的四個問河村就產生了。

當柳鎮替四個問河村名起定後,賢妻盧氏趁機編了一首兒歌,教給當時還年幼的柳宗元:「東西南北大中華,問河村裡是我家。隨父現住長安城,勤奮讀書求功名。」柳宗元一學就會,第二天就能向族人背誦,柳家族人聽後高興極了,都說:「柳鎮是京官,妻子又賢慧,兒子更聰明,柳家復興的時候到了。」

這些族人的傳說,明顯帶有渲染的性質,表達著鄉親們對家族偉人的崇敬。以及把柳氏宗嗣的中興寄望於柳宗元的身上。

柳鳳山還講述了柳宗元名字的來歷:柳鎮緬懷先輩在唐高宗時的風光榮耀,寄厚望於新出生的兒子,希望能夠重振先輩在高宗時期的元氣和輝煌。

柳鳳山在文章的最後結論說:「我們柳氏家族後人一致認為,柳宗元的故里是永濟市的西文學村,柳宗元的後裔也的確是歸隱在沁水西文興村。所以,西文學村和西文興村,都是柳宗元的家。」柳鳳山的講述,解開了世人關於「西文學」與「西文興」兩者關係的謎團。

我並無意要對柳宗元的故里作出精確的考證,那是史學家的興趣所

在。我只是從柳宗元撲朔迷離的故里之謎中，探究一個人誕生於戰亂頻仍、顛沛流離的大時代氛圍。

我專門探訪了「安史之亂」期間，柳鎮率家族避難的沁水河邊的西文興村。

清光緒年間的永濟《虞鄉縣誌》上記載：「祿山亂，柳鎮奉母隱王屋山。衍衍忘憂後如吳」。唐天寶末年發生了「安史之亂」，叛軍所到之處，不問青紅皂白地濫殺朝廷命官及其家族。柳宗元之父柳鎮急從長安趕回河東，傳令全族男女老少外逃避禍，從虞鄉一帶舉族逃到了王屋山中。自此，柳氏家族探尋到一塊避禍的「世外桃源」——西文興村。安史之亂平復後，柳鎮又回朝復官，九年後柳宗元出生。

柳宗元出生於唐代宗大曆八年（西元 773 年），這是安史之亂平定後的第十年。他短暫的一生，經歷了代、德、順、憲四朝。這正是社會矛盾加劇，各種政治勢力拉鋸式反覆較量的時期。此一歷史背景，注定了柳宗元一生滄桑沉浮、坎坷跌宕的命運。

據沁水縣副研究員王良的介紹：

西文興柳氏民居內的柳氏宗祠幾經破壞，明末遭到李自成燒毀。當時規模較大，為三進院，設四個堂：「守正堂」、「承繼堂」、「五福堂」、「億萬堂」。現已無存。清代乾隆年間重修柳氏宗祠，分別為宗祠和二個分祠，兩個分祠已毀，宗祠改造為合作社，後又改造為辦公室。

然而，滄桑鉅變改變不了歷史的原貌，那些無言的金石碑刻，成為歷史的代言。昔日柳氏宗祠門前的四柱石楹聯，當年土沃鄉政府修建大會議室時，被當作了舞臺的邊欄。其中一幅石楹聯上鐫刻：上聯「守正為心，嫉惡不懼」；下聯「文以載道，利安元元」。考證聯語，上聯正是當年唐德宗在詔書裡對柳宗元父親柳鎮的評價；而下聯又表明了柳宗元「輔

第二章　從「柳河東」透出的生命訊息

時及物」的文學追求和「利安元元」官為民役的為政之道。這幅上下聯，構成了父子兩代人的傳承軌跡和不懈追求。

祖輩的榮耀僅是虛幻的光環，而父母親對子女的影響才是真正「隨雨潛入夜，潤物細無聲」。

柳宗元在〈先侍御史府君神道表〉中，這般稱讚父親的學問：「先君之道，得《詩》之群，《書》之政，《易》之直方大，《春秋》之懲勸。以植於內而文於外，垂聲當時。」因《詩》而有了眾多志同道合的文友圈；《書》記先王之事，以史為鑑，可知執政興衰；《易·坤六二》曰：「直方大，不習無不利。」《易經》之博大給予人思辨智慧；《春秋》稱：「微而顯，志而晦，婉而成章，盡而不汙，懲惡而勸善。」《春秋》教人明大義、辯是非。父親內心廣博而文采飛揚，在當時已有很高聲望。

父母和奶奶在西文興村的離亂避難生涯，深深刻在柳宗元的記憶中：父親帶著家裡的藏書隱居到王屋山。「間行以求食」，經常飢不裹腹，需要四處覓食；「深處以修業」，深藏行跡而不忘研修學業，時時召集各位堂弟及子姪來講解《春秋左氏》、《易王氏》，勤勉不倦怠，消解了國難的憂愁。奶奶德清夫人高興地說：「茲謂遁世無悶矣。」即便在隱居避難之時，也過得十分充實愉悅呀。

柳宗元還記載了父親柳鎮的一次遇險經歷：有一天，父親獨自騎驢外出，希望得到一些仁者的贊助，以解決家庭的饑荒。經過一個山澗時，突然遭遇山洪暴發，被大水衝進一道山壑，幸虧有驚無險，死中逃生。父親披著溼衣服，滿身泥漿返回，神情自若，毫無怨憤的樣子，看到的人無不感到肅然起敬。

柳宗元在〈先侍御史府君神道表〉中還記載：

既而以為天子平大難,發大號,且致太平。人懼兵戎,農去未耜,宜以時興太學,勸耨耕,作《三老五更議》、《籍田書》,齋沐以獻。道不果用……

　　柳鎮看到唐天子發出號令,十年之久的「安史之亂」宣告平定。百姓們遭遇兵荒馬亂,農具丟失田地荒廢百廢待興。柳鎮覺得應該抓緊時間醫治戰爭創作,振興太學,恢復耕種,因此撰寫了《三老五更議》和《籍田書》,齋戒沐浴之後呈獻給皇上。然而,柳鎮的建議並沒有得到朝廷的重視和採納。

　　柳鎮的原文已經遺失,我們現在只能「望文生義」。

　　《禮記‧文王世子》:「天子視學,設三老、五更、群老之席位焉。」原來,所謂「三老五更」,乃具有德高望重的「鄉紳」意味。漢鄭玄注:「三老五更各一人也,皆年老更事致仕者也。天子以父兄養之,示天下之孝悌也。」皇帝以父之禮敬三老,以兄之情養五更。以示儒家孝悌。蔡邕云:「三老三人,五更五人。更當為叟。」「三老五更」體現了封建社會的一種基層統治管理模式。

　　《周書》卷十五〈于謹傳〉記載了一個關於「三老五更」的細節:周武帝宇文邕在太學敬三老于謹,讓于謹「南面憑几而坐,以師道自居」,皇帝反而西面「跪設醬豆,親自袒割,三老食訖,皇帝又親跪授爵以侑」,隨後「皇帝北面立而訪道。」于謹說了些「虛心納諫」的話以教導皇帝,「皇帝再拜受之」。

　　看來,柳鎮所上書的《三老五更議》,無非是勸誡皇帝應該傾聽來自民間的聲音。

　　清朝的乾隆皇帝曾心血來潮,為表現他的親民形象,打算行三老五更之禮,然而大學士張廷玉婉言勸止,說是這種古禮「臣下誰敢受之?」

第二章　從「柳河東」透出的生命訊息

乾隆回答：「原定制之意，蓋以君尊臣卑，預防專擅之漸！」儘管「三老五更之禮」帶有皇帝表現自己「親民」的作秀成分，但客觀而言，也對獨斷專制有一定的制約效力。然而隨著歷史的演變，帝王崇拜、權力崇拜深入骨髓，而原有的民本思想、民權思想卻愈益蕩然無存。

柳宗元在〈先侍御史府君神道表〉中還記載：

> 尚父汾陽王居朔方，備禮延望，授左金吾衛倉曹參軍，為節度推官，專掌書奏，進大理評事。以為刑法者，軍旅之楨幹，斥候者，邊鄙之視聽，不可以不具。作〈晉文公三罪議〉、〈守邊論〉，議事確直，勢不能容。

郭子儀因為平定「安史之亂」有功，至德二年（西元757年）封為司空、天下兵馬副元帥；寶應元年（西元762年）進封為汾陽王；唐德宗繼位後尊稱郭子儀為「尚父」，兼太尉、中書令，領朔方節度使據守北疆。郭子儀慕名而來，準備了禮物聘請柳鎮，授予他左金吾衛倉曹參軍的職務，擔任節度推官，專門掌管書信和奏疏，不久又提升為大理評事。按說，郭子儀對柳鎮既有知遇之恩，又有提攜之功，柳鎮自該「感激涕零」、肝腦塗地，報之唯恐不及。然而，柳鎮在大理評事任上，在其位而謀其政，寫了兩篇「討人嫌」的文章：〈晉文公三罪議〉、〈守邊論〉。

柳鎮的〈晉文公三罪議〉和〈守邊論〉二文現已經失傳。〈晉文公三罪議〉應該是取材於《商君書》、《左傳》等記載春秋時期晉文公的故事。晉文公重耳是春秋戰國之際五霸之一，是歷史上受到推崇的人物。他的「退避三舍」、「介子推割股奉君」等故事幾乎是家喻戶曉。但柳鎮的這篇文章顯然不是加入歌功頌德的大合唱，而是借晉文公說事，對邊關藩鎮專橫跋扈的行徑加以指責「議罪」。史書上多有記載，郭子儀部下驕橫不法的事例。柳鎮認為，鎮守邊關，諸侯一方，乃是君王的股肱和重臣，

這些身受君王賦予的重託，位居舉足輕重之職的人，更應該思報君恩。可以想見，當年已經居功自傲、目空一切的郭子儀，看到這樣的文章，心中是什麼滋味？於是，上奏章讓柳鎮去做晉州錄事參軍，眼不見為淨，耳不聞不煩。

柳鎮的〈守邊論〉一文，闡述了「斥侯者，邊鄙之視聽」的觀點，大概也是對那些「天高皇帝遠」、「將在外而君命有所不授」的強藩邊將們敲響警鐘。

柳宗元還記述了父親任晉州錄事參軍後的一個故事：

晉之守，故將也，少文而悍，酣嗜殺戮，吏莫敢與之爭。先君獨抗以理，無辜將死，常以身捍笞筆，拒絕受命。守大怒，投几折簀，而無以奪焉。以為自下繩上，其勢將殆，作〈泉竭木摧詩〉。終秉直以免於恥……

晉州的守將是一介武夫，彪悍而不通文墨，專嗜殺戮，手下的人連句勸解的話都不敢說。柳鎮經常與之據理力爭，勸阻其所為。有無辜的人將被處死，柳鎮常常用身體來擋住鞭打杖擊，拒絕執行守將的命令。有一次惹得守將大怒，竟將坐几砸向柳鎮。柳鎮自知守將終不能容，乃作〈泉竭木摧詩〉致其意，掛冠棄職，離開晉州。柳宗元讚嘆父親：「終秉直以免於恥」。柳鎮以自己的無畏和耿直，維護了做人的尊嚴。

父親的一腔浩然正氣，渾身耿直硬骨，深深打動著年幼的柳宗元。柳宗元後來所撰〈段太尉逸事狀〉，正展示出父輩之魏晉風骨、蓬萊文章，對於晚輩的深刻影響。

段太尉（西元719年至783年），名秀實，字成公。汧陽（今陝西省千陽縣）人，官至司農卿。唐德宗建中四年（西元783年），涇原士兵在京發生譁變，唐德宗倉皇出逃，叛軍擁立鳳翔尹朱泚稱大秦皇帝，朱泚

第二章　從「柳河東」透出的生命訊息

強逼段秀實隨他做官，段秀實反對朱泚稱帝，義不降賊，在朝堂上痛斥朱泚的叛逆行徑，說到激烈時，怒以笏板砸向朱泚頭部，痛罵朱泚為狂賊，因此而被朱泚殺害。那個寫出「人生自古誰無死，留取丹青照汗青」的文天祥，在其著名的〈正氣歌〉裡讚揚曰：「或為擊賊笏，逆豎頭破裂。是氣所磅礴，凜冽萬古存。」唐德宗興元元年（西元784年），唐德宗還朝後，追封段秀實為太尉，諡忠烈。段秀實是中唐時期廣為人們讚頌敬仰的一名英雄傳奇人物。逸事即佚事，為史書所漏記的散失事蹟，以供為死者立傳所用，是一種人物傳記體裁。

柳宗元在〈段太尉逸事狀〉中，講述的正是段秀實以法制裁郭子儀兒子部下的故事：

太尉初任涇州刺史時，汾陽王郭子儀以副元帥的身分駐紮在蒲州。汾陽王的三兒子郭晞擔任尚書的職務，代理郭子儀軍營的統領，駐軍邠州，放縱其士卒胡作非為。邠州人中那些狡猾貪婪、邪惡凶殘的人，大都用錢財進行賄賂，使自己名列軍隊之中，就可以肆無忌憚地橫行一方，官吏們亦不敢過問。他們每天成群結隊，在街市上強取豪奪，稍不如意，就大打出手，折斷人家的手足，砸碎鍋、鼎、罈子、瓦盆，丟滿路上，袒露著臂膀揚長而去，甚至還撞死孕婦。邠寧節度使白孝德由於汾陽王郭子儀的緣故，「打狗還得看主子」，心中雖然悲戚憂慮卻不敢說。

我們從晉劇《打金枝》一戲中，可以感受到名將之子的驕橫之氣，連皇室的金枝玉葉也敢打，更何況區區小民。郭晞是郭子儀的第三子，善騎射，多年來隨父征伐有功，曾任御史中丞等職，一度在其父的軍中兼任「行營節度使」。據《唐史》及《通鑑考異》等史籍，郭晞時為左常侍，柳宗元言其「尚書」恐有誤。

段太尉從涇州用公文向邠寧節度使衙門稟告，希望能夠管制此事。後專程到節度使衙門對白孝德說：「皇上把老百姓交給您治理，您看見老

百姓被暴徒傷害，卻無動於衷，這樣下去就要引發大亂了，你不應該這樣不作為，辜負了皇上的重託。」白孝德說：「我束手無策，願聽從您的賜教。」段太尉說：「我任涇州刺史之職，很清閒，事不多。我不忍心看著老百姓沒有敵人侵擾反而遭殺害，從而使皇上的邊疆不戰自亂。您若任命我擔任都虞候，我就能替您制止騷亂，使百姓不受侵害。」白孝德說：「求之不得。」就按段太尉的請求任命他為都虞候。把一個「燙手山芋」扔給了他。

段太尉出任都虞候之職一個月，郭晞手下的士兵有十七人到街市上拿酒，又用刀刺傷賣酒的老翁，砸壞了釀酒的大瓮，酒都流到了溝中。段太尉派遣士兵捉拿了這十七人，把他們的頭砍下來，掛在長矛上，豎立在城門外。郭晞的整個軍營為此而騷動起來，全部披上了鎧甲，準備找段太尉報仇雪恨。白孝德大為震驚恐慌，召見段太尉問道：「這可如何是好？這可如何是好？」段太尉十分從容：「沒關係，一人做事一人當，何待他們找我，我自己送上門去，看他們怎麼說。」白孝德想派幾十個人跟隨段太尉，段太尉把他們全部辭退了。他解下佩刀，專門挑選了一個年老而跛腳的士兵為他牽馬，來到了郭晞軍營門下。營內全副武裝的士兵衝了出來，段太尉笑著走進營門，鎮定自若地嘻笑著：「殺一個老兵，用得著全副武裝嗎？我頂著我的腦袋來了。」全副武裝的士兵驚愕了，愣在那裡一動也不動。段太尉趁機勸解道：「郭尚書難道虧待了你們？副元帥難道有負於你們？為什麼要以變亂的行徑來敗壞郭家的名聲？替我稟告郭尚書，請他出來聽我一言。」

郭晞出來會見段太尉，段太尉說：「副元帥功勳卓著名滿天下，應當力求善始善終。如今您放縱士兵行凶暴不法之事，胡作非為將導致變亂。邊境不寧，皇上震怒，要歸罪於誰？罪將連累到副元帥。現在邠州的這些惡霸子弟用財物行賄，把自己的名字混進軍籍中，殘害百姓，倘

第二章　從「柳河東」透出的生命訊息

若不及時加以制止，還能有幾天安寧日子可過？大亂因您軍中引發，人們都會說您是倚仗副元帥，才如此有恃無恐、放縱士兵，如此一來，那麼郭家用鮮血和生命贏得的一世功名就要付諸東流了。」

段太尉話沒說完，郭晞一再拜謝說：「承蒙您對我明以大道理，醍醐灌頂，恩重如山，我願意奉全軍聽從您的命令。」回頭喝斥手下的士兵：「都給我脫下鎧甲，解散回到隊伍中去，膽敢再喧譁滋事者，殺無赦！」段太尉說：「我還沒吃晚餐，現在肚子餓得咕咕叫了，請為我簡單準備些粗茶淡飯。」已經吃完了，段太尉又說：「我的老病又犯了，想請您留我在軍門下住一晚。」於是就讓牽馬的老兵先回去，第二天再來接他。當晚段太尉就睡在了郭晞的軍營中。郭晞整夜衣服也不敢脫，告誡負責警衛的衛兵敲打著梆子以保護段太尉。第二天一大早，郭晞就與段太尉一起到節度使白孝德的衙署，道歉說自己無能，幾乎鑄成大錯，請允許他改正錯誤。

邠州從此之後再沒有發生禍亂了。

柳宗元的〈段太尉逸事狀〉中，還記敘了段秀實另一則不畏強暴、愛民如子的事蹟：

先是太尉在涇州，為營田官。涇大將焦令諶取人田，自占數十頃，給與農，曰：「且熟，歸我半。」是歲大旱，野無草，農以告諶。諶曰：「我知入數而已，不知旱也。」督責益急，且飢死，無以償，即告太尉。太尉判狀辭甚巽，使人求諭諶。諶盛怒，召農者曰：「我畏段某耶？何敢言我！」取判鋪背上，以大杖擊二十，垂死，輿來庭中。太尉大泣曰：「乃我困汝。」即自取水洗去血，裂裳衣瘡，手注善藥，旦夕自哺農者，然後食。取騎馬賣，市穀代償，使勿知。

段太尉還在涇州任職之時，恰逢大旱之年，野外的雜草都枯死了。駐守涇州大將焦令諶，「只知道該收取的租稅罷了，不管什麼旱情」，農

夫們都快要餓死了，焦令諶不顧農夫們的死活，更加急迫催逼索取，農夫們無可奈何，只好將情況告訴段太尉。段太尉派人向焦令諶請求寬容。焦令諶非常惱怒地說：「我難道懼怕段某人嗎？竟然敢說我！」指使手下凶狠地將送信的農夫打了二十大棍，並派人把農夫抬到段太尉的衙院中，氣焰囂張到了極點。太尉見此情景，痛心得大哭，說：「是我給你帶來的痛苦啊！」立即親自取水替農夫洗去血污，撕破衣服替他包紮創傷，親自敷上好藥，早晚親自餵飯，然後自己才吃。並將自己的坐騎賣掉，代替他償還了租稅，沒有讓他知道。

　　柳宗元的〈段太尉逸事狀〉，後來還提供給韓愈寫史時作為參考。

　　〈段太尉逸事狀〉是柳宗元堪稱傳世的一篇優秀人物傳記。柳宗元為段秀實這樣一位人物樹碑立傳，顯然在抒寫別人之際，也是表明著自己的心志。父親柳鎮及段太尉秀實，不畏懼權勢，不趨附隨俗，勇於堅持原則的人格力量，成為柳宗元此後人生中飛揚的旗幟。

　　此後，柳宗元所撰的〈晉文公問守原議〉、〈封建論〉等篇，無不一一顯現著柳氏父子二人，皆反對藩鎮割據、痛恨宦官專權，彼此心心相印、氣息相近，「心有靈犀一點通」。

　　柳宗元在〈先侍御史府君神道表〉中還記載了父親柳鎮不畏權勢，秉公執法，公正處理了一起財產糾紛案：

　　後數年，登朝為真，會宰相與憲府比周，誣陷正士，以校私仇。有擊登聞鼓以聞於上，上命先君總三司以聽理，至則平反之。為相者不敢恃威以濟欲，為長者不敢懷私以請問，群冤獲宥，邪黨側目，封章密獻，歸命天子，遂莫敢言。

　　踰年，卒中以他事，貶夔州司馬。作〈鷹鸇詩〉。居三年，醜類就殛，拜侍御史。制書曰：「守正為心，疾惡不懼。」

第二章　從「柳河東」透出的生命訊息

德宗貞元四年（西元788年），柳鎮入京擔任殿中侍御史。殿中侍御史是執掌刑法糾察的機關御史臺的屬官。上任當年就遇上了一件棘手的案子。

陝虢觀察使盧嶽去世，盧嶽的妻子分配遺產，不給妾裴氏的兒子。裴氏無奈，只得擊登聞鼓上告朝廷。時任殿中侍御史分司東部的穆贊負責審理這一案件，還裴氏於公正。而盧嶽妻不知透過什麼管道，暗中請託當朝宰相竇參。於是，穆贊的上司御史中丞盧佋，看宰相竇參的眼色行事，誣告穆贊接受了裴氏賄賂，將他逮捕下獄。穆氏兄弟四人，均以剛直著稱，和柳家是世交。穆贊的弟弟穆賞上訴朝廷。依例命御史臺、刑部、大理寺三司復審。刑部出面的是員外郎李巘、大理寺是大理卿楊瑀，御史臺則是柳鎮。三人不顧權奸的淫威，判定「為相者不敢恃威以濟欲，為長者不敢懷私以請間」，平反了這起冤獄，因此也就得罪了竇參。竇當時就要施以報復，但礙於三司會審的權威性，又有大臣趙憬等從中斡旋，所以暫時埋在心裡。到第二年，終於藉故把柳鎮外貶為夔州（今四川奉節縣東）司馬。當時，柳鎮已52歲。柳宗元送父親到藍田，柳鎮哽咽地說：「吾目無涕」，高吟因感而寫的〈鷹鸇詩〉，表達心中的悲憤傷慟之情。這一幕欲哭無淚、長悲當歌的場面，就此刀刻劍雕般鐫於柳宗元的心靈深處。柳宗元看到父親俯伏在車上，不停地用衣巾拭目而無淚，望著轔轔遠去的車子，父親的背影逐漸模糊消失，柳宗元心想，已過知天命之年的老父親還要遠貶蠻荒，自己的熱淚止不住地噴湧而出。這是柳宗元第一次親眼目睹家庭平白無故受到權奸的迫害。

兩年後的貞元八年，竇參終究惡有惡報，因罪貶死，柳鎮才得到平反昭雪，官復原職。德宗皇帝特別下達了一封詔書：「守正為心，疾惡不懼」，表彰柳鎮：一心堅守正義，不懼邪惡勢力。

柳鎮年僅55歲就英年早逝。柳宗元將父親葬在萬年縣棲鳳原墓地。

二叔父為柳鎮寫了墓誌銘。柳宗元「為了不能忘卻的記憶」，猶覺自己有話要說，親手撰寫了〈先侍御史府君神道表〉，記述自己印象中的父親。

　　柳宗元在〈先君石表陰先友記〉中，記載了父親的生前好友六十多人。俗話說：「物以類聚，人以群分。」柳鎮所交朋友，都是當時品行端方、學識博雅之士。如身居宰相高位、官場口碑很好的杜黃裳、鄭餘慶、許孟容等，也有名重一時的文人學者，如「有文學、俊辯，高志氣」的李舟；「最能為文，以補闕修史」的梁肅；「善清言，有文章，名最高」的韓愈之大哥韓會；「風流有文詞」的著名邊塞詩人李益。柳宗元說：「先君之所與友，凡天下善士舉集焉。信讓而大顯，道博而無雜，今之世言交者以為端。」柳宗元父親所交往的朋友圈，幾乎集聚了天下所有良善的人士。他們都非常講究誠信、謙讓，在事業上有所作為而顯達；在道德、倫理、知識方面都非常淵博，而沒有蕪雜、缺陷，當今之世都說父親所交往的人，似乎達到了極點。蘇東坡說：「柳子厚記其先友六十七人於其墓碑之陰，考之於傳，卓然知名者蓋二十人。」由此可見，柳宗元所記述並非虛妄。柳宗元耳濡目染，從父輩的朋友圈中無疑能夠學到許許多多為人與交友、以及經國治世方面的道理。

　　柳宗元青少年時代，隨父親官職的頻繁調動，先後到過安徽宣城（西元782年）、河南（西元783年）、湖北夏口（西元784年今武昌西）、江西（西元785年）、湖南長沙、四川等地，一直到貞元八年（西元792年），柳宗元十九歲時才回到長安定居。柳宗元還學習司馬遷考察社會的方法，考察了歧、周、邠、鷲等地，所到之處，他看故址，觀遺跡，尋烽火臺，遍訪耆老、退卒、鄉紳及周地群眾，走萬里路勝似讀萬卷書……

　　父親的血脈就這樣潛移默化地滲入柳宗元的身心及思想。父親生命中未竟之事業，在兒子身上得以延續。

第二章　從「柳河東」透出的生命訊息

第三章
嗟餘聽鼓應官去，走馬蘭臺類轉蓬

　　柳宗元一生升任的最高官階為禮部員外郎，這一職務在隋和唐初，又稱為「儀曹郎」，所以，後人也有稱柳宗元為「柳儀曹」。

　　唐朝的官制序秩基本是沿襲隋朝。《新唐書・百官制》記載：「唐以官制，其名號祿秩雖因時增損，而大抵皆沿隋故。」

　　唐初，以中書省長官中書令、門下省長官門下侍中、尚書省長官尚書令，三人都為宰相，共議國政。後來，因為唐太宗即位前曾任過尚書令，臣下避而不敢居其位，便以僕射為尚書省長官，也相當於宰相一職。據《冊府元龜・宰相總序》中記有這樣文字：「或以他官參掌機事及專掌朝政者，並為輔弼。」唐代因宰相位極人臣，所以君王不肯輕易授人，故常以他官代行宰相職，在其位而無其名。如唐太宗時，杜淹以吏部尚書參議朝政，魏徵以祕書監參預朝政。其後，或稱「參議得失」，或稱「參知政事」，名稱不一，但都行宰相之實。貞觀八年，中書令李靖因足疾上表「乞骸骨」，唐太宗為之感動，說，古往今來，朕觀居高位者多為尸位素餐，占著茅坑不拉屎。縱然才能不堪、力不從心、身患重疾，猶強居其位，不肯讓賢。而李靖獨能識大體，自請辭職，實屬難能可貴。於是，除下詔優厚調養，仍命其疾小愈，兩三日一至中書令門下「平章事」。自此以後，「同平章事」也成為宰相的銜號。

　　唐代初年，三省長官在門下省議事，這個議事地點稱為政事堂。《文獻通考・職官四》有文字：「中書出詔令，門下掌封駁，日有爭論，紛紜

第三章　嗟餘聽鼓應官去，走馬蘭臺類轉蓬

不決，故使兩省先於政事堂議定，然後奏聞。」政事堂成為宰相的辦公場所。政事堂會議是協助皇帝統治全國的決策機關。軍國大事經政事堂會議商定，奏請皇帝最後裁奪。機密大事以及五品以上官員的升降任免，只在政事堂議論，他官不得預聞。在政事堂議事的幾位宰相中，有一位是首席宰相，稱為「執政事筆」。唐玄宗時，李林甫、楊國忠所以能「假天子而專權號令」，一個重要原因就是他們長期竊居了「執政事筆」的職位。安史之亂後，唐肅宗鑒於相權集中而造成的專斷之弊，乃「令宰相分直政事筆、承旨，旬日而更」。宰相十天一秉筆的制度，到唐德宗貞元十年，才改為每日一人輪流秉筆，其用意顯然是為了分散權力，防止宰相濫用職權。

唐朝把隋朝的官場序列更為完善，把尚書省諸曹正式確定為吏、戶、禮、兵、刑、工六部。部的首長稱尚書、副首長稱侍郎。部下設司，司的正職稱郎中，副職稱員外郎。

了解了唐代的官階制度，便可知柳宗元獲得的最高職務，也就是個小小的「副司局級主管」。在序階井然的官場宦海，為了這麼一個小小的「芝麻綠豆官」，柳宗元付出了畢生的心血乃至生命的代價。

貞元五年（西元789年），柳宗元十七歲參加了進士考試。柳宗元幼年時正逢動亂，生活流徙不定，因而無法像一般的士大夫子弟，進國子監求學或入州縣學讀書。他的家族地位又不足以使他靠「門蔭」得官，於是只能走庶族子弟「覓舉求官」的路。

中國封建王朝的科舉制度，始形於隋，完善於唐。1,300餘年來，科舉是中國古代讀書人熱衷參加的人才選拔考試，也是基層文人士大夫進入官場的唯一通道。魏晉南北朝時，當時社會門閥勢力風行，人們靠祖先的功勳得官取利。魏文帝曹丕制定「九品中正制」，把人分為九等，

作為選任官吏的依據。世家大族把持鄉舉里選，壟斷仕途。品評士人、選拔官吏時，強調士庶之分和門第高低。由於做官的都是世族豪門，自然形成了「上品無寒門，下品無世族」的局面。經歷魏晉南北朝長期的動盪戰亂，隋唐時期，科舉制的推行是統治階級調整內部關係、籠絡讀書人的舉措，唐太宗在端門看見新科進士魚貫而出，高興地說：「天下英雄入吾彀中矣。」特別是在武則天當政時期，為了打擊皇親貴族、維護自身統治目的，大力推行科舉，不拘一格用人才，進一步地改變社會結構和社會文風，造成「縉紳之徒，用文章為耕耘，登高不能賦者，童子大笑」(《全唐文》卷390)、「士有不由文章而進，談者所恥」(《全唐文》卷520)的局面和風尚。文學才藝是庶族文人可以依恃的重要資本，科舉（主要是進士科）提供了進身官僚階層的機會。唐代中進士者「位極人臣，常有十二、三；登顯列，十有六、七」、「縉紳雖位極人臣，不由進士者，終不為美」(《唐摭言》卷一)。

在唐代，考試的科目分常科和制科兩類。每年分期舉行的稱常科，由皇帝下詔臨時舉行的考試稱制科。常科的科目有秀才、明經、進士、俊士、明法、明字、明算等五十多種。其中明法、明算、明字等科，不為人重視。俊士等科不經常舉行，秀才一科，在唐初要求很高。所以，明經、進士兩科便成為唐代常科的主要科目。唐高宗以後進士科尤為時人所重。唐朝許多宰相大多是進士出身。明經、進士兩科，最初都只是試策，考試的內容為經義或時務。後來兩種考試的科目雖有變化，但基本精神是進士重詩賦，明經重帖經、墨義。所謂帖經，就是將經書任揭一頁，將左右兩邊蒙上，中間只開一行，再用紙帖蓋三字，令試者填充。墨義是對經文的字句作簡單的筆試。帖經與墨義，只要熟讀經傳和注釋就可中試，詩賦則需要具有文學才能。進士科得第很難，所以當時流傳有「三十老明經，五十少進士」的說法。

第三章　嗟餘聽鼓應官去，走馬蘭臺類轉蓬

　　進士及第稱「登龍門」，第一名曰狀元或狀頭。同榜人要湊錢舉行慶賀活動，以同榜少年二人在名園探採名花，稱探花使。要集體到杏園參加宴會，叫探花宴。宴會以後，同到慈恩寺的雁塔下題名以顯其榮耀，所以又把中進士稱為「雁塔題名」。唐孟郊曾作〈登科後〉詩：「春風得意馬蹄疾，一朝看遍長安花。」春風得意又成為進士及第的代稱。但考取進士很難，謂之「百里取一」一點也不過分。

　　柳宗元是柳鎮中年得子，前面兩個都是姊姊。所以父母把家族重振雄風「孤注一擲」地寄託在柳宗元身上。柳宗元啟蒙很早，4歲時，父親外放為宣城縣令，他隨母親住在長安的莊園，就受到了良好的家教。柳鎮曾這樣誇讚夫人：「吾所讀舊史及諸子書，夫人聞而盡知之無遺者。」在母親的家教下，他學習《古賦》、《詩》、《禮》等，柳宗元在〈與太學諸生喜詣闕留陽城司業書〉中回憶：「鄉閭家塾，考厲志業。」由此可以看出，柳宗元從小所受教育，雖說不像入「國子監」那樣的貴族學校「正規」，但卻是相當寬博而實用。

　　有一個小細節：唐德宗貞元元年（西元785年），當時柳宗元剛滿13歲，八月，反叛的河中節度使李懷光兵敗，其部將牛名俊將之斬首獻到朝廷，河中亂平。在江西父親身邊的柳宗元代筆撰寫了〈為崔中丞賀平李懷光表〉。全文收錄於《柳河東集》。由於文筆老道，措辭準確，華彩絢麗，以至後來的研究者竟然認為不是柳宗元所作。宋代的韓醇便認為：「時年十三，不應有此文。」明代的蔣之翔在編注《唐柳河東集》時也說：「疑非子厚所作，但《新》、《舊》史俱稱其『少精敏絕倫』，則時年十三亦可以成文矣。或少時擬作，亦未可知。姑為存以俟考焉。」此後專家對此爭議不止，到目前還無定論。柳宗元少小而文章筆力老道，由此也可見一斑。

回到長安的柳宗元，繼續深研學問，積極準備參加科舉考試。家中藏書三千卷，為他「學海泛舟」創造了良好條件。現存於《柳河東集》中的〈迎長日賦〉、〈記里鼓賦〉，就是他考進士前的習作。標準的駢儷文，辭藻典雅，對偶工整，洋溢著清新之氣。在攻讀之餘，柳宗元還要練習書法。科舉考試中，卷面的審美也是重要一關。柳氏家族素有書法傳統，柳宗元的堂叔柳公綽、柳公權都是當年名滿天下的書法名家。人們常說的四大書法家顏、柳、歐、蘇，柳就是指柳公權。我們從小臨帖就是臨柳公權。柳宗元的書法，尤其以章草聞名，以至後來流傳劉禹錫的孩子跟柳宗元學書法的逸趣（後文再予以詳述）。

柳宗元參加進士考試，試題叫〈省試觀慶雲圖詩〉。唐朝科舉，州縣考試稱為解試，尚書省的考試通稱省試，或禮部試。省試一般都在春季舉行，故又稱春闈，闈也就是考場的意思。在《柳河東集》中，保存下這份珍貴的「考卷」，這是柳宗元詩集中存世最早的一首：

設色既成象，卿雲示國都。
九天開祕祉，百辟贊嘉謨。
抱日依龍袞，非煙近御爐。
高標連汗漫，迴望接虛無。
裂素榮光發，舒華瑞色敷。
恆將配堯德，垂慶代《河圖》。

儘管柳宗元少有才名，試卷也答得文辭華麗，然而，這類命題作文其實很難寫，讚美盛世錦簇，鶯歌燕舞，陳詞濫調已經用盡。

柳宗元自己在〈上大理崔大卿應制舉不敏啟〉中自我檢點說：「宗元者，智不能經大務，斷大事，非有恢傑之才；學不能控奧義，窮章句，為腐爛之儒。雖或實力力於文學，勤勤懇懇於歲時，然而未能極聖人之

055

第三章　嗟餘聽鼓應官去，走馬蘭臺類轉蓬

規矩，恢作者之聞見，勞費翰墨，徒爾拖逢掖、曳大帶，遊於朋齒，且有愧色，豈有能乎哉！」柳宗元意識到，為了功名，沉溺於「八股」之類的應試，沒有什麼大出息，只會成為「腐儒」。

柳宗元初試落榜，出師不利。

也許，「功夫在詩外」，還有更難以言說的原因。

唐朝官場雖然實行了科舉取士，但由於主考官是由門閥士族擔當，一般人很難擠進去，當時大多數讀書人，不僅看考試成績，還要有權臣名流的鼎力舉薦。因此，考生紛紛奔走於公卿門下，把自己的得意之作投贈給操柄握權者，希圖給予引薦提攜。向達官貴人投遞的稱作行卷，向禮部衙署投遞的稱作公卷。為了求官阿諛權勢，以至卑躬屈膝，時人也不以為恥。讀書人上書權貴，獻文、獻詩、顯白取媚，蔚然成風。詩人白居易於默默無聞之際，向顧況投詩〈賦得古原草送別〉，受到老詩人的極力稱讚並予以宣揚，才使得白居易名聲鵲起。這種科場上的「干謁請託」之風，成為唐代文人的重要社交活動。時人奏疏中稱：「投刺干謁，驅馳於要津；露才炫己，喧勝於當代。」與柳宗元同為唐宋八大家的韓愈，19歲起初涉科場就連續碰壁，三次科考都名落孫山。為了取得功名，他曾經四處寫文章投贈給達官貴人，「干謁請託」以求進身。柳宗元正是在這一風氣的影響下，在第二次考進士又落榜後，萬般無奈之下寫了〈上權德輿補闕溫卷決進退啟〉。

權德輿，《唐史》有傳：「初，德宗聞其才，召為太常博士，改左補闕。貞元中，知禮部貢舉，真拜侍郎，凡三歲，甄品詳諦，所得士相繼為公卿宰相。」當柳宗元參加進士考試期間，權德輿的權力正「如日中天」。權德輿在任期間，大力選拔人才，主張「育才造士為國之本」，他「舉賢類能」，不管門第等級，只要有德，一律任用，並反對徇私舞弊。

他曾三次主典士舉，凡「舉士於公者，其言可信，不以其布衣不用；既不可信，雖大官勢人交言，一不以綴意」，可見他的唯才是舉。在他的主持下，發現和造就了不少有用之才，「前後考第進士及庭所策士，踵相躡為宰相、達官與公相先後，其餘布處臺閣外府，凡百餘人。」韓愈在〈燕河南府秀才〉一文中贊曰：「昨聞詔書下，權公作邦楨。文人得其職，文道當大行。」認為權德輿高居宰相之位，乃是文人士子的福音。

柳宗元之所以「病急亂投醫」投書權德輿，可能還有著另一層考慮：權德輿曾與柳鎮同在李兼手下擔任幕府。貞元元年（西元 785 年），李兼調江西為洪州刺史、江西都團練觀察使，身為幕僚的柳鎮帶著兒子柳宗元亦隨之上任。李兼也是一位文化官員，身邊網羅著一批文士。如柳鎮、權德輿、楊憑等。每逢李兼帶著一幫文人墨客遊歷鄱陽湖、滕王閣，吟詩做賦，年僅十三歲的柳宗元往往脫口而出，語出驚人。當時在場的權德輿理應耳聞目睹。

也許出於以上諸般考慮，柳宗元認為向權德輿「干謁請託」也不算太唐突冒昧。

柳宗元致權德輿的信中，先述考試歪風：

是以篚俊造之末跡，廁牒計之下列，賈藝求售，闐無善價。載文筆而都儒林者，匪親乃舊，率皆攜撫相示，談笑見眲，喔咿逡巡，為達者嗤。無乃睹其樸者鄙其成，狎其幼者薄其長耶？將行不拔異，操不砥礪，學不該廣，文不炳耀，實可鄙而薄耶？

柳宗元又道自己對科舉選士的徬徨和迷惘：

今將慷慨激昂，奮攘布衣，縱談作者之筵，曳裾名卿之門，抵掌峨弁，厚自潤澤。進越無惡，汙達者之視聽，狂狷愚妄，固不可為也。復欲俛默惕息，疊足躡翼，拜祈公侯之閽，跪邀賢達之車，悚魂慄股，兢

第三章　嗟餘聽鼓應官去，走馬蘭臺類轉蓬

格危懼，榮者倦之，彌忿厥心，又不可為也。若慎守其常，確執厥中，固其所矣。則又色平氣柔，言訥性魯，無特達之節，無推擇之行。(《漢書》：以貧無行，不得推擇為吏。)瑣瑣碌碌，(《晉書》：瑣瑣常人，碌碌凡士。)一孺子耳。孰謂其可進？孰謂其可退？抑又聞之，不鼓踴無以超泥塗，不曲促無以由險艱，不守常無以處明分，不執中無以趨夷軌。今則鼓踴乎？曲促乎？守其常而執厥中乎？浩不知其宜矣。

柳宗元的文章寫得確實精采，話中有話，弦外有音，言說於此而意歸於彼，言有盡而意無窮。

當然，文章寫得再巧妙，最後總要「點題」，柳宗元也未能免俗，既然求人自然得嘴甜，只能揀一些人家中聽的話奉承：「拜揖長者，自於幼年。」、「今鴛鷺充朝，而獨干執事者，特以顧下念舊，收接儒素，異乎他人耳。敢問厥由，庶幾告之，俾識去就，幸甚幸甚。」、「補闕權君，著名逾紀，行為人高，言為人信，力學掞文，時儕稱雄。」

遺憾的是，柳宗元降格以求所投〈上權德輿補闕溫卷決進退啟〉，如同「泥牛入海」、「石沉大海」，權德輿竟然是毫無反應，柳宗元第三次進士考試照樣落榜。

柳宗元屢試不中落第後的複雜心理，在〈送元秀才下第東歸序〉一文中得到淋漓盡致的表達：

立志堅定的人，「窮躓不能變其操」，困頓挫折不能改變他的節操；飽學多才之人，「屈抑不能貶其名」，壓抑屈辱不能貶低他的名聲。至於那些心氣平和寧靜，兼有志向堅定和飽學多才這兩方面的人，雖然遭到挫折屈辱的不幸，仍然不妨礙他成為君子。

元家的兒子，堪稱才志雙絕的人了吧。他說話恭敬而守信，行為正直而文靜，勇於論藝講學，急於進德修業。到了京師以後，居處偏僻簡陋，在家無三尺使喚之童，出外無分文購物之財，可以說是窮困倒楣

了。可是他的操守更加嚴格，才氣深湛而清峻，文辭簡練而賅博。然而，參加春闈受試於禮部，「當三黜之辱」，連續遭遇三場失利。可以說是備受壓抑了吧？然而他的名聲反而更加遠播。「夫有湛盧、豪曹之器者，患不得犀兕而之，不患其不利也。」你擁有湛盧、豪曹之寶劍，何愁找不到犀牛兕象之類來試刃？如今你身懷進身揚名之本事，何愁等待不到時機！

柳宗元對貢士元公瑾屢試不進、求一官半職終其一生而不得的現狀，進行了勸解。言下之意，亦是抒發自己「懷才不遇」的憤懣和百折不撓的意志。

柳宗元在〈與楊誨之第二書〉一文中，寫有這樣的字句：「吾年十七求進士，四年乃得舉。二十四求博學宏詞科，二年乃得仕。其間與常人為群輩數十百人。當時志氣類足下，時遭訕罵詬辱，不為之面，則為之背。積八九年，日思摧其形，鋤其氣，雖甚自折挫，然已得號為狂疏人矣。」柳宗元泣血無淚地勾勒出自己艱難的求仕之途。

貞元九年（西元 793 年）春，四次應試的柳宗元終於考中進士。

貞元八年，迫害柳鎮的奸相竇參終究敗落被處死，久負眾望的陸贄取而代之入相。

陸贄（西元 754 至 805 年），字敬輿，蘇州嘉興人。他是德宗在位時任用的賢臣之一，也是朝廷中革新意識最強的官員之一。柳宗元將他視為自己效仿的宗師與楷模。

《資治通鑑》中，關於他的文章、言行記載非常多，從 228 卷到 236 卷，幾乎每卷都有與他相關的事情和條文。如：「時兩河用兵久不決，賦役日滋，贄以兵窮民困，恐別生內變，乃上奏，其略曰：『克敵之要，在乎將得其人；馭將之方，在乎操得其柄。將非其人者，兵雖眾不足恃；

第三章 嗟餘聽鼓應官去，走馬蘭臺類轉蓬

操失其柄者，將雖材不為用。』」(《資治通鑑》第228卷)意思是說，當時，兩河用兵拖延了很久也沒有決出勝負，賦役日益增加，陸贄鑒於兵窮民困，恐怕內部產生別的變亂，於是向皇上提出奏摺，闡述說：「克敵致勝的要訣，在於將領的委派是否得當；駕馭將領的方法，在於掌握他的權柄。如果將領的委派有所失誤，兵雖然眾多也不足以仗恃；如果不能控制住他的要害，雖然是難得的將材也不會為皇上所用。」奏摺中還說：「立國之安危在勢，任事之濟否在人。勢苟安，則異類同心矣；勢苟危，則舟中敵國也。陛下豈可不追鑑往事，唯新令圖，修偏廢之柄以靖人，復倒持之權以固國……今關輔之間，征伐已甚，宮苑之內，備衛不全。萬一將帥之中，又如朱滔、希烈，或負固邊壘，誘致豺狼，或竊發郊畿，驚犯城闕，此亦愚臣所竊為憂者也，未審陛下復何以備之！陛下儻過聽愚計，所遣神策六軍李晟等及節將子弟，悉可追還……又降德音，罷京城及畿縣間架等雜稅，則冀已輸者弭怨，見處者獲寧，人心不搖，邦本自固。」(《資治通鑑》第228卷)這段話的含義是，立國的安危在於形勢，做事能否成功在於用人。形勢如果安定，那麼異族也可以同心；形勢如果危急，那麼同船過渡的也可能轉化為敵國。陛下豈能不將往事作為借鑑，變革求新，修正偏廢的權柄來使人安定，收復倒持的權力來鞏固國家……現在關輔之間，征伐已經過了頭，皇家所住的宮苑之內，防衛守備不夠齊全。萬一將帥之中，又出現跟朱滔、李希烈相似的人，或者憑藉牢固的邊壘，引狼入室，或者在京郊偷偷發難，使城中的人受到驚擾，這是愚臣我所暗中擔憂的事，不知道陛下應該拿什麼來進行防備！陛下倘若聽取愚臣的計謀，將所派遣的神策六軍李晟等及統率諸將的子弟，可以全部下令返回……如果又向百姓宣布您的德政福音，減免京城及郊縣的一些苛捐雜稅，那麼，上繳租稅已經過頭的人消除了怨恨，受到處分的人獲得了安寧，人心不再動搖，國家的根本也就自然穩固了。

陸贄的真知灼見並沒有被德宗所採用，不久果然發生了「涇原兵變」。「賊入宮，登含元殿，大呼曰：『天子已出，宜人自求富！』遂讙譟，爭入府庫，運金帛，極力而止。小民因之，亦入宮盜庫物，出而復入，通夕不止。其不能入者，剽奪於路。」（《資治通鑑》第 228 卷）本來是援軍，結果蛻變成了叛軍，皇帝與眷屬倉惶出逃，因為無人監守，宮內或國庫的財物被偷盜、搶奪，豈只「邦本」不固，甚至搖搖欲墜，真的不幸被陸贄言中。「上與陸贄語及亂故，深自克責」，此時後悔，如能反躬自省，倒也不算太遲。陸贄為此代唐德宗寫出那個後世廣為傳頌的〈罪己詔〉。

陸贄可說是中唐改革的先驅，他所熱誠表達的改革意願和改革設想，帶給此後的永貞革新重大的意義和指導。因此，後來順宗即位，陸贄當時被德宗貶為忠州（今重慶市忠縣）別駕，主政的革新派曾經想把陸贄請回京城，使其成為永貞革新的靈魂人物，可惜詔書未到，他已因病去世了。

陸贄在入相之前，以兵部侍郎的身分主持了知貢舉（貞元八年放榜的一科），選拔了一批出類拔萃的政治菁英或文學奇才，如政治方面的李絳、王涯、崔群等，文學方面的韓愈、李觀、歐陽詹等，時稱「龍虎榜」。他任宰相後，任使用者部侍郎顧少連主持考試，顧少連也是正直耿介、不畏權勢之人，他不顧「眾口飛語，譁然讙張」，大力選拔「孤門寒士」。柳宗元正是在這一榜得以高中。與柳宗元同科中進士的還有劉禹錫等 22 人的名字在史中可考。

柳宗元在〈先侍御史府君神道表〉中，還有這樣記載：「貞元九年，宗元得進士第。上問有司曰：『得無以朝士子冒進者乎？』有以聞。上曰：『是故抗奸臣竇參者耶？吾知其不為子求舉矣。』」當唐德宗得知中舉的柳宗元是柳鎮之子時說，就是那個抗拒奸相竇參的柳鎮兒子？顯然他不會是憑藉父親的關係。

第三章　嗟餘聽鼓應官去，走馬蘭臺類轉蓬

　　唐代官吏制度規定，科舉及第之人，還要透過吏部的銓選。合格者，才能授予官職。所謂銓選，就是要在吏部掛號排隊，等待分配，屆時到吏部去抽籤決定去向。如果吏部銓選落選，只能到節度使那兒去當幕僚，再爭取得到國家正式委任的官職。韓愈在考中進士後，三次選試都未通過，不得不去擔任節度使的幕僚。等待吏部銓選的進士，可以再參加博學宏詞科的考試，凡考試優等者，不論等待獲科年數多少，即可立即入仕。

　　柳宗元因為父亡「丁憂」，三年不能參加銓選，自然也就不能任官職。直到貞元十二年（西元 796 年），服父喪期滿，才參加了博學宏詞科的考試。然而，又一次遭遇失利。柳宗元在應制舉不第的無奈之下，只得向大理卿崔儆寫了一信〈上大理崔大卿應制舉不敏啟〉，信中寫下如此句詞：

　　宗元樸野昧劣，進不知退，不可以言乎德；不能植志於義，而必以文字求達，不可以言乎才；秉翰執簡，敗北而歸，不可以言乎文；登場應對，刺繆經旨，不可以言乎學，固非特達之器也。忖省陋質，豈容易而承之哉！

　　柳宗元在信中，把自己落選後的矛盾心理，表達得欲哭無淚、欲言又止。

　　古之知己者，不待來求而後施德，舉能而已。其受德者，不待成身而後拜賜，感知而已。故不叩而響，不介而合，則其舉必至，而其感亦甚。

　　閣下以鯤鱗之勢，不容尺澤，悠爾而自放，廓然而高邁，其不我知者，遂排逐而委之。

　　伏以閣下德足以儀世，才足以輔聖，文足以當宗師之位，學足以冠儒術之首，誠為賢達之表也。顧視下輩，（〈灌夫傳〉：薦寵下輩。）豈容易而收哉！

敢希豫讓國士遇我之報。(《史記》:豫讓事智伯,趙襄子滅智伯,豫讓欲刺襄子,曰:「智伯國士遇我,故中國士報之。」)伏候門屏,敢俟招納。

當然,信寫得再委婉隱喻,「圖窮匕首見」,最終總還要表明希望大理卿崔儆能夠「以鯤鱗之勢」,「顧視下輩」。欲望就是牢房。封建官場就是一個大染缸,一旦進入,有幾人能「身居汙泥而一塵不染」?誰也無法擺脫那無處不在的「萬有引力」。

兩年以後,貞元十四年(西元798年),柳宗元再應試考中。被任命為集賢殿書院正字。集賢殿書院正字是校理典籍圖書,剛剛入流的「從九品上」小官。集賢殿書院是皇家藏書樓,原來中書省內有監掌圖書經籍事務的祕書省,唐玄宗李隆基時,因閱書不便,「始更聚書集賢殿,別置校讎官」,選天下能文學者充任學士、直學士。唐德宗李适統治的貞元年間,社會相對來說比較安定,李适又是「右文」之主,曾廣求天下圖書,擴充了集賢殿。貞元八年,增設校書四員,正字二員。劉禹錫曾有詩形容這個書院:「鳳池西畔圖書府,玉樹玲瓏景象閒。」這裡的豐富藏書給柳宗元的進修習業提供了優越的條件。而且還有一點對他未來的仕途發展十分重要,按當時的敘官習慣,由進士出身,授校書、正字、然後聘任畿縣令、尉,再回到臺、省做郎官,乃是士人理想的快捷進身途徑。柳宗元入仕邁上的第一個臺階,為他的仕途展開一條輝煌之路。

貞元十七年(西元801年),柳宗元在集賢殿書院正字任上三年期滿,調補京兆府藍田(今陝西省藍田縣)縣尉,升為正九品下。按唐代官吏敘進的成例,不經府、縣任職,不得為近侍官。說明柳宗元走上了正常晉升的途徑。縣尉緝捕盜賊,掌管治安,其職責類似於現在的縣警察局長。但柳宗元並未正式上任,只是「掛職性質」,實際仍在京兆府負責文書工作。京兆尹韋夏卿非常欣賞柳宗元的文采和才幹,把他留在身

第三章　嗟餘聽鼓應官去，走馬蘭臺類轉蓬

邊。這都是受到器重將得以重用的跡象。

貞元十九年（西元803年）潤十月，柳宗元被擢拔為監察御史里行。監察御史是監察臺的屬官，「里行」是見習的意思，常由資歷不高或新進者充任，「監察御史掌分察百僚，巡按郡縣，糾視刑獄，肅整朝儀；凡將帥戰伐，大克殺獲，數其俘馘，審其功賞，辨其真偽……」（《唐六典》卷一三〈監察臺〉），正八品上；這個官職除正員十人外，還有里行。它的品階雖不算高，但由於職責重大，卻是「進名敕授」，由皇帝親自任命的「供奉官」。按唐代的規矩，只有五品以上的職事官和兩省（中書、門下）一臺（監察臺）的供奉官分日參見，叫做「常參官」或「登朝官」；而其餘職事官只在朔、望得以朝見。所以柳宗元做了監察御史里行，成為最容易接近皇帝的官員，自然引得群臣嫉妒。

有一個插曲頗有意味。柳宗元得到了「監察御史里行」這樣一個眾人豔羨的美差，他卻向朝廷上了一道奏摺：〈讓監察御史狀〉，提出要辭去這一職位。

柳宗元在〈讓監察御史狀〉中這樣寫道：

右臣伏準〈名例律〉，諸官與父祖諱同者，不合冒榮居之（《律》十二篇，〈名例律〉其第一也。節文諸府號官稱犯父祖名而冒榮居之者，免所居官）。臣祖名察躬。今臣蒙恩授前件官，以幼年逮事王父，禮律之制，所不敢逾，臣不勝進退惶恐之至。謹詣光順門奉狀以聞，伏聽敕旨。貞元十九年閏十月，承議郎新除監察御史臣柳宗元奏。

原來，柳宗元新任「監察御史里行」職中，有一個「察」字，而柳的祖父名察躬，柳宗元擔心犯了避諱。唐代犯諱制度非常嚴格，與柳宗元同時的李賀父名晉肅，晉與進同音，李賀竟因此不能參加進士考試，韓愈為之抱不平，專門寫了一篇〈諱辯〉，文中說：「父名晉肅，子不得舉

進士；若父名人，子不得為人乎？」

由此小事一椿，可見柳宗元進入官場後，小心謹慎、瞻前顧後的心態。

朝廷以宰相杜佑的名義專門下了一道宣：「奉敕新除監察御史柳宗元，祖名察躬，准禮，二名不偏諱，不合辭讓。」

劉昫在《舊唐書》卷一百六十中，將韓愈、張籍、孟郊、唐衢、李翱、宇文籍、劉禹錫、柳宗元、韓辭九人共為列傳一卷。在柳宗元條目下這樣記載：

順宗即位，王叔文、韋執誼用事，尤奇待宗元。與監察呂溫密引禁中，與之圖事。轉尚書禮部員外郎。叔文欲大用之，會居位不久，叔文敗，與同輩七人俱貶。宗元為邵州刺史。在道，再貶永州司馬。既罹竄逐，涉履蠻瘴，崎嶇堙厄，蘊騷人之鬱悼。寫情敘事，動必以文。為騷文十數篇，覽之者為之悽惻。

唐順宗李誦即位後，啟用王叔文等人進行「永貞革新」：「禁中文誥，皆出於叔文」。王叔文「尤奇待宗元」，尤其看重柳宗元，「以宰相器待之」。「密引禁中，與之圖事」，「言無不從」。柳宗元任尚書禮部員外郎。原本還想更「大用之」。一時之間曙光閃現，柳宗元的仕途前程似錦。

柳宗元在〈與楊誨之第二書〉一文中，寫有這樣的字句：「及為御史郎官，自以登朝廷，利害益大，愈恐懼，思欲不失色於人。雖戒勵加切，然卒不免為連累廢逐。猶以前時遭狂疏輕薄之號既聞於人，為恭讓未洽，故罪至而無所明之。」柳宗元回憶當年在京城，自己由於志大才高，木秀於林風必摧之，巖峻於岸水必湍之，總是遭到譏笑辱罵，即便想要收斂形貌，減少銳氣，但還是被視為狂疏輕薄之人。劉禹錫在《河東先生集》序中，也說柳宗元是「以疏雋少檢獲訕」，說他才高名大又缺

第三章　嗟餘聽鼓應官去，走馬蘭臺類轉蓬

少檢點而遭受誹謗。隱忍不張、委曲求全，是混跡官場必須遵循的潛規則，韜光養晦才是獲取晉升的唯一通道。官場如獸苑，實行的是「弱肉強食」的叢林法則；伴君如伴虎，騎上不易、下來更難。柳宗元儘管「戒勵加切」，如臨深淵、如履薄冰，最終仍落得「傾巢之下，豈有完卵」。

第四章
當官乎？為文乎？選擇的困境

柳宗元經歷了十年寒窗苦用功，殫精竭慮、嘔心瀝血，好不容易贏取了金榜題名。然而躋身官場一看，猶如《鏡花緣》中的林之祥與多久公，驀然間闖入了「兩面國」，迎面撞上「牛頭馬面」；又猶如美國小說《眼鏡》，那個高度近視的洗衣女孩，突然戴上了眼鏡，原先的隔岸觀火、霧裡看花，一切都暴露無遺地逼近了眼前。

柳宗元誕生在唐代宗年間，待其進入官場，已經是唐德宗晚年了。

唐德宗李适（ㄍㄨㄚ）（西元742年至805年），是唐肅宗李亨的長孫、唐代宗李豫的長子。唐德宗的整個少年時代，正是大唐帝國的盛世。但好景不長，他14歲那年（天寶十四，西元755年）的十一月，爆發了安史之亂，第二年長安失守，玄宗出逃四川，從此大唐帝國陷於一場亙古少見的大動亂之中。唐代宗即位之初，李适被任命為天下兵馬元帥，肩負起與安史叛軍餘孽最後決戰的使命。平定叛亂之後，李适「以功兼尚書令，與功臣郭子儀、李光弼等皆賜鐵券，圖形凌煙閣。」

青少年時代的動盪生活，使德宗登基以後，立志做一個有為的中興之君。《舊唐書》對德宗評價：

德宗皇帝初總萬機，勵精治道。思政若渴，視民如傷。凝旒延納於讜言，側席思求於多士。其始也，去無名之費，罷不急之官；出永巷之嬪嬙，放文單之馴象；減太官之膳，誡服玩之奢；解鷹犬而放伶倫，止權酤而絕貢奉。百神咸秩，五典克從，御正殿而策賢良，輟廷臣而治畿甸。

第四章　當官乎？為文乎？選擇的困境

德宗即位之初，也曾勵精圖治、旰衣宵食，試圖對唐玄宗以來朝廷的奢靡腐敗、官場弊端予以整肅。據《新唐書‧帝紀第七》載：

罷諸州府及新羅、渤海貢鷹鷂。

罷山南貢枇杷江南甘橘非供宗廟者。

罷邕府歲貢奴婢。

罷梨園樂工三百人、劍南貢生春酒。

罷獻祥瑞，貢器以金銀飾者還之。

罷揚州貢鏡、幽州貢麝。

出宮人，放舞象三十有二於荊山之陽。

減乘輿服御。士庶田宅、車服逾制者，有司為立法度。禁百官置邸販鬻。

唐德宗登基伊始，詔告天下，廢止了諸州府向朝廷的進貢。對唐玄宗為討美人歡心的「一騎紅塵妃子笑」，也明確規定山南枇杷、江南甘橘每年只許進貢一次，以供宗廟祭祀。禁令天下不得以呈祥瑞為由進貢珍禽異獸，將文單國（今寮國）所獻32頭舞象一律放養野生；甚至對官員的車輛服飾、置田購房也作出明確規定……

唐德宗初年所採取的動作，與後來唐順宗朝「永貞革新」所採取的舉措竟有驚人的相似之處。

唐德宗登基伊始，也曾採取了讓民眾從戰亂中恢復休養生息的措施。據《資治通鑑》第226卷記載：「唐初，戶斂之法曰租、庸、調，有田則有租，有身則有庸，有戶則有調。玄宗之末，版籍浸壞，多非其實。及至德兵起，所在賦斂，迫趣取辦，無復常準。賦斂之司增數而莫相統攝，各隨意增科，自立色目，新故相仍，不知紀級。民富者丁多，率為官、為僧以免課役，而貧者丁多，無所伏匿，故上戶優而下戶勞。

吏因緣蠶食，民旬輸月送，不勝困弊，率皆逃徙為浮戶，其土著百無四五。」這段記載說明，唐朝初年，賦役制度的方法叫租、庸、調，凡是有田就要交租，凡是有人就得服勞役，凡是有戶口就徵調。到了玄宗末年，那些戶口冊籍大部分遭到損壞，很多名不副實。等到唐肅宗李亨在位的至德年間，由於戰亂，所有的賦役，幾乎是憑興趣好壞強迫辦取，不再按照往常的標準。管理賦役的部門增加了數目而沒有相互統一，各自隨意增加收取的科目，自定條款，新的、舊的辦法都有，誰也不知有多少等級或差別。富裕的人雖然家裡人丁很多，但可以想方設法透過當官、當僧人來減免賦役；而貧窮的人家裡人丁多，則無法隱瞞藏匿，因此上戶優裕而下戶勞苦。有的官吏趁火打劫、蠶食百姓，民眾每月都要上交，苦不堪言，很多人率領全家老少逃亡、遷移，變成漏戶，原生居民幾乎不到百分之四五了。

德宗李适繼位後的建中元年（西元780），在宰相楊炎的主持下，進行了賦役制度的改革，廢止了久已弛壞的「租庸調法」，改行「兩稅法」。「兩稅法」的基本精神是「戶無主、客，以見居為簿；人無丁、中，以貧富為差」，即把「均田制」下的土地稅（附加勞役），改變為承認土地自由兼併的財產稅。規定兩稅之外，官吏不能另有加斂，否則以違法論處。這是為適應當時經濟發展形勢而採取的變革措施，對於恢復戰亂創傷，讓民眾休養生息，還是有利。

「建中之亂」成為唐德宗命運的轉捩點。自從因朱泚事變出逃奉天以後，他似乎意識到錢財的重要性，開始改變初衷。唐德宗不僅開始喜歡錢財，而且還主動地暗示州府向他進奉。把進奉物稱為「羨餘」，表示是地方官將國家稅收完成後，送給皇帝的個人財富。「羨餘」實際成為地方官吏向皇帝的公開賄賂。地方官自己又不會生財，所謂的「羨餘」，羊毛出在羊身上，是地方官巧立名目，在兩稅之外再搜刮老百姓的錢財。

第四章　當官乎？為文乎？選擇的困境

打著效忠皇帝的名義，搜刮上來的「民脂民膏」，地方官只將其中的四分之一進奉，其餘的四分之三都成了中飽私囊。地方官為討皇帝歡心，不斷進貢財物，想出繁多的名目：有的每月進奉，叫「月進」，有的甚至每天進奉，叫「日進」。德宗貪得無厭、來者不拒，每年收到的錢，多時竟達五十萬之鉅。從此，貪汙成風，賄賂公行。

穆質指出：「古則為官擇人，今則為財擇官。」唐德宗經常派宦官直接向政府各衙門以及地方公開索取，稱為「宣索」。貞元年間擔任宰相的陸贄，拒絕所有來京城辦公的官員的禮物，德宗因而派人開導他，不要太過清廉，對他人的禮物一律拒絕是不通人情世故。像馬鞭、鞋帽之類的小禮物，收受一點也無關緊要。

插一段唐德宗的趣聞笑話：

西元 787 年，唐德宗在辛店打獵，經過一個叫趙光奇的農民家中。唐德宗問：「百姓們生活得高興嗎？」趙光奇回答說：「不高興。」唐德宗覺得奇怪：「今年莊稼獲得了豐收，你們為什麼不高興呢？」趙光奇回答：「國家的詔令不守信用。之前說是除了兩稅以外，不再有其他徭役，現在除了兩稅之外的各種強迫收費，比兩稅還要多很多。後來又說這是和糴，實際上是變相對百姓巧取強奪。一開始時說收百姓的糧食由官府到百姓家中收取，現在卻強迫百姓們把糧食送到幾百里外的京西行營。由於路途遙遠，很多人家幹農活的牲口被累死了，車也壞了，導致家庭破產，難以維繫。人們的生活如此愁苦，有什麼可高興的呢！國家每次釋出的優恤百姓的政策，只不過是一紙空文而已！聖上深居在防衛森嚴的皇宮裡，哪裡會知道這些呢！」唐德宗聽後，下令免除了趙光奇家的賦稅和徭役。

司馬光在《資治通鑑》中評論這段歷史：唐德宗真是太難以悟透治國

之道了！自古統治者所擔憂的，是君主的恩澤被下屬截流，而百姓得不到實惠，民間的真實情況被官吏隱瞞，上級被矇在鼓裡。所以君主雖然心裡經常掛念著基層，不斷發表優惠百姓的政策，但百姓卻由於得不到實惠而並不買帳；老百姓愁困怨憤，而君主卻無從知曉，以至於百姓和國家離心離德，走上反叛的道路，導致國家危亡，政權更替。

封建君主制這駕馬車的慣性力，總要落入封建王朝興衰週期的窠臼。

《新唐書》如此評價唐德宗：

德宗猜忌刻薄，以強明自任，恥見屈於正論，而忘受欺於奸諛。故其疑蕭復之輕己，謂姜公輔為賣直，而不能容；用盧杞、趙贊，則至於敗亂，而終不悔。及奉天之難，深自懲艾，遂行姑息之政。由是朝廷益弱，而方鎮愈強，至於唐亡，其患以此。

唐德宗猜忌多疑，剛愎自用，自以為是，聽不進不同意見。一會兒懷疑某大臣看不起自己，一會兒又猜忌某大臣是為了表現自己的正直而給他難堪。朝廷用人有一大弊端，就是「信用暱近，不由正途」。唐德宗對誰都不放心。於是，朝廷之上頻頻發生人事變動，尤其是頻繁地更換宰相。據《新唐書·帝紀第七》載：

貞元八年四月，貶竇參為郴州別駕。尚書左丞趙憬、兵部侍郎陸贄為中書侍郎、同中書門下平章事。

貞元十年十二月，貶陸贄為太子賓客。

貞元十二年十月甲戌，右諫議大夫崔損、給事中趙宗儒同中書門下平章事。

貞元十四年七月工部侍郎鄭餘慶為中書侍郎、同中書門下平章事。

貞元十六年九月，貶鄭餘慶為郴州司馬。

第四章　當官乎？為文乎？選擇的困境

貞元十六年九月庚申，太常卿齊抗為中書侍郎、同中書門下平章事。

貞元十九年三月壬子，淮南節度使杜佑檢校司空、同中書門下平章事。七月己未，齊抗罷。

十二月庚申，太常卿高郢為中書侍郎，吏部侍郎鄭珣瑜為門下侍郎：同中書門下平章事。

這樣走馬燈式地換相，頻繁地朝令夕改，使百官無所適從。貞元前期執掌大權者如盧杞、竇參、裴延齡等，都是品質惡劣，忌害賢能，恃權貪利，禍國殃民。開始時，朝中還有李泌、陸贄等給予抵制，陸贄在貞元十年被罷相，可看作是德宗朝的轉捩點，後期所任用的李齊運、王紹、李實、韋渠牟等，不是聚斂誅求的能手，就是佞媚浮華的倖臣。

讓我們看看貞元一朝的宰相：

齊映（貞元二年入相）是「謙和美言悅下」，對部屬失去原則的一團和氣，徒有「好人緣」的虛名；

盧邁（貞元九年入相）「謹守中立，守文奉法」，與冰炭難以同爐的對立兩派，採取「和事佬」姿態，不求有功，但求無過，只管維持現況，管它身後洪水滔天；

賈耽（同為貞元九年入相），其人雖是貢獻卓著的地理學家，但在位13年，「不能以安危大計啟沃人主，而常以檢身屬行律人。」對於防嫌免禍非常留意，卻對國家安危掉以輕心。事無鉅細身必親躬，每臨大事卻是失去主意；

崔損（貞元十四年入相）「性齷齪謹慎，每延英論事，未嘗有言」，禍從口出，沉默是金，明知不對，少說為佳；

鄭慶餘（貞元十四年入相）「奏對之際，多以古義博之」，引經據典、

誇誇其談，花拳繡腿不著邊際，看似滿腹經綸，實為繡花枕頭；柳宗元在〈先君石表陰先友記〉中批評他「始天下皆以為長者，及為大官，名益少」；

齊抗（貞元十六年入相）「無遠智大略……未乃滋章物議，薄其刻隘」，人無遠見，必有近憂，每逢物議人論，總是尖刻薄倖……

德宗朝幾十年間，就是這樣一批人把持朝政。官場上那些高級官僚、士大夫，享受著既得利益，對變革新政根本不感興趣，並且時時擔心自己的既得利益受到損害。

《舊唐書》卷135〈韋渠牟傳〉載：唐德宗到了晚年，更是「躬親庶政」親小勞，侵眾官，實際上是讓小人當道，朝廷無法正常運轉，只是備員行文書而已。到貞元末年，更不任宰相，甚至出現「仕進道塞，奏請難行，東省數月閉門，南臺唯一御史」的局面。東省指門下省，職責是「掌出納帝命，緝熙皇極，總典吏職，贊相禮儀」；南臺指御史臺，是監察機關，這樣重要的機構都癱瘓失靈了，可見問題之嚴重。這種情況也影響到一般士大夫的仕進出路。這樣的形勢更加劇了官場內部的衝突，對現狀的強烈不滿逐日累積，因而醞釀著革新除舊的訴求。

柳宗元曾寫過一篇〈梓人傳〉，寫一名為楊潛的梓人，即木匠師傅。他向柳宗元推銷自己：「我善於測算材料，根據房子的規模、高深、圓方、長短選用合適的材料，指揮工匠們工作。「舍我，眾莫能就一宇」，如果沒有我的指揮，他們連一間房子也建不成。所以，「食於官府，吾受祿三倍」，我在官府工作，薪資相當於一般工匠的三倍；「作於私家，吾收其直太半焉」，給私人乾活，我的薪資要占所有人的一大半。有一天，柳宗元來到他的臥室，「其床闕足而不能理」，他的床壞了一條腿，他自己不會修，說我準備請別的木匠來修。柳宗元覺得好笑，認為他是

第四章　當官乎？為文乎？選擇的困境

個「無能而貪祿嗜貨者」，是個說大話、吹牛皮，而沒有實際本領的人。後來，京兆尹修繕衙門，柳宗元見楊潛拿著一根長棍，面前環立著許多木匠聽從他的指揮。楊潛揮動著手中的長棍說：「砍！」那些拿斧子的人就奔向右邊去砍；楊潛說：「鋸！」那些拿鋸子的人就奔向左邊去鋸。全部按照他的眼色號令工作，沒有誰敢自作主張。有些做得不好的工匠，楊潛就怒而將其斥退，也不見人敢抱怨記恨。工匠們在楊潛的指揮下，各行其職、有條不紊。建造房屋的圖紙貼在牆上，楊潛按圖施工，分毫不差。及至房屋建成，楊潛令人在大梁上刻下自己的大名。柳宗元此時「圜視大駭」，才相信楊潛果真是個大匠。

從梓人楊潛的建房，柳宗元聯想到了「為相之道」。「彼佐天子相天下者，舉而加焉，指而使焉，條其綱紀而盈縮焉，齊其法制而整頓焉，猶梓人之有規矩、繩墨以定制也。」那些輔佐天子的人，推薦、提拔，然後指揮使用他們，疏理綱紀而決策進退，使法制規範而加以整頓，猶如那位大匠以規矩繩墨來考量一樣。

「不炫能，不矜名，不親小勞，不侵眾官，日與天下之英材討論其大經，猶梓人之善運眾工而不伐藝也」。不自己顯耀才能，不矜持名聲而自傲，無須事必躬親、事無鉅細地去處理費力的小事，讓各級官吏有職有權不受侵犯。每天與豪傑賢士探討治國的重大方針。「能者進而由之」、「不能者退而休之」，獎勤罰懶，提拔賢能者，罷黜無能者，正如同那位大匠善於指揮眾工匠的道理一樣。

柳宗元最後感嘆說：「蓋古之審曲面勢者」，大概有著審時度勢的含意。楊潛懂得建築之理，方能指揮有度，建起高樓大廈；宰相懂得為相之道，方能得心應手，把國家治理得井然有序。這篇文章顯然寄寓了柳宗元對為官之道的思考。

柳宗元入仕伊始，面對的是頹敗腐朽、沉悶庸碌的官場。柳宗元後來論政，提出一個觀點：制度是需要人來執行，也許上級的想法不錯，但一到了基層，卻很有可能變得荒腔走板。

柳宗元所撰〈鞭賈〉一文，大概正是這時的心境：

市集上賣鞭子的人，倘若有人問價，他的鞭子雖只值五十，必定要說五萬。還價五十，他就假裝笑彎了腰；出價五百，他就會稍微憤怒；出價到五千，他就表現出勃然大怒的樣子；必須要出到五萬的價錢才答應。

有個富家子弟，到市集上買鞭子，花了五萬，拿著鞭子來向我誇耀。看那鞭梢，捲曲不舒展；看那鞭柄，歪斜不直；鞭子的纓，前後銜接不和諧流暢；鞭節朽敗，沒有紋理；用指甲掐進去，很容易就劃下印痕；舉起它，飄飄然如同無物。

我說：「你怎麼買這樣的鞭子，不惜花費五萬的鉅款？」他回答說：「我喜歡它的黃色和光澤，我相信商賈的話。」我叫童僕燒熱水，洗那條鞭子，馬上就收縮並枯萎，蒼然發白。原來的黃色是染的，光澤是上了蠟。我揭開了真相，富家子弟反而不高興，大概是嫌我多此一舉。富家子弟還是用了它三年，後來外出東郊，在長樂坡下與人爭道。馬互相踢，於是他拚命甩鞭子，鞭子折斷成五六節。馬互相踢打不停，掉落在地上，鞭子損毀了。看那鞭子裡面是空空如也，質地如糞土，無所依賴。

當今那些偽裝自己的外貌、粉飾自己的言論，以此謀求向朝廷推銷自己的技藝，倘若職位與他的才能相當，那也還好。可是一旦錯用了徒有其表的庸人，職位超過能耐，就喜形於色；而如果本來職位與才能相當，反而會惱怒地說：「我為什麼不能是公卿？」這樣的官還真是不少。

第四章　當官乎？為文乎？選擇的困境

平常國家無事倒也還好，即便混個三年、五年也還危害不到哪去。但若趕上正值用人，派他們成為一方要員去治理地方，以其空空之腹，如同糞土一樣的質地，責成他們實現大力甩鞭的效用，還不會落得像鞭子一樣被折斷而以至於墜地、損毀的憂患嗎？

柳宗元借買鞭子說事，其實是在諷喻時政。他說：「今之梔其貌，蠟其言，以求賈技於朝。」鞭子不能只看外表，而更應注重它的質地。那些金玉其表，敗絮其中，沒有真才實學，粉飾言詞，靠投機伎倆，獲取高官厚祿的官員，在關鍵時刻會誤國誤民。

柳宗元在〈與楊京兆憑書〉一文中，列舉了四種人：有才而恥於向別人說的，是上等人才；有才而樂於向別人說的，次之；沒有才能而善於自我吹噓的，是禍國殃民的傢伙，賊也；沒有才能也不說，可看著像有才能似的，實際是土塊木頭。這些靠門閥作官的庸類，靠自我吹噓，用騙技為高官，享厚祿，平日還看不出什麼，一旦遇到危機時刻，其無能之輩，就會害國殃民。

柳宗元還寫過一篇寓意深刻的文章〈蝜蝂傳〉：

蝜蝂者，善負小蟲也。行遇物，輒持取，昂其首負之。背愈重，雖困劇不止也。其背甚澀，物積固不散，卒躓僕不能起。人或憐之，為去其負。苟能行，又持取如故。又好上高，極其力不已，至墜地死。

今世之嗜取者，遇貨不避，以厚其室，不知為己累也，唯恐其不積。及其怠而躓也，黜棄之，遷徙之，亦以病矣。苟能起，又不艾。日思高其位，大其祿，而貪取滋甚，以近於危墜，觀前之死亡不知戒。雖其形魁然大者也，其名人也，而智則小蟲也。亦足哀夫！

看著柳宗元這篇文章，令人忍俊不禁地會心一笑。多麼形象生動的描繪。蝜蝂的習性是「行遇物，輒持取」，順手牽羊、雁過拔毛，「日思

高其位，大其祿，而貪取滋甚」，思謀著居高位、握大權，利用權力，獲取不正當的利益。形象化地刻劃了「今世之嗜取者，遇貨不避，以厚其室」。而其貪婪性「不知為己累也，唯恐其不積」，甚至達到「貪取滋甚，以近於危墜」、「極其力不已，至墜地死」。這是「為物累」的典型形象。

章士釗的《柳文指要》考證認為，柳宗元此文是專指王涯。王涯，字廣津，太原人。貞元中，擢進士，又舉宏辭。元和年間，官拜中書侍郎、同中書門下平章事（相當於宰相）。早年與柳宗元、獨孤申叔等為信友，其人貪權嗜祿，子厚歿後十六年，即太和九年（西元835年），以甘露之變被腰斬於市。「涯居永寧里，其宅為楊憑故第，子厚之妻曾就終於是，以此轇轕下上，情跡未必不至墜地死通。子厚文中告誡重重，期之甚殷，息息唯貪取而近於危墜是懼，足見作者知涯甚深，並逆料將來禍患之難於倖免。」王涯確也貪如蝜蝂，但硬要把柳文局囿於具體某人，也有些牽強附會。我更願意把此文看作是對官場的一種警戒。

柳宗元在〈與楊誨之第二書〉一文中寫道：「及為藍田尉，留府庭，旦暮走謁於大官堂下，與卒伍無別。居曹則俗吏滿前，更說買賣，商算贏縮，又二年為此，度不能去，益學《老子》，『和其光，同其塵』，雖自以為得，然已得號為輕薄人矣。」

柳宗元入朝做官，「走謁於大官堂下」，京兆府盡皆高官大吏，看似風光無限。柳宗元一個小小的九品官，在他們眼裡等同於一個「卒伍」。周圍多是尸位素餐自私無能的「俗吏」，他親眼目睹這些身居高位的官員們「占著茅坑不拉屎」、「更說買賣，商算贏縮」，熱衷於放高利貸、出租公廨田等以謀私利、官商勾結。但他們又都是柳宗元的上司，柳宗元也只能虛與委蛇，學老子的處世之道「和其光，同其塵」。即便如此「入鄉隨俗」，仍落得「輕薄人」的壞名聲。

第四章　當官乎？為文乎？選擇的困境

上司看中的是柳宗元的文采，把他當作裝飾的「花瓶」。經常要他起草一些無聊的應酬文章。柳宗元任監察御史裡行時的上司是御史中丞武元衡，柳宗元只能違心地稱他「厚德在位，甚宜其官」。德宗賜武元衡櫻桃若干，柳宗元為他撰寫〈為武中丞謝賜櫻桃表〉，稱「盈眥而外被恩光，適中而口含渥澤」；賜茶一斤，柳宗元又為他撰〈為武中丞謝賜新茶表〉，又稱「照臨而甲拆唯新，煦嫗而芬芳可襲」，將桃甜茶香與皇帝的天光恩澤融為一體，贏得上司與皇上雙雙歡心。柳宗元的聰明才智全派於這種用場。

翻閱《柳河東文集》，我看到諸如此類的不少文章：四方刺史、觀察使、中使，不斷向皇上獻殷情，貢獻嘉卉異果，以示祥瑞。柳宗元就不斷以其文名代貢獻者寫下賀表：〈禮部為百官上尊號表〉、〈禮部為文武百僚請聽政表〉、〈禮部賀嘉瓜及芝草表〉、〈禮部賀甘露表〉、〈禮部賀白龍並青蓮花合歡蓮子黃瓜等表〉、〈禮部賀白鶴表〉、〈禮部賀嘉瓜表〉等等。文中充溢著「臣某誠歡誠慶，頓首頓首」、「獲睹嘉瑞，無任慶抃之至」、「欣逢眾瑞，踴躍之至，倍萬恆情」，這些無聊文字。有的歌功頌德，有的宣揚符瑞迷信，都遠離他的宗旨和理想……我想，柳宗元在以他的滿腹經綸、筆底錦繡為這類文章，「吟安一個字，拈斷數莖鬚」之際，內心一定充滿了無奈及痛苦。

人生最為悲苦的不是理想實現不了，而是如願以償後卻發現得到的並非自己所求。

柳宗元在「仕進之路」上屢試不中而越挫越勇，給人一種「官迷」的錯覺。好像他無所不用其極地想要擠進官場。其實，柳宗元在〈上大理崔大卿應制舉不敏啟〉一文中，早就闡明了自己對「舉仕入官」的看法。他認為，想當官的人不外乎這麼幾種想法：一種人並不知道當官要做什

麼，只因為「舉天下而好之，吾何為獨不然？」人棄我棄，人取我取，大家都爭著當官，當了官光宗耀祖。一種人，「有慕權貴之位者，以將相為悅者也」，當了官自然帶來一連串的好處，權力很容易轉化為利益。還有人「有樂行乎其政者，以理天下為悅者也」，占著茅坑不拉屎，當一天和尚撞一天鐘。而柳宗元「吾何修而可以登之乎？必求舉是科也」。學得屠龍術，總得有一個施展屠龍的舞臺，而不是扮演一個「葉公好龍」之人。

　　柳宗元曾寫過一篇〈唐故給事中皇太子侍讀陸文通先生墓表〉。陸文通即陸質，曾任皇太子侍讀。陸質之所以被視為永貞革新的精神領袖，是因為陸質的思想影響了柳宗元等革新派人士的觀念。柳宗元對陸質是推崇服膺之至，尊陸質為導師。柳宗元曾說自己「恆願掃於陸先生之門」，後於貞元二十一年，「始得執弟子禮」。然因陸質旋即病故，「不克卒業」，落下終身遺憾（〈答元饒州論春秋書〉）。

　　柳宗元在〈唐故給事中皇太子侍讀陸文通先生墓表〉中，表白自己參加科舉，其目的不在於登朝廷、列將相，而是「書而志之者，其事大備」，準備進行一番大事業。柳宗元稱讚陸質「明章大中，發露公器。其道以生人為主，以堯、舜為的」、「先生道之存也以書，不及施於政；道之行也以言，不及睹其理。門人世儒，是以增慟。」遺憾陸質的滿腹經綸來不及實施，而自己既然師承陸質，就應該把理論付諸實踐，實現為「生人」謀幸福的人生追求目標。陸質所提「生人」即民眾，因避唐太宗李世民諱，唐代稱之為「生人」。

　　「安史之亂」的大動盪，使得不少志士仁人對於現行的思想政治體系不滿，力求另找出路。啖助、趙匡、陸質等人成為這一思潮的先驅。啖助從西漢的《公羊》衍伸出一些觀點，說《春秋》祖述堯、舜，不守周禮；堯舜之道才是孔子作《春秋》的本意；主張「夫子之志，冀行道以拯救生

第四章　當官乎？為文乎？選擇的困境

靈也」，貶斥「家天下」的周禮而伸張堯舜之道。陸質在《春秋纂例》卷六〈賦稅例〉中也說：「民，國之本也。取之甚則流亡，國必危矣。故君子慎之。」為儒家的古老傳統賦予了鮮活的生命力。

柳宗元正是秉持這一觀點，在〈時令論〉中說：「聖人之道，不窮異以為神，不引天以為高，利於人，備於事，如斯而已矣。」由此可見柳宗元「聖人之道」的標準，就是求得政治完善和有利民生。後來，柳宗元積極從事政治變革，用他自己的話說，就是「勤勤勉勉，以興堯、舜、孔子之道，利安元元為務」（〈寄京兆許孟容書〉）。把陸質「無忘生人之患」的政治思想，作為自己終生為之奮鬥不息的目標。

柳宗元早在長安擔任監察御史期間，就寫過一篇〈送寧國范明府詩序〉。唐時稱縣令為明府。同僚范傳正之兄范傳真由京兆武功尉出任宣州寧國令。唐朝的官員考察制度，只要是有做官資格的人，名字每年都會在吏部予以登記，吏部根據所登記人之年齡、級別等條件，分門別類，將名單寫三份，一份保存在吏部的承辦官員那裡，另外的兩份由中書省和門下省備案。每當遇到大規模的官員選拔和考核官吏政績的時候，一定要讓三省共同檢驗。考察時發現不合格的情況，就會受到相關部門的處理，被取消資格和罷免官職的人很多。由於這種考察涉及到一名官吏的升降獎罰，因此承辦的官員往往會從中徇私舞弊、任意操作，想盡各種辦法濫用職權，故意改動文字，呈現出不真實的情況。如何選用正直而又有經驗的人來完成這項任務，比選拔考察官員更為重要。范傳真剛到京城，當朝宰相聽說他品行優良，就任命他來擔任主持官吏考核的職務。范傳真在這一職務上獲得很好的聲譽，於是被任命為京兆武功尉，沒幾年，又外放為宣州寧國縣令。按照當時唐朝重內官、輕外官的風氣，這次調任算是貶抑。既然頗有政聲及政績，卻被外放、邊緣化，這也是官場詭譎莫測、令人匪夷所思的怪現象。

由於范傳真口碑很好，京城為其送行賦詩的人很多，柳宗元為詩集做了序。柳宗元在詩序中，借范傳真之口，對為官之道說了這樣一番話。

夫仕之為美，利乎人之謂也。與其給於供備，孰若安於化導。故求發吾所學者，施於物而已矣。夫為吏者，人役也。役於人而食其力，可無報耶？今吾將致其慈愛禮節，而去其欺偽凌暴，以惠斯人，而後有其祿，庶可平吾心而不愧於色。苟獲是焉，足矣。

送行的朋友安慰范傳真，縣尉的職缺比當京官更好。范傳真回答：如果這是一個好職位，那應該對老百姓有利；如果僅僅是為了滿足物質方面的欲望，那還不如當個教書匠施教於人。所以說，要發揮我所學到的東西，不能只流於形式而應付諸實踐。所謂的當官，就是要做老百姓的僕人。我們享受老百姓的勞動成果，怎能不給予回報？我必將「慈愛禮節」，去除「欺偽凌暴」，為老百姓謀福利，然後才能心安理得地享受俸祿。只有如次，我才覺得無愧於我的職務。除此之外，更復何求？

柳宗元借范傳真之口，提出了自己「吏為人役」的主張。

後來，柳宗元在永州期間，在〈送薛存義之任序〉中，又重申和強調了「吏為人役」的觀點。

柳宗元的朋友薛存義準備走馬上任，柳宗元「載肉於俎，崇酒於觴」為他送行。告別友人，總要說一番臨別贈言，柳宗元藉此機會，對「凡吏於土者，若知其職乎」，凡是到地方上擔任官吏之人，你知道他們的職責是什麼嗎？柳宗元說出了自己的一番見解：「蓋民之役，非以役民而已也」。他們的職責應該是，為百姓做事的奴僕，而不是去奴役他們的百姓。「凡民之食於土者，出其十一傭乎吏」。老百姓為國家納稅，從他們的收穫中抽出十分之一來養活官吏，希望官吏公平地為自己做事，是這

第四章 當官乎？為文乎？選擇的困境

樣一種僱傭關係。而現在的官吏拿了百姓的錢卻沒有盡忠職守，「天下皆然」，天下的烏鴉一般黑。進一步說豈止是不盡守職守，還監守自盜、進而竊取不該得到的份外之利。假如你家中僱用了一名僕人，他接受了你的佣金，卻怠慢你的工作，還偷盜你的物品，那麼你肯定會非常氣憤，撤掉他的差役，對他進行處罰。有人會說：這個比喻不恰當，高高在上的官吏怎麼會成為百姓服務的僕役呢？也許地位是不同，然而道理卻是一樣，「有達於理者，得不恐而畏乎」，如果官吏明白這層道理，怎麼會不誠惶誠恐而有所顧忌呢？

柳宗元在多篇文章中，都涉及到一個「官」與「民」的關係問題。並毫無疑義地表達了「官為民役」的觀點，提出對「怠事」、「盜器」之吏應由民眾「黜罰」的主張。當官不為民謀福，不如回家賣蕃薯。

所謂「官」、「民」之間的相互關係，從本質上講就是「僕人」與「主人」的關係，而絕不是後來被長期「異化」的那種所謂「官父」與「子民」的關係。

《荀子‧大略》言：「天之生民，非為君也。天之立君，以為民也」；《慎子‧威德》言：「立官長以為官，非立官以為長也」；《禮記‧緇衣》則強調：「民以君為心，君以民為體」。在階級和國家產生以前，沒有階級統治，也沒有壓迫奴役，那時的天下是「大道之行，天下為公」，「是謂大同」的「公天下」（《禮記‧禮運》）；人與人之間的相互關係，也是「長幼僑居，不君不臣」（《管子‧君臣》），「未有君臣上下之別」之等級森嚴（《列子‧湯問》）。那時，公共權力的執行者、管理者的氏族首領的去留，是透過召開氏族會議這種「民主集會」的方式，按照少數服從多數的原則，實行的是「選賢與能」的直接選舉制度和「流共工於幽州」的直接罷免制度（《尚書‧堯典》）。

然而隨著國家和階級的產生，隨著生產力的發展有了積存資產，「官」、「民」關係開始發生演變和轉換。「禪讓制」轉變為「世襲制」，主僕位置顛倒，「官父」在上、「子民」在下的政治倫理秩序逐步形成。荀悅《申鑒・雜言上》說：「人主承天命以養民者也」；《荀子・正論》中有了「湯、武者，民之父母也」的說法；漢代劉向所著《新序・雜事》中，則進一步提出了「良君將賞善而除民患，愛民如子，蓋之如天，容之若地。」自此，「君權神授」降臨人間，「養民」、「牧民」的說法也隨之而生。專制統治者也喜歡扮演民眾的「慈父」。君為臣綱、父為子綱、夫為妻綱的三綱五常得以確立。

《聖經・馬太福音》中有這樣一句話：「在你們中間，誰願為大，就必作你們的傭人；誰願為首，就必作你們的僕人。」

文藝復興時期義大利詩人但丁（西元 1265 至 1321 年）在其政治名著《論世界帝國》（西元 1311 年）一書中，早有了「人民公僕」的說法，他說：「公民不為他們的領袖而存在，百姓也不為他們的國王而存在；相反地，領袖是為公民而存在，國王也是為百姓而存在……雖然在施政方面，公民領袖和國王是人民的統治者，但從最根本的角度而言，他們卻是人民的公僕。」

早於但丁五百年，在一千多年前的中唐時期，柳宗元就提出「公僕」的概念，無疑具有超前的進步意識。

柳宗元在長安時期，寫過一篇意味深長的人物傳記〈種樹郭橐駝傳〉：

郭橐駝，不知道他原名叫什麼。他患有佝僂病，脊背高高隆起，低著頭彎腰行走，就像駱駝一樣，所以鄉里人稱他為「橐駝」。橐駝聽到後也不生氣，反而說：「名副其實，這樣稱呼我很恰當。」於是放棄他的原

第四章　當官乎？為文乎？選擇的困境

名，也自稱「橐駝」。

他的家鄉叫豐樂鄉，在長安城西邊。郭橐駝以種樹為職業，凡是長安城裡的富豪人家，從事園林遊覽和做水果買賣的人，都爭先恐後地僱用他。觀察橐駝種的樹，即使是移植來的，也沒有種不活的；長得高大茂盛，果實結得早而且多。其他種樹的人即使暗中觀察，羨慕效仿，也沒有誰能比得上。

有人問他樹種得好的原因，他回答說：「橐駝我能夠使樹木活得長久並沒有什麼祕訣妙招，只不過能夠順應樹木的天性，不做拔苗助長的蠢事罷了。……別的種樹人卻不是這樣，要麼放任自流、要麼拔苗助長。樹根捲曲就去換生土；他培土的時候，不是過緊就是太鬆。如果有能夠和這種做法相反的人，就又太過於吝惜它們了，在早晨去看了，晚上又去摸一摸，已經離開了，又回頭去看。更嚴重的，甚至掐破樹皮來觀察它是死是活，搖晃樹幹來看它是否栽得結實，因此樹木的天性一天天地遠去了。看似好像「愛不釋手」，實際上是害了它，雖說是擔心它，實際上是仇恨它。所以他們都不如我。」

有人問：「把你種樹的方法，轉用到做官治民上，可行嗎？」橐駝說：「我只知道種樹罷了，做官治民，不是我的職業。但是我住在鄉里，看見那些官吏喜歡不斷地發號施令，好像是很憐愛百姓的樣子，但百姓最終反因此深受其害。『旦暮吏來而呼』，從早到晚不斷有小吏跑來大呼小叫：『長官命令：催促你們耕地，勉勵你們種植，督促你們收穫，及早煮繭抽絲，趕緊織你們的布，養育你們的小孩，餵養你們的雞和豬。』一會兒『鳴鼓而聚之』，一會兒『擊木而召之』，我們這些小百姓連早、晚飯也沒辦法吃，去慰勞那些小吏不勝其煩，又怎能使我們繁衍生息、民心安定呢？所以我們既困苦又疲乏，像這樣治民反而擾民，它與我種樹的

行業大概也有相似的地方吧?」

　　顯然，老農不會說出這番深奧的官場哲理，柳宗元是借題發揮，透過為郭橐駝立傳，記述了這位樹農「順木之天，以致其性」的養樹之道，抒發自己心中塊壘：養人正如養樹，應該順其本性、順其自然，而不能一味地把自我的意志強加於人。

　　我們不妨把〈種樹郭橐駝傳〉看作是對「官為民僕」的延伸閱讀。柳宗元透過將養樹與養民相比較，批評中唐時損害百姓的吏治，表達了作者希望改革弊政和同情基層百姓的思想。

　　從〈種樹郭橐駝傳〉一文可以看出，柳宗元在治國理念上，贊同老莊學說的「無為而治」，順乎自然的思想。借郭橐駝之口，由種樹的經驗說到為官之道。封建統治階級打著愛民、憂民或恤民的幌子，結果卻是民不聊生，適得其反。這種思想實際上就是「聖人不死，大盜不止」、「剖斗折衡，而民不爭」的老莊哲學的具體反映。《莊子》一書中，描繪了許多殘疾畸形的人物，如〈養生主〉、〈德充符〉中失去單足或雙足的人，〈人間世〉則寫了一個怪物支離疏；有的則具有特異技能，如精於解牛的庖丁，運斤成風的匠人，承蜩的佝僂丈人等。

　　在《莊子》的〈應帝王〉和〈天道〉中，把一個人呼之為牛或喚之為馬，他們都不以為忤，反而欣然答應。老莊學派認為「道可道，非常道。名可名，非常名。無名天地之始。有名萬物之母。」名字不過是外加上去的符號，並不能影響一個人的本質，所以「男兒生當策駿馬」、「俯首甘為孺子牛」，任人呼馬喚牛，「願效犬馬之勞」。柳宗元寫〈種樹郭橐駝傳〉，把這些特點都集中在郭橐駝一人身上，他既有殘疾，又精於種樹，欣然以橐駝為名。可見柳宗元繼承了《莊子》以寓言隱喻政治見解的寫作手法。

第四章　當官乎？為文乎？選擇的困境

唐代從安史之亂以後，老百姓處於水深火熱之中，苦不堪言。只有休養生息，才能恢復元氣。如果封建統治者仍「好煩其令，若甚憐焉，而卒以禍」，借行政命令任意指揮，使老百姓疲於奔命，或者以行「惠政」為名，人民既要送往迎來，應酬官吏；又不得不勞神傷財，以應付統治者派遣的任務，這種「強扭瓜蔓」、「殺雞取蛋」的方法，徒增百姓財物負擔和精神痛苦。柳宗元在這篇帶有政治寓言性質的人物傳記裡，用鋪陳的手法，將「吏治不善」的種種表現加以典型化，且有言有行，刻劃細緻入微，入木三分，將俗吏來鄉、雞犬不寧的景象描繪得淋漓盡致。

柳宗元作為一個小小的九品芝麻官，人輕言微，說了也是白說，在當時並未能引起重視。「往事越千年」，倒是乾隆皇帝非常欣賞柳宗元的〈種樹郭橐駝傳〉。認為「長民者（官），民之父母也。民，赤子也。」官對民應如〈康誥〉中所言，做到「如保赤子」。但現時的官吏，「乃有父母之責，而未嘗存父母之心」。這些人一旦取得官位之後，「不以為獲利之區，即以為立名之地」，心思全放在撈取個人名利上，正如柳宗元文中所揭露的「豈以赤子視斯民而致然哉？」恰恰是「以民事為立名之地而致然也」。在這些官吏心目中，「名既至，而赤子與我即秦越」，只要名利能撈到手，對待百姓就會像「適秦而越其轅」的典故所言，越行越遠。即使表面上做出一些愛民舉動，最終在既得利益權衡下，仍然還是「足以禍」。所以，乾隆皇帝強調：為官者應該「心誠求之」，政令「或繁或簡」，都要像柳文中所言，考慮「於民各有所利」。「其簡也，固種樹者之置之若棄也；其煩也，非即種樹者之蒔若子乎。」乾隆皇帝認為「誠足以為官戒矣」。

柳宗元可稱之為長篇鉅作的〈晉問〉篇，不妨看作是柳宗元論述為官之道，力舉改革圖新的政治宣言。

〈晉問〉篇透過與好友吳武陵的對話，描述了晉國之地大物博，資源豐饒，人民勤勞。作者以晉曾是唐堯故都為題，講述了晉人遵循唐堯遺風，保持節儉、克己，憂思遠慮，恬淡閒適，知足自樂的民風和美德，並提出「民利」的政治革新主張。柳宗元認為，山川、礦藏、河魚、池鹽、寶馬、森林等物產，雖然有利於人民改善生活，但僅僅是「利民」，而不是「民利」。他所主張的「民利」，就是依靠自己的力量為自己謀利益。只有實行開明的政治才能實現「民利」，而只有實現「民利」才能真正達到社會和國家的長治久安。然而那些「暴富」們利用資源的掌控權，謀求大利為自己享用，剝削民脂民膏，集中壟斷財富，他們是不可能真正為民眾謀利益的。柳宗元在文章中，借吳武陵之口，提出一個尖銳的問題：龐大的自然資源和勞動者共同創造的財富，卻集中在少數人手中，這種貧富懸殊的現象，這種封建社會的所謂「富足」和「繁盛」的假象，只是一種海市蜃樓般的幻境。

　　柳宗元的〈晉問〉篇，穿越一千年歲月的塵煙，對今日的改革而言，仍然有著現實意義。

　　柳宗元初入官場，還寫過一篇〈守道論〉，批評了《左傳》中孔子的觀點。《左傳》昭公二十年記載：「齊侯田於沛，招虞人以弓，不進，公使執之。辭曰：『昔我先君之田也，旃以招大夫，弓以招士，皮冠以招虞人。臣不見皮冠，不敢進。』乃舍之。仲尼曰：『守道不如守官。』君子韙之。」孔子大概出於執「禮」的立場，認為只有保住了官位，才能實施大道。皮之不存，毛將焉附？而柳宗元認為「官也者，道之器也，離之非也」，「守道」比「守官」更為重要。也就是說，當官只是實現理念的途徑，不能走上了這條路卻忘記了最終目標。

　　柳宗元在〈守道論〉中總結說：

第四章　當官乎？為文乎？選擇的困境

孟子曰：「有官守者，不得其職則去。」然則失其道而居其官者，古之人不與也。是故在上不為抗，在下不為損，矢人者不為不仁，函人者不為仁，率其職，司其局，交相致以全其工也。易位而處，各安其分，而道達於天下矣。且夫官所以行道也，而曰守道不如守官，蓋亦喪其本矣。未有守官而失道，守道而失官者也。是非聖人之言，傳之者誤也，果矣。

柳宗元基於「官所以行道」的原則，主張「守道」與「守官」的統一。柳宗元雖然迷戀於金榜題名，但是如果當官不能實現自己的主張，則「言從則人留，言不從則人去」、「人生在世不稱意，明朝散發弄扁舟」，完全可以掛冠而去，棄官職如敝屣。

沈德潛《歸愚文鈔》卷六云：「今夫道也者，所以居官，而官也者，所以行道。道為全體，官為一端，有不能離而二之者也。」乾隆《御選唐宋文醇》卷十六云：「韓愈曰：岐官與道而二之，將官非其官，而道非其道。即有一得，亦必有見與官，即無見於道；有見於道，即無見於官者也。宗元之論當矣。」

多少智者仁人都在「居官」與「行道」的辯證邏輯關係之間而困惑迷惘。

西元1905年，清廷舉辦最後一次科舉，遂於當年結束了長達1,300年的科舉制度。到西元1910年，又有好幾批中國留學生陸續從海外歸來。皇朝學部與時俱進，對這些學子舉行新式復考。朝廷之意在於透過考試，適當任用這些學子。……中國的鐵路之父詹天佑擔任主考官，他對考生說了一段意味深長的話：「官員不可做，卻又不可無。在現在的中國。倘若沒有經過朝廷給予你一個官職，就沒有地位，就沒有人把重要的事給你做。」詹天佑的話，表達了封建體制中一名知識分子，「做官還是做事」之間十分矛盾的心理。這恐怕也是二千年來，一種體制下的「共性」。

柳宗元在〈與楊京兆憑書〉中，也流露著同樣極為矛盾的心理：

今之言曰：「某子長者，可以為大官。」類非古之所謂長者也，則必土木而已矣。夫捧土揭木而致之巖廊之上，蒙以紱冕，翼以徒隸，而趨走其左右，豈有補於萬民之勞苦哉！聖人之道，不益於世用……

現在人們常說，某人是長者，能夠當大官。大抵都不是古人所說的「長者」，都是些土塊、木頭式的人物。捧這些泥塑木雕置於朝堂之上，替他們穿上禮服，配以僕從護衛，前呼後擁在身邊左右，豈非沐猴而冠，對解救老百姓的苦難又有什麼作用呢？柳宗元在文中強調做官必須「有補於萬民之勞苦」，把拯救百姓於水深火熱之中為當官的核心任務。只有做到這一點，當官才有實際意義。

柳宗元在〈與楊京兆憑書〉中又說：

今之世言士者，先文章。文章，士之末也。然立言存乎其中，即末而操其本，可十七八，未易忽也。……然則文章未必為士之末，獨採取何如爾！

宗元自小學為文章，中間幸聯得甲乙科第，至尚書郎，專百家章奏，然未能究知為文之道。

柳宗元在文中，一會兒說，當今世人評價文人，先從文章著眼。文章本是文人的末技，然而「文以明道」，作者可以在文章中言明自己的觀點立場，以末技而達到其本心，雖然十僅有七八，也是不可輕視。一會兒又說，然而文章又未必是文人的末技，只是看各自選取的角度了。最後還說，我從小就學做文章，中間有幸連續中了進士和博學宏詞科，及至做了禮部尚書員外郎，專門掌管百官的奏章，然而也未能深刻懂得寫好文章的方法。

文如其人，言為心聲。從一篇不長的文章之中，可以看出柳宗元十

第四章　當官乎？為文乎？選擇的困境

分矛盾的心理。當官乎？為文乎？人往往處於選擇的兩難境地。

　　沙特說：「人因為選擇而成為他自己。」還說：「每個人必須為自己的選擇而承擔責任。」

第五章
諫諍是拿生命做搏擊

唐德宗貞元十四年（西元 798 年），發生了一次「學運」，起因是由於國子司業陽城被貶出京城為道州刺史。

柳宗元在〈國子司業陽城遺愛碣〉中這樣介紹陽城：「公名城，字亢宗，家於北平，隱於條山。」陽城是北平人，因不滿於昏暗朝政，遂隱居在山西省夏縣境內的中條山，成為一名隱士。他品行「端粹沖和，高懿懿醇，道德仁明，孝愛友悌」，與二弟和諧相處，年齡很大了還不願娶妻，擔憂娶妻後間雜了外姓，會疏慢了兄弟。其名聲「薰襲里閈」，天下誰人不識君。柳宗元贊其「守節貞固，患難不能遷其心；怡性坦厚，榮位不足動其神」。

《新唐書·卓行》有陽城傳，稱其世為官族，天資好學，求為吏隸集賢院，竊院書讀之，晝夜不出戶，六年，無所不通，及進士第，不求官而到中條山去隱居。貞元四年，唐德宗起用陝、虢觀察使李泌為平章事，受到了德宗皇帝的青睞重用。「四年五月，皇帝以銀印赤紱，即隱所起陽公為諫議大夫」，李泌久聞隱士陽城之盛名，於是一任宰相就向皇上推薦，德宗立刻採納，派長安縣尉楊寧捧了「銀印赤紱」請陽城出山。銀印，銀質官印；紱（ㄈㄨˊ）為絲帶，朱紱為繫官印的紅絲帶。緋（ㄈㄟ），紅色，唐朝的官服很有講究：文武官員三品以上著紫服，金玉帶；四品的官服為深緋，五品的官服為淺緋，束金玉帶。銀魚袋指銀製之魚形佩飾，為唐時五品以上官服。可見皇上優禮有加，以高位重禮聘中條

第五章 諫諍是拿生命做搏擊

山隱居的陽城為右諫議大夫。

《後漢書‧百官志二》:「諫議大夫,六百石。」魏晉時稱散騎常侍,隋唐仍復稱諫議大夫,分屬門下省與中書省。唐高宗時,在中書省設右散騎常侍,中唐時改稱右諫議大夫,為諫院之長,掌規諫諷諭,是正四品下的高官。唐代的諫官有權力駁回明顯不合理的詔書。

《貞觀政要》卷一記載,唐太宗對大臣諄諄告誡:隋朝之所以二世而亡,一個重要原因就是當時皇帝「不肯信任有司,每事皆自斷」,結果群臣有意見都不敢直言,「宰相以下,唯即承順而已」。他要「擇天下賢才,置之百官,使思天下事」,凡事都要交給有司商量,然後經宰相籌劃,於事穩便,才能上奏施行。貞觀元年規定,凡是中書、門下及三品以上官吏入閣議事,都要有諫官隨同,有不當之處,隨時可以進諫。《新唐書‧百官制》記載:「大夫掌以刑法典章,糾正百官之罪惡。」把諫議大夫的地位提到令百官望而生畏、避之唯恐不及的地步。

歷史上著名的魏徵即為唐太宗的諫議大夫,據史書記載,「凡二百餘奏,無不剴切」。從武德九年(西元626年),到貞觀十七年(西元643年)間,魏徵一人就進諫二百餘事,大部分都被唐太宗接受。唐太宗問魏徵,怎樣才是「明君」,怎樣就算「暗君」?魏徵說:「君之所以明者,兼聽也;其所以暗者,偏信也⋯⋯是故人君兼聽納下,則貴臣為得壅蔽,而下情必得上通也。」(《貞觀政要》卷一)魏徵勇於據理力爭,即使唐太宗發怒時,還是神色不變。有一次,唐太宗退朝回宮,怒氣沖沖地說:「總有一天要殺這個鄉下佬!」長孫皇后問殺誰,唐太宗說是魏徵,因為他常常當眾羞辱我,使我下不了臺。長孫皇后聽了以後向唐太宗道賀,說此乃大唐王朝的福祉,魏徵之所以敢犯顏直諫,因為您是非常願意聽取臣下的意見,擇善而從的明君。唐太宗在立太子後,寫了〈自鑒錄〉,

讓太子以該文所述內容為鏡子，經常對照自己的言行。唐太宗說：「此木雖曲，得繩則正；為人君雖無道，受諫則聖；此傅說所言，可以自鑒。」傅說是商朝武丁的宰相，困於版築之間，也就是說是個「泥瓦匠」。他有一個觀點：即使「無道」的「人君」，只要能納諫，也可成為有道的「聖主」。唐太宗專門寫過〈納諫篇〉，收於《帝範》中。

唐太宗在〈納諫篇〉中告誡太子：帝王生於宮闈之深，很不容易聽到民眾的聲音，所以希望大臣能以諍言進諫，反映民眾的要求。唐太宗以「君舟民水」來比喻：「舟所以比人君，水所以比黎庶；水能載舟，亦能覆舟；爾方為人主，可不畏懼！」貞觀二十一年（西元647年），唐太宗借懷念魏徵之機，頒〈求直言手詔〉：「唯昔魏徵，每顯余過。自其逝也，雖有莫彰，豈可獨非於往時，而皆是於茲日。」可惜魏徵逝世，連一個勇於直諫君王過失的人也沒有了。

唐太宗勇於納諫，為唐朝創下很好的開始，締造了大唐王朝的「貞觀之治」。

古代的不少所謂隱士，本是自恃才高，待價而沽的士大夫。他們「獨善其身」的隱衷，是期待著「兼濟天下」的發達之時。以屈求伸是為了把自己賣個好價錢。姜子牙在渭水無鉤垂釣，就是等待周文王上鉤。陽城久隱中條山「守株待兔」，終於等到了「皇恩浩蕩」。

宰相李泌舉薦陽城之說一經傳開，朝廷上下輿論譁然，有識之士不約而同地認為，如果陽城有朝一日當上了諫議大夫，必乃朝政一大幸事。然而，出乎所有人意料之外，陽城穿了件破破爛爛的衣服來到長安，他並非來就任，而是來請辭。眾人豔羨的頂翎冠冕，陽城卻棄之如敝屣，此飄逸瀟灑之舉，更激起了滿京城官僚士大夫的好奇，陽城越是拒絕，越是抬高了身價，越是證實了李泌選擇的正確，大有「三顧頻煩

第五章　諫諍是拿生命做搏擊

天下計，一朝開濟老臣心」的架勢。陽城最後只能勉為其難進了長安，當上諫議大夫。

「初，城未起，縉紳想見風采。既興草茅，處諫諍官，士以為且死職，天下益憚之。及受命，它諫官論事苛細紛紛，帝厭苦，而城浸聞得失且熟，猶未肯言。」陽城當上諫議大夫，朝廷上下都對他寄予厚望，把他看作是魏徵的接班人。當時在任的幾位諫官，議事絮叨煩瑣，不得要領，搞得德宗非常不耐煩。

但令所有人跌破眼鏡的是，「方與二弟延賓客，日夜劇飲。客欲諫止者，城揣知其情，強飲客，客辭，即自引滿，客不得已。與酬酢，或醉，僕席上，城或先醉臥客懷中，不能聽客語，無得關言。……居位八年，人不能窺其際。」陽城居諫議大夫八年，竟然一言不諫。每日和二弟無所事事、設宴待客，日夜狂飲，一醉方休，有朋友想勸止，他也是強拉著一起豪飲，不是把別人灌醉，就是自己醉倒在朋友懷裡，引得蜚短流長、流言紛紜。

韓愈在貞元七年寫過一篇〈爭臣論〉，就是譏刺當時的右諫議大夫陽城：

有人問韓愈：諫議大夫陽城「可以為有道之士乎哉？」他學問淵博、見識廣博，不用求教於人。按古人的道理行事，居住在晉地的偏遠之處。晉地的百姓受到他德行的薰陶，因此有幾千人善良。天子任命他為諫議大夫，人們都認為很光彩，但陽子並沒有喜色。看他的德行如同還是在野一樣，他豈是因富貴而偏移心志的人啊！

韓愈這樣回答道：

是《易》所謂恆其德貞而夫子凶者也。惡得為有道之士乎哉？在《易‧蠱》之上九云：『不事王侯，高尚其事』。〈蹇〉之六二則曰：『王臣蹇蹇，

匡躬之故。』夫亦以所居之時不一，而所蹈之德不同也。若〈蠱〉之上九，居無用之地，而致匡躬之節；以〈蹇〉之六二，在王臣之位，而高不事之心，則冒進之患生，曠官之刺興。志不可則，而尤不終無也。

《易經》的恆卦說，固守自己心中的理念不審時度勢對男兒來說並不是好事；《易經·蠱》的上九卦說：『不侍奉王侯，認為自己清高』。〈蹇〉的六二卦說：『國家的臣子處境艱險，不是因為自己的原因，是為了國家和君主啊。』這就是說在不同的時段境況，所遵循的道德標準不同。如〈蠱〉的上九卦，處在無所作為的境地，卻要致力於並非自己力所能及的高尚事業；〈蹇〉的六二卦，處在國家臣子的位子，卻將不理國事作為高尚的心志，便會產生冒進的禍患，以及為官卻不作為的批評。這樣的模範不能作為標準，而且其遺害將難以消除。

「今陽子在位不為不久矣，聞天下之得失不為不熟矣，天子待之不為不加矣。」而他卻未曾有一句涉及朝政的話，看待朝政的得失，就好像越國的人看待秦國人的胖瘦，無關自己的痛癢，輕飄飄地在他的心裡沒有一點喜憂的感受。問他的官職，就說是諫議大夫；問他的俸祿，就說：『下大夫級別的薪俸』；問他的職責，就說：『我不知道啊。』有道之士，難道是這樣的嗎？

韓愈又說：「有官守者，不得其職則去；有言責者，不得其言則去。」有官職的人，不稱其職就辭職；有進言責任的人，進言而不發揮作用就離開；不要當著和尚不撞鐘，占著茅坑不拉屎。今天的陽城大夫，該進言而不言語，這和進言不採納而不離職有什麼兩樣呢？陽城大夫是為了俸祿而出仕吧？古人有言「仕不為貧，而有時乎為貧，謂祿仕者也。」說的就是為了俸祿的官員。這種官員應當辭去尊貴的官職而待在卑下的地位，離開富有、處身貧窮，像那些守關打更的人一樣就行了。孔子曾經做糧倉主管，曾經做六畜主管，都不敢耽誤他的職守，必定說：「會計當

第五章　諫諍是拿生命做搏擊

而已矣」，必定說：「牛羊遂而已矣」，在其位就要謀其政。而像陽城大夫這樣，拿著朝廷的俸祿，享用著國家的榮華富貴，卻不作為，他怎麼可以這樣呢？！

韓愈對陽城的人品人格提出嚴重的質疑。

當時的君子士大夫出於對陽城的敬仰，為其作出善意的辯解：「夫陽子惡訕上者，惡為人臣招其君之過而以為名者，故雖諫且議，使人不得而知焉。」陽城作為臣子，不願意「揚君惡」而來成全自己敢諫的英名。《書經》說：「爾有嘉謨嘉猷，則入告爾後於內，爾乃順之於外。」你有好的謀劃、策略，不要在公堂上、當著眾臣之面，讓君王難堪，而應該私下告訴你的君王。有了失誤，算在自己身上，而有了功績，則在外面誇獎君王說：『這麼好的謀劃、這麼好的策略，只有我們睿智的君王才想得出來。』也就是封建臣子常用的「吾王聖明，為臣愚鈍。」陽城大夫的用心，大概也是這樣。

還有人覺得，陽城可能是出於一種自我保護，國武子之所以在齊國被殺，不正是為了對君王冒死直諫嗎？大臣諫諍，君王納諫與否，完全取決於君王的個人素養。進諫者因後果難以逆料，所以對進諫往往持不同態度：有順諫者，在進諫時察顏觀色，忖度君王心理，委婉地表達自己的意見；有諫而不爭者，見風使舵，君王聽就，順水推舟；君王不採納，就趕緊閉嘴。當然也有如海瑞抬著棺材上朝，破釜沉舟的死諫者。

韓愈認為：「人之不乂，得其道，不敢獨善其身，而必以兼濟天下也。孜孜矻矻，死而後已。」自古聖人賢士都沒有求於聞名而被任用，而是為當時的不平而憤懣、為民眾不得治理而憂患。按照他們的原則，是不敢獨善其身，而一定要普救天下啊；勤勞不懈，到死才算結束。「武死戰，文死諫」，才是一種忠勇的為臣之道。

中唐的文人士大夫都心知肚明，唐德宗是怎樣一個角色？《新唐書》上有記載：「德宗猜忌刻薄，以強明自任，恥見屈於正論，而忘受欺於奸諛。」對於這樣一位剛愎自用、自以為是的君王，諫官因言而遭罪者在史書上屢見不鮮。唐德宗名下就有這樣記載：《新唐書·帝紀第七》：貞元八年，「丁亥，殺左諫議大夫知制誥吳通玄。」《舊唐書·韓愈傳》稱：「德宗晚年，政出多門，宰相不專機務。宮市之弊，諫官論之不聽。愈嘗上章數千言極論之，不聽，怒貶為連州山陽令，量移江陵府掾曹。」連韓愈也因諫諍而丟了官，被貶出京城。

《老子》有言：「持而盈之，不如其已；揣而銳之，不可長保。金玉滿堂，莫之能守；富貴而驕，自遺其咎。功成身退，天之道也。」鋒芒畢露者必遭挫折，勢不可用盡，福不可享盡，要懂得見好就收。《莊子·外物》有言：「外物不可必，故龍逢誅，比干戮，箕子狂……人主莫不欲其臣之忠，而忠未必信，故伍員流於江，萇弘死於蜀，藏其血三年而化為碧。」諫諍不成、反傷其身的事例，比比皆是。前車之鑑，後事之師。龍逢被誅，比干被戮，箕子佯狂……君王無不希望臣僕盡忠，然而忠臣未必得到君王信任，所以伍子胥流屍於江，萇弘死於蜀地，蜀人收藏其血，三年而後化為碧玉。莊子可謂史傳著名的隱士，他不願做官，因為伴君如伴虎，只能「順」：「汝不知夫養虎者乎！不敢以生物與之，為其殺之之怒也；不敢以全物與之，為其決之之怒；時其飢飽，達其怒心。虎之與人異類而媚養己者，順也；故其殺者，逆也。」還要防止馬屁拍到馬腳上，「夫愛馬者，以筐盛矢，以蜄盛溺。適有蚊虻僕緣，而拊之不時，則缺銜毀首碎胸。」

西方哲學家維根斯坦在《邏輯哲學》中說：「對於不可言說的必須保持沉默。」

第五章　諫諍是拿生命做搏擊

奧特在《不可言說的言說》中說：「沉默就是傾聽，就是敬畏。」

錢鍾書有名言：「東方西方，心理攸同。」歷史的教訓普遍化為生命的經驗。

貞元十二年，其時柳宗元二十四歲，剛應博學宏詞科進入仕途。出於年輕氣盛血氣方剛，初生之犢不畏虎，寫過一篇〈故御史周君碣〉。

柳宗元在碑碣開篇寫道：「有唐貞臣汝南周氏，諱某字某。以諫死，葬於某。貞元十二年，柳宗元立碣於其墓左。」柳宗元為人立碑碣，寫得卻是「諱某字某」、「葬於某」，連名諱字號都不清楚？可見非親非故。只因了「以諫死」，卻要為他樹碑立言，其中究竟有何蹊蹺？

根據柳宗元文中所寫：「在天寶年，有以諂諛至相位，賢臣放退。公為御史，抗言以白其事，得死於墀下。」儘管柳宗元對何人「諂諛至相位」，誰人又為「賢臣放退」，語焉不詳沒有指名道姓，但根據所述事件的只鱗片甲，推斷可能是指唐玄宗朝，在張九齡與李林甫的忠奸較量中，御史周子諒因諫諍李林甫推薦之牛仙客非才，「引讖書為證」，而引得「上怒甚，親加詰問，命左右決殺於殿庭，絕而復甦，仍杖之朝堂，流瀼州，至藍田而死。」

周子諒其人是個被刻意遮蔽的歷史人物，《舊唐書》、《新唐書》都沒有單獨傳記。現在只能根據唐代其他大臣傳記中的記載，尋找一些周子諒生平的蛛絲馬跡。

《舊唐書·張九齡傳》：「初，九齡為相，薦長安尉周子諒為監察御史。至是，子諒以妄陳休咎，上親加詰問，令於朝堂決殺之。九齡坐引非其人，左遷荊州大都督府長史。」（《二十五史》，上海古籍出版社 1986 年版）

《新唐書·張九齡傳》：「嘗薦長安尉周子諒為監察御史，子諒劾奏仙

客,其語援讖書。帝怒,杖子諒於朝堂,流瀼州,死於道。九齡坐舉非其人,貶荊州長史。」(《二十五史》,上海古籍出版社 1986 年版。)

《舊唐書·牛仙客傳》:「開元二十四年秋,代信安王禕為朔方行軍大總管,右散騎常侍崔希逸代仙客知河西節度事。初,仙客在河西節度時,省用所積鉅萬,希逸以其事奏聞,上令刑部員外郎張利貞馳傳往覆視之。仙客所積倉庫盈滿,器械精勁,皆如希逸之狀。上大悅,以仙客為尚書。中書令張九齡執奏以為不可,乃加實封二百戶。其年十一月,九齡等罷知政事,遂以仙客為工部尚書、同中書門下三品,仍知門下事。時有監察御史周子諒竊言於御史大夫李適之曰:『牛仙客不才,濫登相位,大夫國之懿親,豈得坐觀其事?』適之遽奏子諒之言,上大怒,廷詰之,子諒辭窮,於朝堂決配流瀼州,行至藍田而死。」(見《二十五史》,上海古籍出版社 1986 年版)

《舊唐書·李林甫傳》:「監察御史周子諒言仙客非宰相器,玄宗怒而殺之。林甫言子諒本九齡引用,乃貶九齡為荊州長史。」(《二十五史》,上海古籍出版社 1986 年版)

從這些頗多重複的史籍記載,不難理出一個歷史真相:周子諒原為長安尉,由政聲頗佳的名相張九齡推薦,擔任了監察御史。那位口蜜腹劍的奸相李林甫欲結黨營私,在唐玄宗面前極力推薦牛仙客為工部尚書,遭到張九齡的抵制,終未得逞,由此結下過節。沒過多久,張九齡遭李林甫誣陷被罷相,牛仙客終於如願以償地得到了工部尚書的職位。《新唐書·張九齡傳》說是「子諒劾奏仙客,其語援讖書。帝怒,杖子諒於朝堂,流瀼州,死於道。」而《舊唐書·牛仙客傳》說是「監察御史周子諒竊言於御史大夫李適之曰:『牛仙客不才,濫登相位,大夫國之懿親,豈得坐觀其事?』適之遽奏子諒之言,上大怒,廷詰之,子諒辭窮,於朝堂決配流瀼州,行至藍田而死。」兩種說法大同小異,不論是

第五章　諫諍是拿生命做搏擊

當庭諫諍,還是出言不遜、被人告密,總之是因言獲罪,不知死所。

唐德宗年間,平定「安史之亂」不久,朝廷上下正痛定思痛地反思「安史之亂」的成因。《全唐文》記載:陸贄在〈奉天論前所答奏未施行狀〉一文中,向唐德宗進言:「廣諮訪之路,開諫諍之門,通壅鬱之情,宏採拔之道。」明確指出玄宗驕奢拒諫、腐敗昏聵是致亂的重要原因。《舊唐書・崔群傳》記載,唐憲宗朝的崔群,在答唐憲宗的提問時,更為明確地說:「人皆以天寶十五年祿山自范陽起兵,是理亂分時,臣以為開元二十年罷賢相張九齡,專任奸臣林甫,理亂至此已分矣。」周子諒「文死諫」事件,成為唐史上初唐、中唐分期的重要標誌。

柳宗元在京城擔任監察御史里行之時,一日與他的堂弟柳宗直、表弟盧遵閒逛出長安門,見一處無碑荒塚,野草叢生。當地居民稱之:這是前朝一個姓周的監察御史,因犯上被打個半死,發配流放至此,嘔血而亡,本地百姓感慨他的憨直敢諫,遂剷土而埋,其墳墓時至今日沒有其後人修整,故已成荒丘。柳宗元聽聞這個前朝監察御史,被處以杖刑流放,死於發配途中,可憐可嘆一個錚錚硬骨之漢子,結局竟落得無人收屍、無人立碑,死無葬身之地。連家屬後人也「黃鶴知何去」,聽任其成為「孤魂野鬼」。聽了這個與自己同行的民間傳聞,柳宗元頓時產生「兔死狐悲」、「同病相憐」的悲愴,故撰寫了這篇墓誌銘〈故御史周君碣〉。

柳宗元在碑文中寫道:「忠為美,道是履。諫而死,佞者止。史之志,石以紀,為臣軌兮。」所以「為之銘」。不能讓如此直言諫諍之士就這樣掩沒在歷史的幽井深處,為這樣的仁人志士樹碑立傳,本身就是對昏君庸主的一種無聲抗議。

柳宗元在碑文中還讚揚:「公之死,而佞者始畏公議」、「若公之死,志匡王國,氣震奸佞,動獲其所,斯蓋得其死者歟!」以冒死諫諍,使

奸佞者畏懼，以一腔熱血。使昏聵者洗滌耳目，周子諒求仁得仁，也是死得其所了。

此時，距離前朝舊事未為遠矣，周子諒案還未得到平反，所以柳宗元仍心有餘悸地把周子諒隱為「故御史周君」、「諱某字某」，以含糊其辭。

對於這種「噤若寒蟬」、「萬馬齊暗」的現狀，柳宗元在碑碣中寫下一段意味深長的話：「若令生於定、哀之間，則孔子不曰『未見剛者』；出於秦楚之後，則漢祖不曰『安得猛士』。而存不及興王之用，沒不遭聖人之嘆，誠立志者之所悼也。」

在這般箝制諫諍、萬馬齊暗的言論環境下，搏擊風雨的海燕只是「珍稀動物」，絕大多數還是寄生於房簷下、苟且偷安的家雀。熟讀史籍、設身處地的陽城，愛其弟之深，乃至不願娶嫂，為了保護不株連家人，採取了「沉默是金」的態度，人們自然能夠理解。

魯迅先生有名言：「不是在沉默中爆發，就是在沉默中死亡。」或者換言之：「平日看不見，偶爾露崢嶸。」在事關國家興衰的關鍵時刻，八年來一直沉默不語的陽城，終於旗幟鮮明地發出諫諍之言，履行了作為諫議大夫的職責。

柳宗元撰〈國子司業陽城遺愛碑〉中，記述了陽城後來的作為：「後七年，廷諍懇至，累日不解，帝尤嘉異，遷為國子司業。」柳宗元的話說得有些含糊其辭，因為陽城的「廷諍懇至」，諫言不斷，而惹得「帝尤嘉異」，唐德宗是納諫還是拒諫？一個「嘉異」把態度掩飾得十分曖昧。歐陽修等撰於宋代的《新唐書·陽城傳》將事情的原委說得比較直白：「德宗召城為諫議大夫。及裴延齡誣逐陸贄、張滂、李充等，城乃約拾遺王仲舒，守延英閣，上疏極論延齡罪，且顯語曰：『延齡為相，吾當取白麻

第五章　諫諍是拿生命做搏擊

壞之。』貞元十一年七月，坐是下遷國子司業。」貞元十一年四月，在裴延齡與陸贄等的較量中，陽城無所畏懼地挺身而出，向德宗皇帝諫言而惹得「龍顏大怒」，三個月後就被貶謫為國子司業。

　　唐德宗是一個內心充滿矛盾的人。他一直在明君、昏君，忠臣、奸臣之間搖擺不定。德宗朝雖然任用過一批奸臣，如竇參、盧杞、裴延齡等，但也啟用過一些賢臣。後一類人中以陸贄為代表。德宗朝曾用陸贄為居中參贊，時稱「內相」。陸贄勇於諫諍，提出不少改革主張。他的議論根據正大，特別是指陳民情，揭露時弊，感情深摯，言詞痛切。例如他有名的〈均節賦稅恤百姓六條〉，深刻地揭露民間疾苦。陸贄提出：「知本乃能通於變，學古所以行於今。」他的「本」和「古」就是儒家的仁愛之道和君臣紀綱，其中最強調的觀念就是民生疾苦和重視民心的向背。他對德宗一再陳述：「理亂之本，繫乎人心……人之所歸則植，人之所去則傾。」「立國之本，在乎得眾；得眾之要，在乎見情。」他從此般大道理出發，極其痛切地表達著改革的意願，並對改革的前景充滿信心。陸贄所代表的改革思潮，相較於他實際的執政作為和改革的具體設想，意義更為重大。陸贄任相十年期間，選士側重在推舉「文學之士」，實際上是在為貫徹自己的政治主張而準備人才。柳宗元在給〈與顧十郎書〉中寫道：「大凡以文出門下，由庶士而登司徒者，十有九人。」其中包括柳宗元、劉禹錫、元稹（明經）等人。貞元年間科舉進身的一批人，構成了該時期文人官僚的主體，其中不少人成了元和時代的才幹，有些更成為改革派的主力。

　　陸贄雖然屢遭貶抑，但前後在朝十餘年，對中唐的變革具承先啟後、無以取代的重要性，以至其進退升降，成為占卜朝廷動向的指標。

　　正因為有陸贄在朝，所以陽城認為無須再畫蛇添足、多嘴多舌地置喙。而現在唐德宗竟然要把這樣的賢相逐出朝堂，正是需要諫議大夫挺

身而出說話的時候了。

唐朝的官品序列，右諫議大夫是從三品，而國子司業則是從四品，降了二級。從地位上講，國子司業是國子監的長官，類似於大學校長，右諫議大夫重要得多。這顯然是一次貶謫，而不是「另有任用」。

亦火良在〈滿城學子泣涕送陽城〉一文中，講述了柳宗元撰〈國子司業陽城遺愛碑〉背後的故事。

德宗初年，可謂是中唐政權險象環生的一個時期。

當時年輕氣盛的唐德宗，對中原藩鎮軍將態度強硬，引起了極大的反彈，導致好幾個地方將領聯手反叛，軍事譁變一起接一起。貞元四年（西元788年），朱泚稱帝於長安，德宗倉皇逃往奉天。與此同時，整個江淮財賦重地被地方軍閥把持，中央財政陷入極大的窘境。

危難之時，翰林學士陸贄以「一支筆擋了十萬兵」，他勸說德宗同意發下罪己詔，並親自起草，詔書以德宗的立場，寫了很多自我切責的話，還申明停罷一切苛捐雜稅，且寬厚處置叛逆者。詔書一下達，各地武夫悍將無不揮泣感激。

妥協換得了和平，德宗早年意氣風發的精神狀態卻蕩然無存，他變得猜忌心很重，而且極看重財賦聚斂。德宗的政治態度越來越趨於實用功利，倚重那些能帶來物質實惠的官員，和充滿長遠抱負、心憂天下的儒家士大夫陸贄日益疏離，兩人的矛盾也與日俱增。貞元十一年（西元795年），宰相裴延齡汙衊陸贄煽動軍心，擊中了德宗敏感的神經，當即貶逐陸贄為忠州別駕。

詔書一下，一片譁然，所有人都不知道德宗心思深淺，不清楚陸贄罪過輕重，因此，沒人敢求情。沉默了數年的諫議大夫陽城卻奮而起身：「不能讓皇帝信用奸臣，殺害無辜。」他率領手下幾人到皇帝所在宣政殿西邊的延英門抗議，上表痛斥裴延齡奸佞狡猾，汙衊忠臣。當時八十多歲的京城禁軍將軍張萬福聽說陽城這一舉動，還專門揚鞭策馬到

第五章　諫諍是拿生命做搏擊

延英門一睹其風采,並一一拜過陽城等幾位諫官,連說,「朝廷有你們這些仗義執言的官員,天下必會太平的。太平萬歲!太平萬歲!」

德宗見此情景,大怒,欲重懲陽城,幸得太子李誦的勸說,局面才稍緩和。

陽城回到家中,打算將裴延齡的罪狀一一寫就,祕密上表德宗。這時李繁正在陽城身邊,李繁是李泌的兒子,陽城始終視李泌為恩人,便也疼愛信任李繁,便讓李繁記錄自己打算祕呈德宗狀告裴延齡的表章。

萬萬難料的是,李繁轉身就把陽城的話,一字不落地告訴了裴延齡,遂使裴延齡先行一步,到德宗那裡一一為自己辯解。等陽城的檔案遞給德宗時,皇帝看都不看,下令將陽城貶為國子司業。

唐代在中央設立國子監,設祭酒一人,司業二人,其職掌是國子監六學的訓導和教育。當時祭酒空闕,陽城以司業掌控國子監的管理。國子監下面設有六學,一為國子,二為太學,三為四門,四為律學,五為書學,六為算學。這六學或稱之為六個專業,或稱六所學校。六學可分為兩類,一類是國子、太學、四門,所學都為儒家經典,學員結業以後,可參加禮部的科舉考試。另一類若律、算、書都是技術專業學校,教育的目標是培養技術型專門人才,結業以後分配給各個職能部門。第一類學科,所取皆為官員子弟。唐制國子取三品以上子弟,那是屬於高級官員的子弟學校。太學取五品以上子弟,四門取七品以上子弟,每年招的生員都有定額。與此同時,在京都和各地設立地方學校。此外,還設有弘文館、崇文館等貴族子弟學校,專門招收皇族和高級官員的子弟入學。儘管國子監的國子學和太學作為貴冑的子弟學校,政治地位甚高,但其社會的聲望不好。

柳宗元在〈與太學諸生喜詣闕留陽城司業書〉一文中,講到其所見所聞太學生的學習狀況:

「始僕少時，嘗有意遊太學，受師說，以植志持身焉。」我少年求學之時，也曾想進入太學接受教育。但當時人們說法很多：「太學生聚為朋曹，侮老慢賢，有墮窳敗業，而利口食者；有崇飾惡言，而肆鬥訟者；有凌傲長上，而誶罵有司者。」太學生們自恃出生豪門，結成狐朋狗友，有欺凌老弱，愚賢不辨，荒廢學業者；有出言不遜，呈口舌之強，甚至打架鬥毆、擾亂秩序者；還有目無法紀、盛氣凌人、漫罵師長者……凡此種種，沒有幾個出類拔萃的菁英。「僕聞之，恟駭怛悸」，我聽說了這些現象，望而生畏。孟子說：事君無義，進退無禮，言則非先王之道者，卻打著學習先聖的旗號。似如此作派，「過太學之門而不敢跼顧」，只能退而求學於鄉閭家塾，「考厲志業」！

　　從柳宗元的敘述中，可知當時太學風氣之糟，嬌生慣養的貴冑子弟群聚在一起，相互影響、惡性循環，歪風邪氣盛行，以至柳宗元的父母不敢把他送進太學，寧可求師於地方的鄉閭家塾。

　　陽城由右諫議大夫貶謫為國子司業後，面臨的正是這樣一群冥頑不化的紈褲子弟。但是，陽城並未因地位的變化而頹唐喪志，而是「在其位而謀其政」，在他擔任國子司業前後三年多時間裡，積極整頓秩序扭轉學風。《新唐書‧陽城傳》稱：

　　引諸生告之曰：「凡學者，所以學為忠與孝也。諸生有久不省親者乎？」明日謁城還養者二十輩，有三年不歸侍者，斥之。簡孝秀德行升堂上，沉酗不率教者皆罷。躬講經籍，生徒斤斤皆有法度。

　　陽城主持太學以後，第一條是抓學生的德行，要學生及時回家省親，履行忠孝之道。三年不回去侍父母者斥逐之，有德行的學生在堂上受表彰，耽於酒食不改者罷斥之。整頓了紀律以後，再親自講授經籍，學校的風氣為之一振。

第五章　諫諍是拿生命做搏擊

柳宗元在〈國子司業陽城遺愛碣〉中,也有一段對陽城改變太學面貌的表述:

昔公之來,仁風扇揚(仁風:仁義的風氣。扇揚:宣揚,傳布)。暴慠革面,柔輭有立(暴慠:「慠」同「傲」,粗暴傲慢。革面:完全改觀。「輭」同「軟」,異體字。柔輭有立:樹立溫柔關懷體貼的作風)。聽聞嘉言,樂甚鐘鼓。瞻仰德宇,高逾嵩岱(嵩岱:嵩山和泰山)。及公當職施政,示人準程。良士勇善,偽夫去飾。墮者益勤,誕者益恭(誕者:指行為怪誕虛妄的人有所收斂)。沉酗腆酒,斥逐郊遂(腆:多,嗜酒酗酒者令其退學)。違親三歲,罷退鄉黨。令未及下,乞歸就養者二十餘人(即〈陽城傳〉上所言之事)。禮順克彰,孝悌以興。則又講貫經籍,俾達奧義(俾達奧義:使諸生通曉深奧的道理)。簡習孝秀,俾極儒業(簡秀才德行升堂上,沉酗不率教者皆罷。躬講經籍,生徒斤斤,皆有法度)。冠屨裳衣,由公而嚴。進退揖讓,由公而儀。

柳宗元的這段文字,讚揚陽城主持學政以後,學生的思想和生活作風改變了,正氣抬頭,邪氣退散。陽城大刀闊斧、雷厲風行的整頓,以及博學多才的教學,贏得了大多數太學生的愛戴和擁護。

現在可以回到本章開頭的「學運」之事了。

柳宗元在〈國子司業陽城遺愛碣〉中寫道:「旌直優賢,道光師儒。又四年,九月己巳,出拜道州刺史」。陽城在國子司業任上四年,楷模名賢、為人師表,待得好好的,沒招誰惹誰,貞元十四年(西元798年)卻被貶出京城,這究竟是為了什麼?

《新唐書·陽城傳》稱:「薛約者,狂而直,言事得罪,謫連州。吏捕跡,得之城家。城坐吏於門,引約飲食訖,步至都外與別。」太學生薛約是陽城的得意門生,貞元十四年,因「狂而直」以言論觸犯了禁忌,被開除學籍,流放連州。吏役去捉捕薛約,正值陽城為薛約送行。陽城讓吏

役等於門外,自己旁若無人地與薛約飲酒訣別,涕泣送之郊外。「德宗惡陽城黨庇有罪之薛約」,唐德宗認定陽城以教學為陣地,結黨納朋,是故意違逆聖意,向自己示威。九月,把陽城貶出京城,謫為道州刺史。

這件事引發了軒然大波。柳宗元在〈國子司業陽城遺愛碣〉一文中,記敘了因此而引發的一場學運:「太學生魯郡、季償(或作「季儻」)、廬江、何蕃等百六十人」(吳氏據古訓本及《新唐書》、《舊唐書》〈陽城傳〉改「或云二百七十人」。但《新唐書》卷194〈陽城傳〉作「二百人」)。「投業奔走,稽首闕下,叫閽籲天」,投業:投,擲,扔,放棄學業。稽首:舊時所行跪拜禮。闕下:宮闕之下,用於上書皇帝而不敢直指,只說闕下。閽(ㄏㄨㄣ),古稱宮門為閽。籲(ㄩˋ)天:呼天叫冤,「願乞復舊」。希望皇上能夠收回成命,把陽城繼續留任國子監司業原職。「翌日,會徒北嚮如初」,翌日:第二天。聚集在一起的學生獲得更多響應,請願隊伍一直走到皇帝臨朝的延英門,「公使追奪其章,遮道願罷,遂不果獻。生徒嗷嗷,相眄徘徊」(《全唐文》作「顧盼」)。陽城還想勸止,太學生們群情激憤,嗷嗷地高聲呼籲:「公徵甚遐,吾黨誰師?」把師尊打發到如此之遠,今後由誰來教導我們?

柳宗元的文字,生動地為後世描繪了中唐時期一場震驚朝野的學生運動。

柳宗元在〈與太學諸生喜詣闕留陽城司業書〉一文中。認為此事件是「迄千百年不可睹聞」的盛事,是東漢晚期太學生政治請願運動的延續和發展;柳宗元認為,如此對朝廷弊端群起而抗議,「於國體實甚宜」,並「願諸生勿得私之,想復再上」,並希望「為史者有以紀述」。在當時條件下,這種集體的請願活動,算是相當激烈的抗爭形式,是對皇上聖旨的公開對抗。柳宗元敢於直接表明態度,讚揚直言諫諍而被貶的陽城,需要非常大的政治勇氣。德宗之後,順宗繼位,實施「永貞革新」,馬上召

第五章　諫諍是拿生命做搏擊

回被遠放道州的陽城。當陽城未及上任就身先死去，柳宗元又寫了〈國子司業陽城遺愛碣〉。再次鄭重提到太學生請願一事。雖然迫於當時言說環境，話說得有些吞吞吐吐，但畢竟為後世留下了寶貴的史料。

柳宗元在〈與太學諸生喜詣闕留陽城司業書〉中，還舉東漢與魏晉時期的兩次事件作比：

> 輒用撫手喜甚，震抃無荒，不意古道復形於今。僕嘗讀李元禮、嵇叔夜傳，觀其言太學生徒仰闕赴訴者，僕謂訖千百年不可睹聞，乃今日聞而睹之，誠諸生見賜甚盛！

東漢李元禮事件，也是一次著名的學生運動。李元禮即李膺。《後漢書‧黨錮傳》記載了這件事：時李膺為河南尹，抓了看風水先生張成之子，於是張成遣人誣告稱：「膺等養太學遊士，交結諸郡生徒，更相驅馳，共為部黨，誹訕朝廷，疑亂風俗。」「於是天子震怒，班下郡國，逮捕黨人，布告天下。」太學生們聽聞此事，「一石激起千層浪」，以郭林宗、賈偉節為首集聚起三萬餘人，聲援李膺的正義之舉。由於君王的箝制言論、獨斷專橫，原本的學生運動促發為一場民怨鼎沸的政局動盪，東漢的黨錮之禍便由此而起。

魏晉時期的嵇叔夜事件，也是一起因言論而啟禍的大冤案。嵇叔夜，即嵇康，叔夜為其字，魏晉時期名滿天下的竹林七賢之一。嵇康生活的時代，正是曹氏與司馬氏政權激烈爭奪的時代。嵇康生性高傲，選擇遠離政治，寄情於玄學，游移於竹林，是著名的隱士。但由於他與曹魏宗室的婚姻，娶妻曹操的曾孫女、沛王曹林的孫女兒長樂亭主，因而很容易讓人把他劃為曹氏一派。嵇康的名氣、才華，都不得不讓司馬氏忌憚。所以，即使嵇康想要抽身事外，恐怕也不是一件容易的事情。他的朋友山濤擔任司馬氏政權的吏部尚書，推薦嵇康也做官。山濤與嵇康

正巧是對立面,是司馬氏的遠親。嵇康拒絕與司馬氏政權合作,於是有了〈與山巨源絕交書〉之名篇,表明了自己決絕的態度。鍾會是司馬氏的寵臣,他慕於嵇康的才學前去拜訪,熱面孔卻換來個冷屁股。《晉書‧嵇康傳》記載:「康不為之禮,而鍛不輟,良久鍾去,康謂曰:『何所聞而來,何所見而去?』會曰:『聞所聞而來,見所見而去。』會以此憾之。」一個人高傲地自顧自打鐵,一個人強壓羞辱耐心地等待。直到終了,嵇康也是待答不理、目空無人,鍾會只能無趣地離去。鍾會回朝後,向司馬昭告狀,說嵇康「言論放蕩,非毀典謨」,建議「因釁除之」。最後,暴君司馬昭終於藉口「坐呂安事」,下令殺掉這個桀驁不馴的嵇康。《晉書‧嵇康傳》記載:「康將刑東市,太學生三千人請以為師,弗許。」儘管有數千名太學生為之請願,嵇康的生命仍隨著他刑場上的絕唱〈廣陵散〉而「零落成泥碾作塵」。只留下顏延之在〈五君詠‧嵇中散〉中的名句:「鸞翮有時鎩,龍性誰能馴。」

　　柳宗元以這兩個歷史事件與人物作比對,他對於太學生運動與陽城的態度也就昭然若揭了。對待學運的態度,往往就是政治態度的指標。

　　從〈與太學諸生喜詣闕留陽城司業書〉、〈國子司業陽城遺愛碣〉,以及〈故御史周君碣〉諸文中,我們可以感到柳宗元初入官場時,身上那股「初生之犢不畏虎」的銳氣和鋒芒。

第五章　諫諍是拿生命做搏擊

第六章
寓言與政論

柳宗元曾寫下許多膾炙人口意味深長的寓言故事,最著名的是〈三戒〉。題名「三戒」,是取《論語》「君子有三戒」之意。柳宗元在序中說:「吾恆惡世之人,不知推己之本,而乘物以逞,或依勢以干非其類,出技以怒強,竊時以肆暴,然卒迨於禍。有客談麋、驢、鼠三物,似其事,作〈三戒〉。」柳宗元說,我常常厭惡世上有些人,沒有自知之明,而只是狐假虎威,憑藉外力來逞強;或者仗勢欺人,以地位壓制有異見者,使出伎倆來激怒比他強的對手,趁機胡作非為,但最後卻招致了災禍。有位客人跟我談起麋、驢、鼠三種動物的結局,我覺得與那些人的情形差不多,於是就作了這篇〈三戒〉。

〈臨江之麋〉

　　臨江之人,畋得麋麑,畜之。入門,群犬垂涎,揚尾皆來。其人怒,怛之。自是日抱就犬,習示之,使勿動,稍使與之戲。積久,犬皆如人意。麋麑稍大,忘己之麋也,以為犬良我友,牴觸偃仆,益狎。犬畏主人,與之俯仰甚善,然時啖其舌。

　　三年,麋出門,見外犬在道甚眾,走欲與為戲。外犬見而喜且怒,共殺食之,狼藉道上,麋至死不悟。

　　臨江有個人出去打獵,得到一隻幼麋,就捉回家飼養。剛踏進家門,群狗一見,嘴邊都流出了口水,搖著尾巴,紛紛聚攏過來。獵人大怒,把群狗嚇退。從此獵人每天抱了幼麋與狗接近,讓狗看了習慣,不

第六章　寓言與政論

去傷害幼麋,並逐漸使狗和幼麋一起遊戲。經過了好長一段時間,狗都能聽從人的意旨了。幼麋稍為長大後,卻忘記了自己是麋類,以為狗是它真正的夥伴,開始和狗嬉戲,顯得十分親暱。狗因為害怕主人,也就很馴順地和幼麋玩耍,可是又不時舔著自己的舌頭,露出饞相。

這樣過了三年,一次麋獨自出門,見路上有許多不相識的狗,就跑過去與它們一起嬉戲。這些狗一見麋,又高興又惱怒,共同把它吃了,骨頭撒了一路。但麋至死都沒有覺悟到這是怎麼回事。

柳宗元把一個恃寵而驕、得意忘形,最後自取滅亡的麋麗刻劃得栩栩如生。

〈永某氏之鼠〉

　　永有某氏者,畏日,拘忌異甚。以為己生歲直子;鼠,子神也,因愛鼠,不畜貓犬,禁僮勿擊鼠。倉廩庖廚,悉以恣鼠,不問。由是鼠相告,皆來某氏,飽食而無禍。某氏室無完器,椸無完衣,飲食大率鼠之餘也。晝累累與人兼行,夜則竊齧鬥暴,其聲萬狀,不可以寢,終不厭。

　　數歲,某氏徙居他州;後人來居,鼠為態如故。其人曰:「是陰類惡物也,盜暴尤甚。且何以至是乎哉?」假五、六貓,闔門,撤瓦,灌穴,購僮羅捕之,殺鼠如丘,棄之隱處,臭數月乃已。

　　嗚呼!彼以其飽食無禍為可恆也哉!

　　永州有某人,怕犯日忌,拘執禁忌特別過分。認為自己出生的年分正當子年,而老鼠又是子年的生肖,因此愛護老鼠,家中不養貓狗,也不准僕人傷害它們。他家的糧倉和廚房,都任憑老鼠橫行,從不過問。因此老鼠就相互轉告,都跑到某人家裡,既能吃飽肚子,又很安全。某人家中沒有一件完好無損的器物,籠筐箱架中沒有一件完整的衣服,吃

的大都是老鼠吃剩下的東西。白天老鼠成群結隊地與人同行，夜裡則偷咬東西，爭鬥打鬧，各式各樣的叫聲，吵得人無法睡覺。但某人始終不覺得老鼠討厭。

過了幾年，某人搬到了別的地方。後面的人住進來後，老鼠的猖獗仍和過去一樣。那人就說：「老鼠是在陰暗角落活動的可惡動物，這裡的老鼠偷咬吵鬧又特別厲害，為什麼會達到這樣嚴重的程度呢？」於是借來了五、六隻貓，關上屋門，翻開瓦片，用水灌洞，獎勵僕人四面圍捕。捕殺到的老鼠，堆得像座小山，丟棄在隱蔽無人的地方，臭氣散發了數月才停止。

唉！那些老鼠以為吃得飽飽的，又沒有災禍，那是可以長久的嗎？

柳宗元把執政者中那些「竊時以肆暴」的得勢者比作鼠類，雖得勢於一時，胡作非為、倒行逆施，但終難逃「撤瓦」、「灌穴」之滅頂之災。

〈黔之驢〉

　　黔無驢，有好事者船載以入。至，則無可用，放之山下。虎見之，龐然大物也，以為神。蔽林間窺之，稍出近之，憖憖然莫相知。

　　他日，驢一鳴，虎大駭，遠遁，以為且噬己也，甚恐。然往來視之，覺無異能者。益習其聲，又近出前後，終不敢搏。稍近，益狎，蕩倚衝冒，驢不勝怒，蹄之。虎因喜，計之曰：「技止此耳！」因跳踉大𠴨，斷其喉，盡其肉，乃去。

　　噫！形之龐也類有德，聲之宏也類有能，向不出其技，虎雖猛，疑畏，卒不敢取；今若是焉，悲夫！

　　黔中原本沒有驢子，喜歡攬事的人就用船把它運了進去。運到以後，發現驢子沒有什麼用處，就把它放到山下。老虎看到驢子那巨大的身軀，以為是神怪出現，躲到樹林間暗中偷看，一會兒又稍稍走近觀

113

第六章　寓言與政論

察，戰戰兢兢，但最終還是識不透驢子是什麼東西。

一天，驢子大叫一聲，把老虎嚇得逃得遠遠的，以為驢子將要咬自己，極為恐懼。然而來回觀察驢子的樣子，覺得它並沒有什麼特別的本領。後來老虎更聽慣了驢子的叫聲，再走近驢子，在它周圍徘徊，但還是不敢上前又稍稍走近驢子，越發輕侮地開始衝撞冒犯，驢子忍不住大怒，就用蹄來踢。老虎見了大喜，心中算計道：「本領不過如此罷了。」於是老虎騰躍怒吼起來，撲上去咬斷了驢子的喉管，吃盡了驢子的肉，然後離去。

唉！驢子形體龐大，好像很有辦法，聲音宏亮，好像很有本領，假使不暴露出自己的弱點，那麼老虎雖然凶猛，也因為疑慮畏懼而終究不敢進攻；而現在卻落得這個樣子，真是可悲啊！

柳宗元借龐然大驢被小老虎吃掉的故事，嘲諷那些「不知推己之本」，毫無自知之明的權要人物，外強中乾、徒有虛表的本性。

柳宗元的寓言故事對中國散文史有著重要貢獻。寓言故事在先秦史傳與諸子論辯的《莊子》、《韓非子》、《呂氏春秋》、《戰國策》等篇章中屢見不鮮。如《左傳》中「蹊田奪牛」、「雄雞斷尾」，《戰國策》中「鷸蚌相爭」，《莊子》中「涸轍之鮒」，以及「刻舟求劍」、「杯弓蛇影」等等。但它都是文章中的一部分，以比喻的表現手法，尚未獨立成章。漢魏六朝的寓言雖然獨立了，但往往編集在某部專著中，如《說苑》、《新序》、《笑林》、《啟顏錄》等，而且思想性及藝術性仍顯單純淺顯。而此一體裁到了柳宗元手裡，於兩方面都大幅提升，對社會現象的批判更加深入，形象和情節的構造亦複雜許多。自此，寓言形成了獨立的文體。

我們從柳宗元筆下麋鹿、老鼠、驢子的形象中，讀出更多的言外之意、弦外之音。魯迅說：「諷刺的生命是真實。」言發於動物，而意歸於

與之特性相通的人。寓言是將思想濃縮為形象，使它獲得超越時空的共鳴，演變出與時俱進的新意。柳宗元創造的「黔驢技窮」形象，成為後人廣泛應用於許多意象的代名詞。

寓言體裁之外，柳宗元的〈封建論〉，亦受到當代政治人物的青睞，認為這是一篇永垂千古的政論文。

〈封建論〉是柳宗元最著名的政治論文，針對分封制和郡縣制兩種制度之爭。封建即封建制，指中國殷、周實行的「封國土，建諸侯」的貴族領土制度，亦稱「分封制」。這是上古時期生產力較低，血緣關係在社會制度中具有決定作用，因而產生的歷史產物，是中國封建社會早期施行過的統治體制。在這種制度下，中國被分割成許多諸侯國家，這些諸侯國家名義上從屬於中央王朝，實際上卻由世襲貴族統治，各自為政，形成獨立王國。夏、商、周三代實行的就是分封制，其弊端在春秋戰國的諸侯戰亂中已盡顯無疑。後來隨著生產力的發展，血緣紐帶逐漸鬆弛，統治階級地域性的土地和人口佔有，成為社會制度的主要形式。秦始皇統一中國後，用郡縣制取代了分封制，將天下分為三十六郡，郡下設縣，郡縣長官由中央政府任免，不再是世襲。秦王朝全面廢封建，行郡縣，徹底轉變了國家政體的形式，建立並鞏固了中央集權的統一國家。然而，關於封建制與郡縣制孰優孰劣的爭論，卻一直沒有止息。如曹冏的〈六代論〉，陸機的〈五等論〉等都是維護「封建制」的例子。漢代雖然兩種制度並存，但分封制已經衰弱。

唐王朝建立伊始，曾就是否實施「分封制」進行激烈的爭論。當時主張行「分封制」的人，也並非要恢復到西周時期的分封制，而只是要求維護開國權貴們的某些特權，部分地實行地方官僚的世襲制，可以說是一種相當淡化的「分封制」。當時的大臣蕭瑀和顏師古都曾這樣主張，唐太

第六章　寓言與政論

宗李世民為酬謝開國的功臣們，也曾一度想恢復「分封制」。

在《舊唐書》卷 65 記載了這場爭辯：

貞觀十一年，唐太宗李世民認為，唐氏能獲得天下，「上憑明靈之祐，下賴英賢之輔，廓清宇縣，嗣膺寶曆，豈予一人，獨能致此！」諸位文臣武將都立下汗馬功勞。所以準備仿效漢高祖劉邦「誓帶礪於功臣」，分封開國元勛們，「寄以藩翰」，下詔「令與諸功臣世襲刺史」，永固磐石之基。唐時刺史即類似諸侯，「即令子孫奕葉承襲」，福蔭子孫。唐太宗的聖旨遭到公孫無忌、房玄齡等有識之士的反對，他們聯名上表，指出分封的四點弊病：「違時易務，曲樹私恩，謀及庶僚，義非僉允。」「小人逾分，施於子孫，後世必嬰其禍。」此為一；「又臣等智效罕施，器識庸陋。或情緣右戚，遂陟臺階；或顧想披荊，便蒙夜拜。直當今日，猶愧非才，重裂山河，愈彰濫賞。」此為二；「上干天憲，彝典既有常科，下擾生民，必致餘殃於後，一掛刑網，自取誅夷。」此為三；「此道之目，為日滋久，因緣臣等，或有改張。封植兒曹，失於求瘼，百姓不幸，將焉用之？」此為四。

唐太宗李世民看了眾臣的上表，說了這樣一番話：「割地以封功臣，古今通義，意欲公之後嗣，翼朕子孫，長為藩翰，傳之永久。而公等薄山河之誓，發言怨望，朕亦安可強公以土宇耶？」於是遂廢止了封侯建藩王的想法。

《唐會要》卷 46、47 中，以及《資治通鑑》卷 193、195 中，也都有關於這場爭論大同小異的記載。

唐太宗接受了大臣的諫諍，沒有實施「分封制」，但仍準備分封 21 個王子和 14 名大臣為世襲都督和刺史。後來由於反對派的激烈抵制，有詔緩行大臣的分封，但皇子的分封仍繼續進行。在唐太宗作為政治遺囑留

下的《帝範》裡，他仍堅持實行分封的必要性。

〈唐宗室傳贊〉曰：「唐興，疏屬畢王。至太宗時，與名臣蕭瑀等喟然講封建事，欲與三代比隆。而魏徵、李百藥皆謂不然。顏師古獨議建諸侯當少其力，與州縣雜治。由是罷不復議。至名儒劉秩，目武氏之禍，則謂郡縣不可以久安，大抵與曹、陸相上下。而杜佑、柳宗元深探其本，據古驗今，而反覆焉。」正是在這一大歷史背景下，柳宗元寫出了震撼當代傳頌後世的〈封建論〉。

「天地果無初乎？吾不得而知之也。生人果有初乎？吾不得而知之也。」柳宗元出手不凡，以一種大氣勢開始了他洋洋灑灑的論述：自然界果真沒有原始階段嗎？我無法知道。人類果真有原始階段嗎？我也無法知道。那麼，哪種說法比較接近事實呢？我認為：有原始階段這種說法比較接近事實。怎麼知道這一點呢？從「封國土、建諸侯」的封建制就可以明白。那種封建制，經歷了古代賢明的帝王唐堯、虞舜、夏禹、商湯、周文王和周武王，沒有誰能把它廢除掉。不是不想把它廢除掉，而是事物發展的趨勢不允許，這種形勢的產生，大概是在人類的原始階段吧？不是原始階段的那種形勢，就沒有可能產生封建制。實行封建制，並不是古代聖人的本意。

人類在他的原始階段跟萬物一起生存，那時野草樹木雜亂叢生，野獸成群四處奔走，人不能像禽獸那樣抓撲啃咬，而且身上也沒有毛羽來抵禦嚴寒，不能夠光靠自身來供養自己、保衛自己。荀卿說過：「必將假物以為用者也。」人類一定要借用外物作為自己求生的工具。借用外物來求生，必然會相爭，爭個不停，進而會找出能判斷是非的人，聽從他的命令。具有智慧又明白事理的人，服從他的人一定很多；他把正確的道理告訴那些相爭的人，不肯改悔的，必然要懲罰，使他受到痛苦之後

第六章　寓言與政論

感到懼怕，於是君長、刑法、政令就產生了。

於是附近的人聚結成群，分成許多群以後，相互間爭鬥的規模逐漸擴大，相爭的規模大了，便產生軍隊和威望。如此一來，又出現了更有威德的人，各個群的首領又去聽從他的命令，來安定自己的部屬。於是產生了一大批諸侯，他們相爭的規模就又更大了。又有比諸侯威德更大的人，許多諸侯又去聽從他的命令，來安定自己的封國。於是又產生了方伯、連帥一類的諸侯領袖，他們相爭的規模還要更大。這就又出現了比方伯、連帥威德更大的人，方伯、連帥們又去聽從他的命令，來安定自己的老百姓，然後天下便統一於天子一人了。因此，先有鄉里的長官，而後有縣的長官，有了縣的長官而後有諸侯，有了諸侯而後有方伯、連帥，有了方伯、連帥而後才有天子。從最高的天子到鄉里的長官，那些對人民有恩德的人死了，人們便尊奉他們的子孫為首領。所以說封建制的產生不是聖人的本意，而是形勢發展的必然結果。

堯、舜、禹、湯的事離我們很遠了，到了周代記載就很詳備。周朝占有天下，把土地如同剖瓜一樣分割開來，設立了公、侯、伯、子、男五等爵位，分封了許多諸侯。諸侯國像繁星似地羅列，四面遍布在大地上，集結在周天子的周圍，「輪運而輻集」，就像車輪圍繞著中心運轉，就像輻條集中於車轂；諸侯聚合起來就去朝見天子，分散開來就是守衛疆土的臣子、朝廷的捍衛者。但是往下傳到周夷王的時候，破壞了禮法，損害了尊嚴，天子只得親自下堂去迎接朝見的諸侯。傳到周宣王的時候，他雖然倚仗著復興周王朝的功德，顯示出南征北伐的威風，終究還是無力決定魯君的繼承人。這樣日漸衰敗下去，直到周幽王、周厲王，後來周平王把國都向東遷移到雒邑，把自己排列到與諸侯同等的地位。從那以後，「問鼎之輕重者有之，射王中肩者有之」，問周天子傳國九鼎的輕重的事情出現了，用箭射傷天子肩膀的事情也出現了；「伐凡

伯、誅萇弘者有之」，討伐天子大臣凡伯、逼迫天子殺死大夫萇弘這樣的事情也出現了，天下大亂，再也沒有把天子看作天子。我認為周王朝喪失統治力量已經很久了，只不過還在公侯之上存著一個空名罷了！這豈不是諸侯勢力太強大而指揮不動，就像尾巴太大以至搖擺不動所造成的過失嗎？於是周王朝的統治權分散到十二個諸侯國，後來又合併為七個強國，王朝的權力分散到陪臣掌政的國家，最後被很晚才封為諸侯的秦國滅掉。這大概就是周朝敗亡的原因。

　　秦朝統一全國後，「裂都會而為之郡邑，廢侯衛而為之守宰」，剖分諸侯國而設定郡縣，廢除諸侯而委派郡縣長官。秦據守天下的險要地勢，建都於全國的上游，控制著全國，把局勢掌握在手裡，這是它做得對的地方。但沒過幾年便天下大亂，那是有原因的。它多次徵發數以萬計的百姓服役，使刑法越來越殘酷，耗盡了財力。於是那些扛著鋤木棍被責罰防守邊境的人們，彼此遞個眼色就聯合起來，怒吼著匯合成群，奮起反秦。當時有造反的老百姓，而沒有反叛的官吏，老百姓在下怨恨秦王朝，官吏在上懼怕朝廷。全國四面八方互相配合，殺郡守、劫縣令的事情在各地同時發生。「咎在人怨，非郡邑之制失也」，錯誤在於激起了人民的怨恨，並不是郡縣制的過失。

　　漢朝統一了全國之後，「矯秦之枉，徇周之制」，糾正秦朝的錯誤，沿襲周朝的封建制，分割天下，分封自己的子弟和功臣為諸侯王。但沒有幾年，為了平息諸侯國的叛亂，「奔命扶傷之不暇，困平城，病流矢，陵遲不救者三代。」聞命奔赴鎮壓，以至連救死扶傷都來不及，漢高祖劉邦被圍困在平城，被飛箭射傷，如此衰落不振，達三代之久。後來由於謀臣獻策，才分散削弱諸侯王的勢力，並由朝廷命官管理諸侯國。但是漢朝開始恢復封建制的時候，諸侯國和郡縣各占一半疆域，「時則有叛國而無叛郡」，那時只有反叛的諸侯國而沒有反叛的郡縣，秦朝郡縣制的

第六章　寓言與政論

正確性也已經十分清楚了。繼漢朝而稱帝的，就是再過一百代，郡縣制比封建制優越，也是可以知道的。

「唐興，制州邑，立守宰」，唐朝建立以後，設定州縣，任命州縣的長官，這是它做得正確的地方。但還是有凶暴狡猾的人不時起來叛亂、侵州奪縣的情況，過失不在於設定州縣，而在於藩鎮擁有重兵，「時則有叛將而無叛州」，那時有反叛的藩鎮將領，而沒有反叛的州縣長官。郡縣制的建立，確實是不能改變的。

柳宗元旁徵博引，從上古一直說到當今，疏理著封建制與郡縣制的歷史。柳宗元認為整個社會歷史是一個自然發展的過程，有其客觀的必然趨勢。分封制暴露出種種嚴重弊端，而新的郡縣制能克服分封制弊端，有優越性和進步性，因而極力支持郡縣制。

唐開元以後，特別是安史之亂後，從邊疆到內地相繼興起了節度使、觀察使、團練使、防禦使等。隨著封建軍事制度的演變和統治階級內部關係的變化，統治集團中的明爭暗鬥也逐漸激烈。自唐睿宗起（西元 684 年），為了適應邊防軍事的需要，開始設立節度使。由統領當地軍隊的都督兼任。他們的權力也逐漸擴大，一般不僅兼任駐區的都督、刺史、且兼任本地的採訪處置使，握有監察地方官吏的大權。同時，他們還兼屯田、水陸轉運等經濟權的使職。因此，節度使可說是集地方軍、政、財權於一身。《新唐書·兵志》上言：「據要險，專方面」，成為既有土地又有人民，既有甲兵還擁有財賦的地方軍閥勢力。安史之亂後，節度使如軍閥割據，形成了半獨立的政權，即使表面上聽命，也始終成為唐王朝政府力量「鞭長莫及」的失控地區。節度使直屬軍隊的軍職和使府內的文職，大多數是自行任命。官員自然對賦予他官職俸祿的人負責，於是皇權旁落。

唐代有凌駕於州縣之上的地方行政機關，叫方鎮，又稱「道」，是依山川形勢劃分的監察區域。貞觀時期分全國為十道，玄宗時期分天下為十五道，至唐後期，全國已被劃分為四十道，每道皆置觀察使，雄藩重鎮則帶節度使，不帶節度使者則帶團練使或都防禦使。它們雖然仍是使職，但實際上已經成為集軍政財人事大權於一身的「諸侯」，出現了「制敕不下支郡，刺史不專奏事」的局面。

　　在「安史之亂」後連續動亂的中衰形勢下，朝廷上下也曾持續不斷地振作和改革努力，並且也獲得相當的成效。因此又鼓舞起人們對「中興」的期望。「中衰」與「中興」並存。

　　唐德宗年間，除前述所進行過人事和經濟方面的改革嘗試外，政治上同樣存在改革的努力，並對遏制頹敗之勢發揮作用。唐德宗李适本人早年參與平定「安史之亂」，對現實矛盾有著相當的了解。他的削藩努力，如不允許成德鎮傳子世襲之請，雖然引發了連續幾年的藩鎮戰爭，最終以妥協告終，但初衷是要壓抑強藩、樹立朝廷權威。再如代宗死時，以名將郭子儀為塚宰，分其過重的兵權、財權；以其副將李懷光等為節度使，分領其任；又宦官王駕鶴典禁兵十餘年，權行中外，任命奪其神策軍知兵馬使職；再如詔山陵制度從簡，將內廷財貨退歸左藏，處罰出使受賄的宦官等等，都意在加強中央威權，改革行政的弊端。後人只是嘆唐德宗有始無終。一般認為唐德宗一朝過於因循苟且，無所作為，其實德宗在即位之初還頗能振作，勇於與聯合起來的強藩對抗，頗想成為中興之主。其在位的貞元二十年間，為順宗、憲宗朝打下與強藩周旋的基礎。

　　柳宗元認定郡縣制而反對藩鎮割據，也有著其自身經歷的「切膚之痛」。

第六章　寓言與政論

中唐以後，藩鎮勢力膨脹，不斷侵蝕中央王朝的統治權力，朝廷與藩鎮間的衝突日趨激烈。

唐王朝是以與安、史叛將相妥協為代價而平定叛亂的，留下了藩鎮割據的禍根，成為後來左右朝廷命運的重大問題。以「河北三鎮」為代表的跋扈強藩，依恃武力，不服朝命，力圖擴大勢力，並建立起世襲制度；朝廷則要奪回權柄，維持更高程度的政令、軍令的統一。由於朝廷內部各派政治力量的角力和各地方對朝廷或自保、或依附的不同關係，造成了十分複雜的政治局面。大曆八年，就是柳宗元出生的那一年，魏博節度使（治魏州元城縣，今河北大名縣北）田承嗣求為相，並為安、史父子立祠堂，尊為「四聖」。這是公然對抗朝廷的訊號。大曆十年，田承嗣出兵盡占相、衛、磁、洺四州，朝廷命諸道兵進討。但參與討伐的平盧（又稱「淄青」，治青州益都縣，今山東益都縣）李正己、成德（又稱「鎮冀」、「恆冀」，治恆州真定縣，今河北正定縣）李寶臣等反而和田承嗣相勾結。李寶臣、李正己更受田承嗣離間，乘機奪取幽州范陽，並和另一個參與討伐的節度使朱滔交戰。這次戰事遷延三年，最後朝廷不得不赦免田承嗣，拒朝命者亦不責問，苟且求和。自此以後，「河北三鎮」更迅速地擴充實力，魏博、成德各占七州地，淄青擴地至十五州。它們更和同樣擁兵自重的山南東道梁崇義（治襄州襄陽縣，今湖北襄樊市）相互勾結，形成了更為嚴重的割據情勢。特別是「河北三鎮」，境內法令、官爵、甲兵、租賦、刑殺皆自專之，名為王臣，實同敵國。大曆十四年，淮西（治蔡州汝陽縣，今河南汝南縣）軍亂，鎮將李希烈驅逐節度使李忠臣，後來朝廷不得已任命李希烈為節度使。這次兵變發生在中原的河南道，這是關係著朝廷經濟命脈的要害地區，後來到元和年間，淮西的叛亂造成了更嚴重的後果。這些都是柳宗元幼年時發生的事件。

柳宗元九歲時，爆發更大規模的割據戰爭「建中之亂」。直接的起

因是成德鎮李寶臣病死，其子李唯嶽求繼襲，得到河北另外二鎮和梁崇義的支持。當時唐德宗李适初繼位，頗有振作朝綱的志向，不允其請，結果四鎮聯兵反抗朝命。朝廷出兵征討，不久之後，梁崇義、李正己相繼敗死。次年二月，河北亂定。但盧龍留後朱滔和恆、冀都團練觀察使王武俊繼反，至十月，朱滔、王武俊、田悅（魏博鎮，田承嗣姪）、李納（淄青鎮，李正己子）更結盟稱王，推朱滔為盟主，效春秋諸侯割據故事，奉唐正朔，各置官屬。十二月，淮西李希烈亦反，自稱天下都元帥、建興王，出兵圍鄭州，東都震恐。建中四年十月，朝廷發涇原兵東征，至京師兵變，亂兵推廢居在京的原涇原節度使、朱滔之兄朱泚為主。朱泚建國立號，稱大秦皇帝。朝廷被迫逃亡奉天（今陝西乾縣）。興元元年（西元784年）正月，流亡的朝廷改元大赦。王武俊、田悅、李納去王號，但朱泚更立國號為漢，自稱漢元天皇，定年號天皇；李希烈亦稱帝，國號大楚，定年號武成。二月，入援勤王的河中節度使（治蒲州，今山西永濟縣）李懷光又以怨叛反，與朱泚相結，朝廷更被迫奔梁州（今陝西漢中市）。這是繼安史之亂後另一次大規模的戰亂。這次戰亂又是以朝廷向強藩妥協而告終。這次戰火遍及關中、河南、河北和淮河流域的廣大區域，這些地區遭受十分慘重的破壞。

　　柳宗元的父親柳鎮曾擔任名將郭子儀的掌書記（智囊），對軍旅情形有相當深入的了解。在「建中之亂」時，他正在鄂、嶽、沔三州防禦使、鄂州刺史李兼處擔任幕僚。可能是在涇原兵變之後，長安附近成了戰場，為了避亂，少年柳宗元被父親送到父親任所的夏口（今湖北武昌）。這裡是江、漢運路的樞紐，為歷來兵家必爭之地。建中四年三月，叛軍李希烈曾興兵進犯，被擊退；次年一月，又遣其悍將董侍率七千人來攻。起初李兼的部隊偃旗息鼓，閉門待敵；叛軍拆房放火，焚燒城門。李兼親率士卒迎戰，奮力死戰，終於擊退了叛軍的攻勢。後來在李兼死

第六章　寓言與政論

後，權德輿替他寫祭文，特別說到「作藩夏口，報政獻功，察廉一方，再捍大憝。以完南邦，盡殪舟師」的功績。夏口保衛戰阻扼了叛軍的進犯，對於扭轉戰局、取得最終平叛，有著重大意義。因而，李兼被升任為鄂、嶽、沔都團練使。柳鎮作為李兼的幕僚，也在判官原職上加授殿中侍御史的京銜。柳鎮為此專門撰文〈夏口破虜頌〉，歌頌這次夏口保衛戰。當時，柳宗元年僅十多歲，也親歷了這次生死攸關之戰，並對父親所寫那篇紀功文字十分敬佩。

年僅十多歲的柳宗元親歷了這場夏口保衛戰，對於叛軍的燒殺搶掠，他的記憶是刻骨銘心的。這也是他在「永貞革新」時堅持反對分裂割據，要求統一安定的心理因素。

在朝廷逃亡奉天時期，柳宗元的家庭仍留在長安，經歷了骨肉分離的痛苦。柳宗元在後來撰寫的〈亡姊崔君夫人墓誌蓋石文〉中，記載了如下細節：「先公自鄂如京師，歸。其時事會世難，告教罕至。夫人憂勞逾月，默泣不食。又懼貽太夫人憂慮，紿以疾告。書至而愈，而乃知之。」柳鎮從夏口出使長安公差，來往正經過李希烈叛軍盤踞的地區，此一走數月失去消息，使得柳宗元年僅十二、三歲的姊姊憂慮萬分，吃不下飯，只有默默地掉淚。又怕自己的情緒影響了母親，只能謊稱自己病了。直到有了父親報平安的書信，姊姊所謂的病便無藥自癒。白居易詩：「田原廖落干戈後，骨肉游離道路中」，正是描述了此一戰亂情景。

杜甫的〈三吏〉（〈新安吏〉、〈石壕吏〉、〈潼關吏〉）及〈三別〉（〈新婚別〉、〈垂老別〉、〈無家別〉）等名詩，也是真實地展現了中唐時期，戰亂頻仍、烽煙四起，人民深重的災難和痛苦。

柳宗元親歷了藩鎮戰亂之禍，對維護國家統一安定的局面深切關心。他早年遊歷邠疆，曾實地考察「自犬戎陷河右，逼西鄙，積兵備虞，

縣道告勞，內匱中府太倉之蓄，僅而獲廳」的嚴峻情形，了解邊疆地區的民眾在戰亂中的生活，寫下頗有感受的〈送邠寧獨孤書記赴辟命序〉。

吾子歷覽古今之變，而通其得失，是將植密畫於借箸之宴，發群謀於章奏之筆，上為明天子論列熟計，而導揚威命。然後談笑樽俎，賦從軍之樂。（魏建安二十年，曹公西征張魯，降之。王粲作詩美其事，略云：從軍有苦樂，但問所從誰？）移書飛文，諭告西土劫脅之伍，俾其簞食壺漿，犒迎王師，在吾子而已！

柳宗元透過叔父的介紹，認識了邠州節度推官、殿中侍御史凌准。凌准長期在邊地生活，對軍鎮問題頗有研究，著有《邠志》二卷，還著有《漢後春秋》二十餘萬言。柳宗元向凌准虛心求教，了解了許多邊關守務的情況。前章所提到的〈段太尉逸事狀〉，正是描繪了他這次遊歷邠疆的成果。（《柳宗元評傳》259）

柳宗元成長的貞元二十年間，是社會激烈動盪的時期。然而在沉悶、因循、低迷的政治局面下，朝廷中，特別是文人官僚階層中，仍在不斷地進行著變革。改革勢力在思想上、人事上都在積蓄力量。這些與少年時期的感同身受、設身處地，都潛移默化為柳宗元的思想基礎。

貞元十五年（西元 799 年），淮西節度使吳少誠反，遣兵襲唐州，掠百姓千餘人而去。朝廷下詔削去吳少誠官爵，遣十六道兵馬進討。官軍挫敗，但吳少誠也難以維持。在此情況下，吳少誠求昭雪，朝廷竟下洗雪詔，復其官職，叛亂遂告平息。對於唐德宗如此姑息養奸、妥協求安的做法，柳宗元作了〈辨侵伐論〉。

柳宗元以演繹《春秋》大義的方法來立論。《左傳》莊公二十九年，記載有對「侵」、「伐」二字的解釋：「凡師有鐘鼓曰伐，無曰侵。」在引述了《左傳》的話以後，接著引用《周禮》的說法：「賊賢害人，則伐之」；

第六章　寓言與政論

「負固不服,則侵之」。柳宗元借題發揮,對於那些「朘人之財,危人之生而又害賢人者」,必須聲其惡於天下,大張旗鼓地加以征討。而在討伐之前,要「校德而後舉,量力而後會,備三有餘而以用其人。一曰義有餘,二曰人力有餘,三曰貨食有餘」。也就是說,要取得道義上的優勢,還要做好人力、物力上的準備。他指出,這種行動不是為了征討者個人的私利,而是「為人之舉」,所以要「公之」於天下,大造輿論,「鐘鼓作焉」;而對於那些「負固不服而壅王命」,「其過惡不足暴於天下」的,也要興問罪之師,但這只是「制命之舉」,所以應「私之」,鐘鼓不作。柳宗元認為,朝廷對吳少誠的處置有二處失當:一是沒有「聲其惡於天下」,吳少誠反叛,惡行昭彰,但朝廷未能聲惡於先,亦未能洗其惡於後,這就未能達到「殺雞儆猴」的伐之目的。二是沒有給予「壅王命」者悔過自新的機會。「侵」的對象(吳少誠等)雖然「擁兵自重,不服王命」,但他們「內以保其人。外不犯於諸侯,其過惡不足以暴天下」。對這些藩鎮,應先發文告,數其「過惡」,仍不悔改,方可興師問罪。也就是說要給予他們留下改過自新的後路。現在侵伐之義不明,帶來了「周道既壞,兵車之軌交於天下」式的惡果。

柳宗元對春秋時期列國紛爭的情形表示:「以無道而正無道者有之,以無道而正有道者有之,不增德而以遂威者又有之,故世日亂。一變而至於戰國,而生人耗矣。」柳宗元對春秋時期的論述,有著強烈的現實針對性,實際也是暗喻中唐時的局面。

對於反對藩鎮割據的英雄人物,柳宗元懷著滿腔熱情予以歌頌。他的文章〈韋道安傳〉已佚,但〈韋道安〉長詩尚存。他所歌頌的韋道安是徐、泗、濠節度使張建封的佐官,貞元十六年,張建封死,徐州軍亂,擁立張建封之子張愔為留後。這是明顯的割據自大,不服朝廷管制。在這種情況下,韋道安既不想背叛舊主,更不想背叛朝廷,置於二律背反

的兩難境地，他只能舉劍自刎。

柳宗元在五言古詩〈韋道安〉中，前半部分寫韋道安「一聞激高義，皆裂肝膽橫。掛弓問所往，趨捷超崢嶸」；描繪了韋道安隻身拒盜，解救少女，不圖報答的「義重利固輕」壯舉，強調其智勇雙全、濟難扶危的優良品性，也為其後堅持節義而犧牲作了鋪陳。後半部分表現了韋道安在軍府逆亂「滄海橫流」之際，「舉頭自引刃，顧義誰顧形」的「方顯英雄本色」，讚嘆韋道安「烈士不妄死，所死在忠貞。咄嗟徇權子，翕習猶趨榮。我歌非悼死，所悼時世情！」顯然，柳宗元在韋道安的身上寄寓著自己的政治理想。

唐德宗遭受削藩的挫折，以及「四王二帝」事件與「涇師之變」之後，他對藩鎮的態度由強硬的動用武力，轉為妥協姑息。史載，唐德宗離開京城時，曾打算逃亡成都，說明他在朱泚反叛以後，對自己能否重回京師感到絕望，對能否消滅叛亂的藩鎮和長安的朱泚感到前景渺茫。如果不是李晟和山南西道節度使嚴震的勸阻，他也許會真的遠逃四川。唐德宗一旦遭受挫折立即銳氣大傷，他對待藩鎮的態度一百八十度大轉彎，由原本的限制變為「唯務姑息」，或者美其名曰「以藩制藩」。此一轉變，使德宗登基以來解決藩鎮問題的大好形勢和良好機遇，也轉瞬即逝。藩鎮割據專橫，遂成積重難返。

針對藩鎮割據的「姑息養奸」以及「以藩制藩」的失策，柳宗元的寓言〈羆說〉一文，予以辛辣的諷刺。

鹿畏貙（《說文》：貙，獸也。似狸，能捕獸祭天），貙畏虎，虎畏羆（《說文》：羆如熊，黃白色）。羆之狀，被髮人立，絕有力而甚害人焉。楚之南有獵者，能吹竹為百獸之音。昔雲持弓矢罌火（罌，瓦缶也）而即之山，為鹿鳴以感其類，伺其至，發火而射之。貙聞其鹿也，趨而至。其人恐，因為虎而駭之。貙走而虎至，愈恐，則又為羆。虎亦亡去。羆

第六章　寓言與政論

聞而求其類,至則人也,捽搏挽裂而食之(捽,持頭髮也)。今夫不善內而恃外者,未有不為羆之食也。

　　一個沒有實際本領的獵人,企圖利用「鹿畏貙,貙畏虎,虎畏羆」這種大自然的生存制約現象,用竹管吹出各種動物的聲音,以投機取巧來捕獲猛獸。然而是「機關算盡太聰明,反誤了卿卿性命」,最終被羆吃掉。從最後的點題之句「今夫不善內而恃外者,未有不為羆之食也」,可以看出這篇寓言的針對性是非常明確的。一個「今」字直言不諱,諷刺的正是當時的社會現象。「不善內而恃外者」譏刺的是那些不圖自強、只靠外力的人,反觀當時社會政治局面,不難看出,實際是指斥朝廷,不革除弊政,以加強中央集權,而是採取「以藩制藩」的錯誤政策。「未有不為羆之食也」,用雙重否定的句式,指出「不善內而恃外」必然導致的惡果。必須「善內」即加強自身力量,不能一味「恃外」。這是作者對現實社會的深刻觀察和體會。當時柳宗元已清楚地看到藩鎮不斷擴張,中央集權日益削弱,然而作為最高統治者的皇帝昏憒無能,不但不吸取教訓,不革除弊政,加強王朝的權力,反而依靠宦官和保守勢力,打擊鎮壓革新派。而當強藩肆虐時,朝廷始則妥協苟安,不加聲討,直到局面不可收拾時,又企圖「以藩制藩」,或重用宦官監軍。如此不但不能遏抑強將驕兵,反而釀成更大的禍患。正如〈羆說〉描寫的「貙走而虎至,虎亡而羆來」。前門拒狼,後門迎虎,後患無窮。柳宗元以貙、虎、羆這些凶惡的野獸比喻當時橫行不法的藩鎮、軍閥,以獵人最後葬身羆腹的下場,暗示朝廷應改弦更張,增強實力,如果繼續幻想「以藩制藩」,必定遭到「獵人」一樣的可悲結局。

　　朝廷自寬其心的所謂「以藩制藩」、以惡制惡,其實只是一種愚不可及的「飲鴆止渴」,後果將更為嚴重。

　　柳宗元還寫過一篇也是反對藩鎮割據的寓言〈設漁者對智伯〉。文

章以春秋末期晉國的智伯在滅掉范氏、中行氏後，自持強大，又聯合韓氏，魏氏攻打趙氏的歷史事件為引子，透過漁者與智伯的對話，生動而深刻地揭示了智伯狂妄自大，貪得無厭，「終以不寐」遭到「韓魏與趙合滅」、「其地三分」的悲慘下場。諷刺並警告那些酷似智伯的藩鎮、權貴和豪強。在這篇寓言裡，用貪而不知害的群魚類比欲壑難填的大小藩鎮，其中鯨魚的形象更是驕橫殘暴的軍閥的真實寫照：大鯨「驅群鮫、逐肥魚於渤澥之尾，震動大海，簸掉巨島，一啜而食若舟者數十，勇而未已，貪而不能止，北蹙於碣石，槁焉。」作者借大鯨魚這一形象，一方面譴責藩鎮連年發動戰爭，使國家動盪不安，人民遭殃；另一方面指出，凡是分裂國家的藩鎮，必然落入「多行不義必自斃」的可悲可恥下場。

柳宗元反對分封制，讚賞郡縣制，還有一個重要的理由，就是郡縣制能有效地打破血緣關係的限制，向更廣泛的階層開放晉升管道，真正能夠舉賢用能，達到致理興化的目的，有利於形成「有罪得以黜，有能得以賞」的選賢任能機制。

柳宗元在〈封建論〉中提到：漢朝建立的時候，天子的政令只能在郡縣推行，不能在諸侯國推行；天子只能控制郡縣長官，不能控制諸侯王。諸侯王儘管胡作非為，天子也不能撤換他們；諸侯王國的百姓儘管深受禍害，朝廷卻無法解除他們的痛苦。只能等到諸侯王叛亂造反，才把他們逮捕、流放或率兵討伐、以至滅掉他們。當他們的罪惡尚未充分暴露的時候，儘管他們非法牟利、搜刮錢財，依仗權勢、作威作福，造成百姓嚴重的傷害，朝廷也不能對他們怎麼樣。至於郡縣，可以說是政治清明、社會安定。根據是，漢文帝從田叔那裡了解到孟舒，從馮唐那裡了解到魏尚，漢宣帝聽說黃霸執法明察審慎，漢武帝看到汲黯為政簡約清靜，那麼就可以任命黃霸做官，可以恢復孟舒、魏尚原來的官職，甚至可以讓汲黯躺著任職，委任他只憑威望去安撫一個地區。官吏犯了罪可

第六章 寓言與政論

以罷免,有才幹可以獎賞。早上任命的官吏,如果發現他不行正道,晚上就可以撤了他;晚上接受任命的官吏,如果發現他違法亂紀,第二天早上就可以罷免他。假使漢王朝把城邑全部都分割給侯王,即使他們危害人民,也只能對它發愁罷了。孟舒、魏尚的治理方法將不能施行,黃霸、汲黯的教化也無法推行。如果公開譴責並勸導這些侯王,他們當面接受,但轉過身去就違反了;如果下令削減他們的封地,互相串通、聯合行動的陰謀將會遍及侯王各國之間,大家都怒眼圓睜,氣勢洶洶地反叛朝廷。萬一他們不起來鬧事,就削減他們的一半封地,即使削減一半,百姓還是受害了,何不把諸侯王完全廢除,以保全那裡的人民呢?漢朝的情況就是這樣。

今天國家完全實行郡縣制,不斷地任命郡縣長官,這種情況是肯定不能改變了。只要好好地控制軍隊,慎重地選擇地方官吏,那麼政局就會安定。

柳宗元文中提到的黃霸,字次公,是淮陽陽夏人。黃霸為人明察秋毫,心思敏捷,通曉文法。而又性情溫良,懂得謙讓,有智慧,善於管理下屬。柳宗元講用人之道以他為例。另一個提到的汲黯,漢朝名臣,性情耿直,多次諍諫,且剛正不阿,多次當眾指責漢武帝的過失。柳宗元指出分封諸侯的種種弊端以及實行郡縣制的益處,如果把土地和權力分封給諸侯,天子的權力減弱,難以罷免有過失的臣子,任人唯賢將成為一句空話。

柳宗元在《非國語》下的〈命官〉篇中,對諸侯國晉文公按照親戚遠近來任命官員的「任人唯親」進行了猛烈抨擊:晉文公任用胥、籍、狐、箕、欒、郤、桓、先、羊舌、董、韓等大貴族出身的人,擔任在國君身邊參與國家機密的高官;姬姓中有才能的人,擔任管理宮廷內務的官;異姓中有才幹的人,擔任邊遠地方的官。柳宗元批駁了這種任用的方

式:「官之命,宜以材耶?抑以姓乎?」任命官員,究竟是應該根據才能呢,還是根據姓氏?晉文公欲圖建立霸業,卻不知道改變壞傳統,從而提拔天下有才能的人,反而按照族姓的親疏來決定官員職務的高低,也顯得太淺薄了。如果將軍、大夫必須從世襲的舊貴族中選拔,要是不能勝任,還要任用他們嗎?將軍、大夫一定不從異姓中選拔,要是其中有完全勝任的,難道仍然棄置不用嗎?這樣的選拔任用制度怎麼能說是政治清明呢?

　　柳宗元透過晉文公這一典型的任用官員的案例,有力地說明了在「分封制」的體制下,不可能實行「任人唯賢」的選人原則。選人憑藉的不是賢德才能,而是姓氏家族的論資排輩,這樣國家怎麼可能強盛呢?

　　柳宗元在〈復吳子松〉一文中,也把批判的鋒芒指向了封建體制下的用人體制:

然有可恨者,人或權褒貶黜陟為天子求士者,皆學於聖人之道,皆又以仁義為的,皆曰我知人,我知人。披辭窺貌,逐其聲而核其所蹈者,以升而降。其所升,常多蒙瞽禍賊僻邪(瞽,音務,目不明也),罔人以自利者;其所降,率恆多清明沖淳不為害者。彼非無情物也,非不欲得其升降也,然猶反戾若此。逾千百年乃一二人,幸不出於此者。徵之,猶無以為告。今子不是病,而木膚之問為物者有無之疑,子胡橫訊過詰擾擾焉如此哉!

　　柳宗元在〈封建論〉中還批判了一些人的說法:「封建者,必私其土,子其人,適其俗,修其理,施化易也。守宰者,苟其心,思遷其秩而已,何能理乎?」有些人認為:「封建制的世襲君長,一定會把他管轄的地區當作自己的土地盡心治理,把他管轄的老百姓當作自己的兒女悉心愛護,使那裡的風俗變好,把那裡的政治治理好,這樣施行教化就比較容易。郡縣制的州縣地方官,抱著得過且過的心理,一心只想升官

第六章　寓言與政論

罷了,怎麼能把地方治理好呢?」柳宗元認為這種說法也是不對的。周朝的情況,毫無疑問地可以看清楚了:諸侯驕橫,貪財好戰,大致是政治混亂的國家多,治理得好的國家少。諸侯的霸主不能改變亂國的政治措施,天子無法撤換不稱職的諸侯國君主,真正愛惜土地愛護人民的諸侯,一百個中間也沒有一個。秦朝的情況,也完全可以看清楚了:朝廷有治理百姓的制度,而不讓郡縣專權,這是正確的;中央有管理政務的大臣,不讓地方官自行其是,這也是正確的。但是郡縣不能正確發揮郡縣制的作用,郡守、縣令不能很好地治理人民。殘酷的刑罰、繁重的勞役,使萬民怨恨。這種過失在於政治方面,不在於郡縣制本身。

統治者出於一己私利,不可能以大公之心公平地選拔人才,柳宗元舉出歷朝事例,說明分封的列國「大凡亂國多,理國寡」,並不能真正做到「私土子人」愛惜人才。而只有郡縣制,朝廷才得以憑政績得失來選擇,升黜守令,從而保證了各層官吏的廉潔實幹。

柳宗元在〈封建論〉最後總結道:

> 夫天下之道,理安斯得人者也。使賢者居上,不肖者居下,而後可以理安。今夫封建者,繼世而理。繼世而理者,上果賢乎?下果不肖乎?則生人之理亂未可知也。將欲利其社稷,以一其人之視聽,則又有世大夫世食祿邑,以盡其封略。聖賢生於其時,亦無以立於天下,封建者為之也。豈聖人之制使至於是乎?吾固曰:「非聖人之意也,勢也。」

至於天下的常理,是治理得好、政局安定,才能得到人民的擁護。使賢明的人居上位,不肖的人居下位,然後才會清明安定。封建制的君長,一代繼承一代地統治下去。這種世襲的統治者,居上位的果真賢明嗎?居下位的真的不肖嗎?這樣,人民究竟是得到太平還是遭遇禍亂,就無法知道了。如果想要對國家有利而統一人民的思想,而同時又有世襲大夫世世代代統治他們的封地,占盡了諸侯國的全部國土,即使有聖

人賢者生在那個時代，也沒有立足之地，這種後果就是封建制造成的。難道是聖人的制度要使事情壞到這種地步嗎？所以我說：「這不是聖人的本意，而是形勢發展的結果。」

柳宗元指出，「世卿」、「世祿」繼世而理的封建世襲制，只會使賢與不肖易位，只有郡縣制能夠舉賢用能，從而有良好的政治。他批判用人方面的混亂，實際也是在為像自己一樣沒有等級名分的新進之士爭取地位。

柳宗元的另一篇短文〈咸宜〉，更清楚地看出這樣的意圖：

興王之臣，多起汙賤，人曰「幸也」；亡王之臣，多死寇盜，人曰「禍也」。余咸宜之。當兩漢氏之始，屠販徒隸出以為公侯卿相，無他焉，彼固公侯卿相器也。遭時之非是以詘，獨其始之不幸，非遭高、光而以為幸也。漢、晉之末，公侯卿相劫戮困餓伏牆壁間以死，無他焉，彼固劫戮困餓器也。遭時之非是以出，獨其始之幸，非遭卓、臞而為禍也（卓、臞，謂董卓、劉臞）。彼困於錯亂，伏志氣，屈身體，以下奴虜，平難澤物之德不施於人，一得適其傃（傃，向也），其進晚爾，而人猶幸之。彼伸於昏亂，抗志氣，肆身體，以傲豪傑，殘民興亂之技行於天下，一得適其傃，其死後耳，而人猶禍之。悲夫！余是以咸宜之。

柳宗元認為人們詫為「幸」與「禍」者，實際是正常的規律。因為「屠販徒隸出以為公侯將相」，是由於他們原來「困於昏亂」，不得不屈為奴虜，而一旦申其志願，「平難澤物之德」也就得施於人；而那些身在高位的人只是「伸於混亂」，「殘民興亂之技行於天下」，其終於敗死，已算是過遲了。柳宗元不僅指出了「君子之澤，三世而斬」的規律，而且認為出身低下的新進人物取代多行不義的權貴是理所當然的。

柳宗元的〈封建論〉作為革新派的理論基礎，開創了「公天下」之始，在當代別具歷史進步的意味。雖然今人可能會指責柳宗元的「公天

第六章　寓言與政論

下」只是相對於他所代表的特定階級而言,但這是不應該對先人苛求的。

宋代蘇軾評論說:「昔之論封建者,曹元首、陸機、柳頌、及唐太宗時的魏徵、李百藥、顏師古、其後劉秩、杜佑、柳宗元。宗元之論出,而諸子之論廢矣。雖聖人復起,不能易也。」(《東坡續集》卷8〈論封建〉)

李贄《藏書》39:「柳宗元文章、識見、議論,不與唐人班行者。〈封建論〉卓且絕矣。」清代文學家林紓也在《韓柳文研究法》中稱:「〈封建〉一論為古今致文,直與〈過秦〉抗席。」

柳宗元提出了一個體制決定社會進步與否的問題。〈封建論〉正是柳宗元力主改革圖新的理論依據,也不妨看作是柳宗元主張「永貞革新」的政治宣言。

第七章
思想是改革的靈魂

「永貞革新」的核心政治人物，後世稱為「二王劉柳」。「二王」指王叔文、王伾，「劉柳」則是劉禹錫、柳宗元。可見柳宗元當年在改革中扮演著舉足輕重的角色。柳宗元雖然為官僅至禮部員外郎，在唐朝的官場序列中，僅僅是一個「芝麻綠豆」的「副司局級主管」。但柳宗元以其特殊的文學才華和社會聲望，在革新事業的輿論宣傳和組織工作中，發揮著無以取代的作用。

柳宗元後來在〈與裴壎書〉中自敘說：為官後「年少好事，進而不能止」，「性又倨野，不能撝折，以故名益惡，勢益險」；柳宗元在〈答問〉一文中又說了這樣的詞語：「衝羅陷阱，不知顛踣」。這些回憶之語都表現出柳宗元在中唐的改革事業中，「明知征途有艱險，越是艱險越向前」的大無畏精神。

這一時期，柳宗元配合革新事業寫出了〈禘說〉、〈時令論〉、〈斷刑論〉、〈六逆論〉、〈貞符〉等一大批理論文章。

凡是要革除或宣揚一種觀念，總是輿論先行。

思想是改革的靈魂。

柳宗元在擔任禮部員外郎時，開始寫〈貞符〉。「貞」者正，「符」者符瑞，「貞符」意謂真正的符瑞。「貞符」成為歷朝歷代的統治者用來建功立業和維護統治地位的憑據。司空圖在〈太尉琅琊五公河中生祠碑〉中寫道：「貞符奉我，誕命唯唐，跨轢三古，牢籠萬方。」貞符是「受命之

第七章　思想是改革的靈魂

符」，驗證了一個統治的合法性。還有人把「貞符」直白地翻譯為「寶貴的信任」。

古代統治者宣稱受命於「天」，「天」降符瑞來表達其維護現實統治的意志。在唐代，禮部的職責之一就是「凡祥瑞應見，皆辨其名。若大瑞（指景星、慶雲等）、上瑞（指三角獸、白狼等）、中瑞（指白鳩、白鳥等）、下瑞（指嘉禾、芝草等），皆有等差。「若大瑞，隨即表奏，文武百僚詣闕奉賀」（《唐六典》卷四〈尚書禮部〉）。

柳宗元在任禮部員外郎時，政務紛繁、萬業待興，他能於日理萬機的繁忙中撥冗開始起草〈貞符〉，可見柳宗元對此文的重視。他認為此文具有宣傳革新政治理念，尋求支持，鼓吹革新的作用。但因「永貞革新」僅僅半年多的時間，就短命地夭折，「會貶逐中輟，不克備究」，所以未能來得及完成。

柳宗元在〈貞符並序〉中，介紹了重拾此文的原因：元和三年，柳宗元志同道合的好友吳武陵，因觸犯權貴被流放永州，聽柳宗元說起這篇文章，「叩頭邀臣」：「此大事，不宜以辱故休缺」，這篇文章太有價值、太有意義了，絕不應該因自身被貶而半途而廢，留下人生缺憾。柳宗元為朋友的懇請而感動，「苟一明大道，施於人代，死無所憾，用是自決」，於是，柳宗元下決心完成這篇文章，闡明大道，施福於民，死而無憾。

柳宗元在〈貞符〉篇中，開宗明義，批評了董仲舒以來儒學中的「天命論」觀點：

「董仲舒對三代受命之符，誠然，非耶？」臣曰：「非也。何獨仲舒爾！自司馬相如、劉向、楊雄、班彪、彪子固，皆沿襲嗤嗤，推古瑞物以配受命。其言類淫巫瞽史，誑亂後代。」

向漢武帝進言「罷黜百家，獨尊儒術」的西漢思想家董仲舒，宣揚「天人感應論」和「天不變、道亦不變」的觀點。認為夏、商、周三代都是受命於符瑞。他的觀點有沒有道理呢？柳宗元認為是完全錯誤的。何止僅是董仲舒，此後，西漢著名文學家司馬相如，在其〈封禪書〉大談「受命之符」；西漢學者劉向，常用陰陽災異推論時政得失；西漢辭賦家楊雄，曾編造王莽「受命」的祥瑞；東漢學者班彪，在其〈王命論〉中也宣揚「天命論」；東漢史學家，《漢書》作者，班彪的兒子班固，也曾在其〈典引〉中，宣揚漢朝「受命」的符瑞。一音領唱、眾聲附合、人云亦云，一時間喧喧甚囂塵上。周代設兩種官，太師和太史。太師管音樂，以盲人充任，故稱為「瞽」。太史管禮儀，專職從事占卜吉凶、朝拜封禪。這些人都是危言聳聽、謠言惑眾，謬傳後世。

　　柳宗元在〈貞符〉指明：「是故受命不於天，於其人，休符不於祥，於其仁。唯人之仁，匪祥於天；匪祥於天，茲唯貞符哉！」「唐家正德受命於生人之意」。柳宗元說：「權力不是天賜而是民授，信任不來自祥瑞而來自民心，所以只有得民心，而不是天降的祥瑞，才是最寶貴的信任！唐朝皇帝能得到天下，不是由於天命，而是由於得到世世代代、生生不息的民眾擁戴。」生人即民眾，避李世民諱。柳宗元提出了執政的「信任危機」問題。針對當時鼓吹封禪的愚民活動已經蔚然成風，批駁了正統的「貞符說」，與封禪思想完全對立。

　　據《史記·封禪書》，封禪活動起源於黃帝以前，但有比較詳細記載的，是秦始皇統一六國後，在「泰山上築土為壇以祭天，報天之功，故曰封，泰山下小山上，除地報地之功，故曰禪。」至西漢董仲舒才把祥瑞、圖讖、陰陽五行、天命論等引入封禪；又經司馬相如、楊雄等文人的宣揚，形成系統理論。據《唐會要》，貞觀十一年，唐太宗經不住群臣一再鼓動籲求，到泰山封禪，並且逐漸形成了一套繁瑣的禮儀，封禪從

第七章 思想是改革的靈魂

此成為大典。不過中唐以後，藩鎮割據，皇帝少有膽量離開國門，封禪的實際活動其實很少，但上下官員製造祥瑞對皇帝歌功頌德，口頭、文字上唱一些封禪高調仍是不少，而且成為禮部的專業，帶頭鼓吹。

柳宗元任藍田尉和監察御史里行4年期間，只寫了兩篇賀祥瑞表章，而任禮部員外郎半年時間內，碰上順宗即位、立太子、順宗退居太上皇暨憲宗繼位，三件特等大事，就寫了11篇賀祥瑞表章。憲宗元和十四年，平李師道後，又寫了3篇賀表。正因為這些賀表，有史論者認為，柳宗元也有支持封禪的嫌疑。

王一民在〈反封禪是柳宗元學術思想基石〉一文中，對柳宗元在這些賀表中的遣詞造句作了一番具體分析：

〈御史臺賀嘉禾表〉中有「天人合應……神化旁行，植物知仁，祥圖應聖」；〈京兆府賀嘉瓜白兔連理棠樹等表〉中有「唯天眷命，是降百祥」；〈禮部賀甘露表〉中「敷滲瀝之澤」是引用司馬相如〈封禪文〉：「滋液滲漉，何生不育」；〈禮部賀白龍並青蓮花合歡蓮子黃瓜等表〉中有「是皆發自帝心，達於天意」；〈禮部賀嘉瓜表〉中有「寶祚維新，嘉瑞來應，式彰經德，更表天心」；〈為王京兆賀嘉蓮表〉〉中有「贊天地之合德，表神人之同歡」；〈為王京兆賀雨表一〉中有「天且不違，神必有據」，「滲漉每出於湛恩」；〈表二〉中有「聖心積念，天意遽回」；〈表三〉中有「言為神化，動合天心……知天人之已交，識陰陽之不測」；〈表四〉中有「神化旁行……滲漉盡沾於遐邇」；〈表五〉中有「宸慮所至，天心自通」。這些借祥瑞以頌揚皇帝功德的文章，雖不是封禪本身，但與封禪有聯繫。祥瑞是說明皇帝有了功德，得到上天嘉許，群臣就要鼓動皇帝去封禪。所以上引表章每篇就皆有天人感應的話。我們通觀了這些表章，就知全是遣詞造句有一定之規範的官樣文章，套話廢話。哪個官員來寫都大同小異的，言不由衷，也只能人云亦云。你看，天久旱之後下了幾場雨，王京兆就要柳宗元寫了5道表章，哪有那麼多新鮮話來講，雖然柳宗元是文

章高手,寫這樣的文章也不能妙筆生花。所以,上述這些在日常政務這個層次的表章是不能代表柳宗元的學術思想的。何況,代王京兆寫的表章當然要按王京兆的意思寫,為禮部寫的公文,上面還有侍郎,尚書審批修改。在當時,表章不合制式,嚴重的是要丟官的。

封禪作為一種禮樂制度已如上述,但是封禪制度的核心和要害卻在於它是幾千年封建思想的支撐。封禪表明皇帝受命於天,所以稱為天子,天人感應,由此申引出天對人可以賞功罰惡,皇帝的意志與天意一樣是不能違背的。所以,封禪實際是一種哲學思想和政治理念。

柳宗元寫〈貞符〉,是作為「聖人立極之本」來對待,文章強調「德實受命之符」,即「德」乃是取得統治權力的保證,並揭露對符瑞的迷信:

「後之妖淫囂昏好怪之徒」,後世一些愚昧頑固的人,牽強附會編造了一些「大電、大虹、玄鳥、巨跡、白狼、白魚、流火之烏以為符」的傳說:黃帝母親附寶見閃電而孕生黃帝;舜的母親握登見長虹而孕生舜帝;簡狄吞食了燕子的卵而生下契(ㄒㄧㄝˋ 謝),下契是堯帝名臣;姜嫄踏了上帝的巨大腳印而生下稷,稷是堯帝名臣;傳說商湯時有神牽著一條白狼、銜著鉤子,步入商的朝廷,這是上天賜給湯王的符命;傳說周武王伐紂渡黃河的時候,有白魚躍進武王的龍舟;傳說武王伐紂,有大火從天降下,集在武王住的屋頂上,後來變成一隻赤鳥……這些虛妄荒謬的詐欺之語,聽著都讓人羞愧。「漢用大度,克懷於有氓」,漢高祖劉邦胸懷廣闊,心懷百姓,舉賢用能,療治戰爭瘡傷,給寒冷者以溫暖,給民眾以安寧。「茲其為符也」,這才是漢朝獲得執政基礎的真正符瑞。「而其妄臣乃下取虺蛇,上引天光,推類號休,用誇誑於無知之氓」,而一些愚昧無知的臣子,卻編造出劉邦母親在野外睡覺,夢中與神人相遇,當時天上雷電閃耀而懷孕生下劉邦。還傳說「增以騶虞神鼎」,上天賜給「仁獸」騶虞和象徵帝王權力的神鼎。「莽述承效,卒奮驚逆」,

第七章　思想是改革的靈魂

《後漢書》記載，王莽在蜀郡擔任地方官時，廳堂內出現一條「龍」，大殿中夜晚有光輝，認為這是符瑞，於是就「應天命」篡逆自稱皇帝。

漢朝關於「祥瑞說」演進到盛行無以復加的地步。漢代的「授命」說盛行，符瑞、祥瑞屢見不鮮。五帝多祥瑞，兩漢多鳳凰。

漢武帝「獨尊儒術」後，在政治理論上的一個明顯變化，就是經學「受命」論的確立。根據董仲舒等人的詮釋，漢代「受命」論的內容主要有兩方面：一是「受命」，君王所應具有的種種標誌和象徵，如黃龍、麒麟、鳳凰、甘露、朱草、靈芝等，這就是所謂「祥瑞」或「符瑞」；二是當「受命」之君出現某些過失時，「上天」所採取的種種「警誡」和「譴告」，如天變、災害等，亦即所謂「災異」。漢代「受命」理論的確立，圓滿解決了王朝更替、以漢代秦的繼統法理性問題。

柳宗元縱橫恣肆、洋洋灑灑，從上古三代到東漢、魏晉：「魏、晉而下，尨亂鉤裂，厥符不貞，邦用不靖，亦罔克久」，民眾照樣不得安寧，處於水深火熱之中。國運照樣不能長久，處於四分五裂狀態，縱有符瑞也徒勞無益；「積大亂至於隋氏」，經過長期戰亂及至隋煬帝統治時期，「環四海以為鼎，跨九垠以為鑪，爨以毒燎，煽以虐焰。其人沸湧灼爛，號呼騰蹈，莫有救止」；整個國家成為一座爐鼎，毒燎虐焰、如焚如炙，民眾在烈火沸湯中掙扎，任其哀號哭叫，無人能解救於水深火熱之中。

柳宗元所批駁「詭譎闊誕」的歷代受命之符，有些出於史書，還有些出於緯書，更有些出於《詩經》這樣的經書。

柳宗元在〈貞符〉一文中，用無可辯駁的史實從正反、真偽、科學與迷信兩相對應地批駁了「符瑞」的錯誤，證明君王獲得天命，不在於天命而在於人心，真正美好的符命、祥瑞是「仁政」。只有對人民「仁」，而不在於從天上降下什麼祥瑞，這種不是由天降的祥瑞，才是合乎正道的符命。

當然，言說前朝，柳宗元自可筆鋒凌厲，而一到當朝唐代，就有了許多顧忌和避諱。被柳宗元斥責為宣揚符瑞的「妄臣」中，其實也多有唐代的賢臣。《舊唐書》卷22〈禮儀志〉記載：玄宗朝的著名賢相，開創「開元之治」盛世的姚崇，也是宣揚符瑞之說。開元二年（西元714年）二月初一，太史奏太陽應虧不虧，姚崇表賀，請書之史冊。同年八月，太子賓客薛謙光獻〈豫州鼎銘〉，據說是武后御撰，而中有「上玄降鑑，方建隆基」之語，認為是玄宗受命之符，姚崇說：「聖人啟運，休兆必彰，請宣付史館。」唐太宗、唐玄宗都是靠兵變贏取了皇位，並非正統的皇嗣血脈、長幼傳承次序。所以說千道萬，還是出於「君命天授」、「真龍天子」的皇權觀，更需要用符瑞來驗證確認自己「執政的合法性」。

柳宗元所批判的具體祥瑞，大多是唐代統治者所宣揚的。他更明確反對的封禪，更是歷代帝王所重視的宣揚政績的盛典，由此可見柳宗元批判矛頭指向將面臨的壓力。

柳宗元在向皇上呈獻〈貞符〉全篇之際，心中一定是處於忐忑不安的狀態。儘管其主旋律是對前朝的批駁、對唐王朝的讚頌，仍不免為反對者雞蛋裡挑骨頭留下話柄，為自己帶來政治上的風險。為盡量避免不測情況的發生，柳宗元在結束關於貞符的論述後，依然按照歷代王朝君臣關係和上奏文類的要求，以頌詩的方式寫了一段「蛇足」，以表明自己對本王朝的赤誠與愛戴。

頌詩的起首即寫「於穆敬德，黎人皇之。唯貞厥符，浩浩將之」；特別歌頌唐王朝嚴肅奉行美好的道德原則，所以深得人心，受到萬民的擁戴。「仁函於膚，刃莫畢屠。澤燫於爨，沸炎以瀚」；美好的品德就像盔甲一樣在身上披著，即使是鋒利的刀劍也無法造成傷害。他用火把沼澤地烘乾了，用水熄滅了熊熊烈火，消滅了凶險的德行，趕走了災害和禍

第七章　思想是改革的靈魂

患。顯示唐王朝以德治國，講究仁愛的民本思想。於是「父子熙熙，相寧以嬉，賦徹而藏，厚我糧糧。刑輕以清，我肌靡傷。貽我子孫，百代是康」；父慈子孝、和睦相處，減賦免稅、藏富於民，百姓豐衣足食，生活安祥。公正斷案，避免冤假錯案發生，福延子孫，盛康萬代。這是一幅何等歌舞昇平、國泰民安的景象。「拱之戴之，神具爾宜」，所有的人都團結、擁護在君王的周圍，包括神也在眷顧著。讚頌以頌詩雅詞，以獲得天的保佑。柳宗元原本是個無神論者，然而由於〈貞符〉是獻給皇帝祭天地祖宗時用的頌詩形式，其中難免提及神靈之類的矛盾之處，柳宗元為此自我辯解、自圓其說：「天之誠神，宜鑒於仁。神之曷依？宜仁之歸」；如果真有神靈，那也是唯仁之歸。柳宗元一再強調「仁」，萬變不離其宗，歸結為他「生人之意」的為官之道。頌詩的最後，照例要祝福唐王朝千秋萬代，相繼以昌：「祝唐之紀，後天罔墜；祝皇之壽，與地咸久」，以至於「俾爾億萬年，不震不危，我代之延，永永毗之。」柳宗元向朝廷表白了自己的忠誠，心昭日月。願大唐王朝萬歲萬歲萬萬歲！

也許，以現代人所知的理論及想像空間檢視之，會發現柳宗元文中的時代局限性。但我們只能用歷史的觀點看待古人，不能以超越歷史現狀地視角去苛求他們。柳宗元的觀點已經超越了同時代人的思想範疇。

在柳宗元的浩浩文集中，確實也不乏他居廟堂之際，身不由己抑或言不由衷的「遵命文字」——代禮部起草的祝賀祥瑞的表章。從中可以感受到他人在官場的內心矛盾，但仍能明顯地感受到他文章中透露出的「本質」。

柳宗元自貞元十九年10月任監察御史里行，這個職務循例擔任監察史，主管朝廷祭祀。柳宗元身為主持其事的官員，卻寫出一篇揭露其虛偽性和欺騙性的文字——〈裼說〉。這一做法，倒真有了些許反叛意味。

褅（音乍，或從蟲），祭名也。夏曰嘉平，殷曰清祀，周曰大褅，漢曰臘。《禮記》曰：「褅者，索也。歲十二月，合聚萬物而索饗之也。」祭典中有所謂「褅」，《舊唐書》卷 24〈禮儀志〉解釋：「季冬寅日，蠟祭百神於南郊。」祭祀的對象自神農、後稷到五嶽、四鎮、四海、四瀆，「凡一百八十七座，當方年穀不登則闕」，這些享祭的神靈，哪一方如果沒有保證百姓五穀豐登，則免去祭祀。「褅祭之日，祭五方井泉於山澤之下，用羊一，籩、豆各二，簠、簋、及俎各一。褅之明日，又祭社稷於社宮，如春秋二仲之禮。」

　　柳宗元以知識淵博聞名，他擔任監察御史里行，主持朝廷祭祀之後，唐朝有於國城東門祭祀朝日夕月的禮儀，有祭祀官員問：「古代祭祀叫『朝日』，現在卻叫『祀朝日』，加個『祀』字，這是為什麼？」柳宗元回答：「古代朝日的朝，讀潮，朝拜的意思，現在『祀朝日』的朝，讀昭，朝夕的意思。」「進有司以問褅之說」，又有問到「褅」的含義，柳宗元借題發揮，傳揚自己的觀點：「余嘗學《禮》，蓋思而得之，則曰：『順成之方，其蠟乃通』」，又說：「旱乎、水乎、蟲蝗乎、癘疫乎，豈人之為耶？故其黜在神。暴乎、眊乎、沓貪乎、罷弱乎（罷，音疲），非神之為耶，故其罰在人。」旱澇、瘟疫這些自然災害，非人力可以抗拒，所以應該黜罰當方的神靈；而貪腐、暴虐則是人之所為，當然怪不得神靈，而要懲罰於人。

　　柳宗元從「神道設教」的立場來看待這種祭祀，這也是劉禹錫的「唯告虔報本，肆類授時之禮」的觀點。他認為「褅祭」中，讓沒有發生災害的當方神靈接受祭祀，意在告誡統治那些地方的官員；而有關的神靈之說，本來是不可驗證的荒誕之談。

　　接著，柳宗元把批判的筆鋒轉向了社會批判，他指出：現在「聖人

第七章　思想是改革的靈魂

之道」不得闡明，只保存了古代流傳下來的「禮」的形式，也就隱沒了「聖人」設教的實質，這不是「聖人」的本意。最後得出結論：「苟明乎教之道，雖去古之數可矣。反是，則誕漫之說勝，而名實之事喪，亦足悲乎！」柳宗元認為，只要闡明了「聖人之道」，去掉古代流傳下來的祭祀也可以；否則，荒誕的迷信之說盛行，使祭祀失去了實際作用，是很可悲的事。他論定迷信「神明」的「誕漫之說」是和「聖人之意」完全對立的。他特別強調「名」與「實」之間要相符。當然，作為柳宗元〈禮說〉理論基礎的「神道設教」說，有著當時科學發展程度的局限性。

〈禮說〉批駁了祭祀中的迷信成分，從「神道設教」的角度對祭祀作了解釋，並引發對現實政治的批評。

柳宗元還寫過一篇頗能反映其思想的〈三川震〉。古人認為天象與政治有著密切的對應關係。天有異災就意味著政權的變更。諸如洪荒、地震、天降殞石等都是對現政權的一種警示。

《國語》記載：周幽王二年，西周的涇水、渭水、洛水一帶發生了大地震。大夫伯陽父說：「周將亡矣！夫天地之氣，不失其序，若過其序，民亂之也。陽伏而不能出，陰迫而不能蒸，於是有地震。」周大夫伯陽父認為：周朝快要滅亡了！天地間的陰陽二氣，不能錯亂了位置。如果錯位了，那是人為因素的干擾而被攪亂。陽氣隱伏在下面不得張揚，而陰氣壓抑著陽氣不能上升，於是就會發生地震。現今涇水、渭水、洛水一帶發生地震，就是陽氣失去了它原來的位置而被陰氣鎮住了。陽氣不在自己的位置，跑到了陰氣的位置上，水源就必然會被堵塞。水源堵塞了，國家一定要滅亡。如果國家滅亡，不會超過十年。因為十是數的終極。天既然要拋棄這個國家，是不會讓它超過這個終極的。正是這一年，涇水、渭水、洛水枯竭，岐山也崩塌了，周幽王被殺，西周滅亡

了。周平王不得不把都城從長安遷到洛陽。這一切,似乎都在印證伯陽父所言天示警戒,由地震聯想到國亡的「先見之明」。

　　柳宗元對此論發出非議:「山川者,特天地之物也,陰與陽者,氣而遊乎其間者也。自動自休,自峙自流,是惡乎與我謀?自鬥自竭,自崩自缺,是惡乎為我設?」高山和大河,不過是天地間的自然物體;陰氣和陽氣,不過是天地間的元氣。它們自己執行,自己休止,自己屹立,自己流動,這哪裡是與人商量過的呢?它們自己衝擊,自己枯竭,自己崩塌,自己缺損,這哪裡是人安排的呢?自然界的事物本來是互相排斥又互相吸引的,而像伯陽父那樣認識它的人,不是無知就是糊塗。用鍋煮飯,湯水翻滾、蒸氣升騰,必然會煮爛各種食物;引水灌田,水勢奔騰、波浪激盪,必然會破壞田裡的土石。這些老婦、老農所做的事,尚且可以改變物體的形態,何況天地之大、無邊無際,陰陽變化、無窮無盡。陰陽二氣,充滿於茫茫無際的天地之間,有時聚集,有時分散,有時互相吸引,有時互相排斥,好像車輪滾動,好像紡機運轉,它們的變化我們怎麼能夠知道呢?伯陽父說:「水源堵塞了,國家必然滅亡。」「人們缺乏財物,國家還不滅亡嗎?」這又是我們不能理解的了。這裡所說的究竟是天造成的呢?還是人造成的呢?如果說是天造成的,那麼我在前面已經講過了。如果說是人造成的,那麼由於缺乏財物而導致亡國的,難道沒有其他原因嗎?何以硬要說是那幾條河的過失,還說「天既要拋棄一個國家,不會超過十年」,這就更荒謬了!

　　還有類似一例:靈王二十二年(西元前550年),谷水、洛水氾濫,將淹王城,靈王不聽兒子太子晉的諫說,堵水避災。《國語》認為這是違背「天意」,因而導致王室衰亡。

　　柳宗元在〈谷洛鬥〉說,「天將毀王宮」而不堵水,這是為王的大罪,

第七章　思想是改革的靈魂

不這樣做怎麼能守得住先王的國家呢？所以他認為「壅之誠是也」。「王室之亂且卑，在德」，國家之亂在失德，不能用谷、洛這件事，徵兆王室的衰敗。

柳宗元在永州所寫〈零陵郡復乳穴記〉，對符瑞現象有了更為精采的闡述。

據唐〈地理志〉，零陵乃永州郡名。但說到石鐘乳之發現，乃是連州人五年來一直相告的事。唐〈地理志〉載：連州連山郡貢鍾乳。《本草》唐注亦載：其次出連州。並沒有聽說過永州出石鐘乳。又據考證，元和四年，永州刺史是崔簡，連州刺史乃崔君敏。二太守之姓同，並不是同一個人。所以有學者認為，是後世在傳抄過程中把州名搞錯了，以題為〈連山郡復乳穴記〉與柳宗元文才吻合。

「石鐘乳，餌之最良者也。楚、越之山多產焉，於連於韶者，獨名於世。連之人告盡焉者五載矣，以貢，則買諸他部。」石鐘乳是天造地設的好物件，多產於楚越山中。尤其是連山韶關一帶所產，更是聞名天下。由於經年濫採濫挖，連山已經有五年找不到蹤跡了。但是為了向皇上進貢，地方官只好買些產於它地的來冒充。柳宗元的姐夫崔簡就任連州刺史一個月後，「穴人來以乳復告。邦人悅是祥也」，採石人就報告說石鐘乳又出現了。眾人都認為這是「祥瑞」。並有好事者創作了歌謠：「氓之熙熙，崔公之來。公化所徹，土石蒙烈。以為不信，起視乳穴」，加以讚美稱頌是新刺史的德政感召所致。

「穴人」嘲笑地揭露真相說：「是惡知所謂祥耶？向吾以刺史之貪戾嗜利，徒吾役而不吾貨也，吾是以病而紿焉（紿，欺也）。今吾刺史令明而志潔，先賴而後力，（賴，利也。）欺誣屏息，信順休洽，吾以是誠告焉。」因為感到你是個好官，所以我們才敢以實相告。「穴人」還告之刺

史崔簡:「且夫乳穴必在深山窮林,冰雪之所儲,豺虎之所廬。由而入者,觸昏霧,扞龍蛇。束火以知其物,縻繩以志其返。其勤若是……何祥之為!」為採石鐘乳,要冒著生命危險,有什麼祥瑞可言。

「穴人」揭露了所謂「祥瑞」的真相,極富諷刺意味。柳宗元聽後極為感嘆,在文章的結尾處寫下:

士聞之曰:「謠者之祥也,乃其所謂怪者也;笑者之非祥也,乃其所謂真祥者也。君子之祥也,以政不以怪,誠乎物而信乎道,人樂用命,熙熙然以效其力。斯其為政也,而獨非祥也歟!」

柳宗元具體且辯證地論述「休符不於祥,於其人」的觀念。他指出,那些所謂的「祥瑞」,實際是「誣怪」的謬說;對於統治者來說,以仁德感召,使「我樂用命」才是真正的「祥瑞」之事。

在柳宗元的諸多文章中,「從血管裡流出的都是血」,時時處處流露出對傳統經典的強烈批判精神。

漢代所確立起來的經學統治,雖然一亂之於魏晉玄學,再亂之於佛教,但仍一直牢固地居於學術思想的統治地位。唐初,新立國的統治者同樣把儒學樹立為御用統治思想。為了以經學的統一來保證思想的統一,朝廷詔命寫定《五經定本》,編纂《五經正義》,並把它們確立為科舉考試的依據。然而,和朝廷所要求的統一化、教條化的御用經學並立,湧現出適應時代革新意識的批判、懷疑、自由的學風。

隋朝時,經學內部的矛盾已經相當明顯。到唐朝前期,以劉知幾(661 - 721)為代表的一些文人,疑古、惑經,勇於探索真理,不受傳統權威的束縛,提倡懷疑、批判「一家獨斷」的精神。劉知幾的《史通》是中國史學界劃時代的經典之作,總結過去的優秀史學理論和史學歷史,並有所繼承和發揚。《史通》的〈疑古〉、〈惑經〉諸篇,大膽舉出千古以來

第七章　思想是改革的靈魂

奉為不刊之典，儒經「求其前後，理甚相乖」的事例，如對《尚書》他提出十條疑問，認為堯的「克明俊德」，堯舜「禪讓」之事不可信；他說孔子之修《春秋》，也是「外為賢者，內為本國，事靡洪纖，動皆隱諱……斯驗世人之飾智矜愚，愛惡由己者多矣。」他並具體指出《春秋》有「五虛美」、「十二未喻」，認為此書「鉅細不遺，繁省失中」、「真偽莫分，是非相亂」，而造成這種狀況的原因則在「達者相承，儒教傳授」，一方面是權威的壓制，一方面是後人迷信教條。劉知幾對整個時代以及思想發展史，都具有解放思想、追求真理、開拓思路的重大意義。

王夫之有詩句：「六經責我開生面，七尺從天乞活埋。」後學的突破正是在對傳統經學的反叛和批判之中。破字當頭，立字自在其中。解構、顛覆、辯證、否定之否定；物極必反，矯枉過正。人類正是在時空鐘擺的左右尋覓之中逐漸接近真相及真理。

從漢王充《論衡》中針對獨尊地位之孔孟的批判，到明李贄的《藏書》、《續藏書》（書名就富有寓意：「藏之名山，傳諸後世」，不能出版刊行，是「鎖在抽屜裡的作品」），再到明末清初王夫之的《讀通鑑論》等，都是挑戰「主流話語」，有著「反潮流」的大無畏勇氣，無不閃耀著對經典名著「絕不苟同」的批判精神。

柳宗元的《非國語》是歷史上「反潮流」洪波中的一朵奇特浪花。

柳宗元顯然受了劉知幾思想的極大啟發。

柳宗元在《非國語·序》中，開宗明義地闡明了自己的觀點：「左氏《國語》，其文深閎傑異，固世之所耽嗜而不已也。而其說多誣淫，不概於聖。余懼世之學者溺其文采而淪於是非，是不得由中庸以入堯、舜之道。本諸理，作《非國語》。」《國語》是儒家經典，文理深奧、閎大，非同一般，世人迷戀崇信它，修習不已。可《國語》有許多荒誕不經的

地方，與聖道不相符合。它文辭華麗、內容雜亂，喜好詭異之說，背理錯亂不通，伴著離奇古怪和荒誕無稽的事情，以光彩明亮的樣子引誘後生，「用文錦覆陷阱也」，用文采華美的外表罩著陷阱！如果不明確地揭示其真相，被華麗文采迷失跌倒的人就更多了，這樣人們就不會守中庸而信奉堯舜之道，本著這一宗旨，我寫了《非國語》。

柳宗元將《國語》當作自己口誅筆伐的靶子，勇於高舉懷疑、批判的旗幟。這是在向定於一尊的經典挑戰，需要有極大的理論勇氣。

柳宗元所撰寫的《非國語》是一部史論集，分為上、下兩卷，共67篇。對《國語》中的某些觀點提出與前人不同的見解。文章峭拔犀利，上承《韓非子·難篇》，下啟宋人呂祖謙的《東萊博議》。

商、周時，人信天命，好迷信，遇事喜卜，以此來推斷福禍、吉凶。中國最早的甲骨文就是用於記錄占卜的。左丘明的《國語》記述了許多這樣的事情。左丘明，是春秋時的魯國人，姓左，名丘明；還有一說他是複姓左丘，名明。左丘明擔任過魯國的太史，這是一個很重要的官職。西周、春秋時，太史掌管起草文書，策命諸侯卿大夫，記載史事，編寫史書，還兼管國家典籍，負責天文曆法、祭祀等大事，能擔任這樣職位的重臣在當時必是很有學問的人。有關左丘明的生平年代，歷史上史家多有爭論，漢代劉歆說左丘明是孔子的弟子，《漢書·劉歆傳》說：「歆以為左丘明好惡與聖人同，親見孔子」，《後漢書》也說光武帝「知丘明至賢，親受孔子」，但這些說法與司馬遷的佐證不符，朱東潤認為這顯然是他們為當時某種需求而編的說詞，所以史界說左丘明與孔子同時，或在其前。《史記·太史公自序》說：「左丘失明，厥有國語。」《國語》實際是一本語錄體的書，記載西周末年和春秋時期（約西元前967年至前453年）周魯等八國貴族的言論。當時還有一部相傳也是左丘明編著的寫

第七章　思想是改革的靈魂

春秋史實的書《左傳》，和《國語》是姊妹篇，因而《國語》又被稱為《春秋外傳》。《國語》裡寫晉語最詳，周、魯、楚三國次之，齊、鄭、吳、越四國又次之。《國語》和《左傳》是儒家推崇的典籍，《左傳》是《十三經》之一，它們在文學上有著極高的價值，是歷代統治者和文人士大夫頂禮膜拜的經典，而勇於公開連篇累牘的非議《國語》，這在歷史上只有柳宗元。

柳宗元在〈與呂道州溫論非國語書〉中，開宗明義：近世談論治道的有許多，遵循大中之道的卻沒有。口頭上說是儒家之術，實際上拐彎抹角，漫無邊際，不知道在說些什麼。論及世事，則又苛刻死板，僵化不靈變，根本不入大中之道。更有甚者「好怪而妄言，推天引神，以為靈奇」。這樣胡說八道，用天命鬼神裝神奇，恍恍惚惚讓人如墜幻境不知所云。如此大中之道不顯於天下，學習此道的人就更少了。

《非國語》寫成後，柳宗元多日悶悶不樂，他深為大中之道難明、而社會庸習陋俗不可改變而苦惱。柳宗元慨嘆「後之來者，則吾未之見」，他痛苦地發問，知我者誰也！頗有屈原「世人皆醉吾獨醒」的感慨。

柳宗元說，《國語》中有這樣的記載，「吳伐越，墮會稽，獲骨節專車。吳子使好來聘，且問之仲尼。仲尼曰：『丘聞之，昔禹致群臣於會稽之山，防風氏後至，禹殺而戮之。其骨節專車，此為大矣。』」吳國打敗越國之後，摧毀了越國的京都會稽城，得到關節很大的骨頭，裝滿了一車。國王派使者到魯國友好訪問，問孔子這件事。孔子說，我聽說從前大禹在會稽山召見諸侯，防風氏來晚了，禹怒而殺之，陳屍示眾。防風氏身材魁梧，他的一節骨頭可以裝滿一車。「仲尼在陳，有隼集於陳侯之庭而死。楛矢貫之，石砮，其長尺有咫」，孔子在陳國時，有一隻鷙鳥落在陳侯的庭院裡死了，鷙鳥的身上有一支楛木做的箭穿透，箭頭是

磨尖的石頭,足有一尺八寸那麼長。陳惠公派人帶著那隻鷙鳥去尋問孔子,「仲尼曰:『隼之來也遠矣,此肅慎氏之矢也。』」孔子辨認後說,箭是北夷之國肅慎氏的箭,鷙鳥中矢鏃後從北方飛來。正是由於左丘明講了這樣一些關於孔子的言論,柳宗元寫了〈骨節專車楛矢〉一文質疑,「左氏,魯人也,或言事孔子,宜乎聞聖人之嘉言,為〈魯語〉也,盍亦徵其大者,書以為世法?今乃取辯大骨、石楛(楛,音戶)以為異。其知聖人也亦外矣。言固聖人之恥也」,柳宗元認為,左丘明是魯國人,有人說他曾拜孔子為師,按理說,他應該聽到過聖人的不少精闢言論,但他在編寫〈魯語〉時,為什麼不引用聖人那些真知灼見讓世人效法?如今卻拿辨識大骨節、石箭頭這樣一些事來說明孔子的與眾不同,可見左丘明對聖人的理解也太膚淺了。他所記載的孔子言行,恐怕就連聖人自己也要認為這是一種恥辱。柳宗元認為,左丘明是在玷汙聖人的名譽。

柳宗元說,《國語》中有這樣的記載:「獻公卜伐驪戎,史蘇占之曰:『勝而不吉。』」晉獻公要史官占卜攻打驪戎的吉凶,史官占卜後說:「能打勝仗,但不吉利。」柳宗元為此寫了〈卜〉一文,對《國語》進行批駁:占卜,本是世上一種微不足道的末技,對於治國、立身的大道毫無用處。聖人曾用過它,我不敢認為它不對。但是聖人之所以用它,「蓋以驅陋民也」,只不過是為了愚昧百姓、使其順從,實際上並沒有經常使用,也沒有真正根據占卜來決定他們的行動。後來那些昏庸邪惡的統治者把它神祕化了,經常使用它,對它深信不疑,並根據它來決定行動,反而因此誤了大事。「卜史之害於道也多,而益於道也少,雖勿用之可也」,史官占卜對大道危害不淺,弊大於利,實在可以去除不用。「左氏惑於巫而尤神怪之,乃始遷就附益以成其說,雖勿信之可也」,左丘明沉迷於巫術占卜,把它吹捧得神乎其神,開始牽強附會,添枝加葉,然後用來證實這種迷信的胡言亂語,實在是不必信它。

第七章　思想是改革的靈魂

柳宗元說，《國語》中有這樣的記載：「文公在狄十二年，將適齊，行過五鹿（五鹿，衛邑），野人舉塊以與之。公子怒，欲鞭之。子犯曰：「天賜也。人以土服，又何求焉？十有二年，必獲此土。」晉文公逃亡到齊國路過五鹿時，飢腸轆轆，向村人求食。村人舉土塊給晉文公吃。晉文公大怒，欲揚鞭打村人，大臣子犯說，這是天賜君王國土的象徵，是大大的吉兆呀。十二年之後，您必為國土的掌柄者。柳宗元著〈乞食於野人〉批駁說：「若五鹿之人獻塊，十二年以有衛土，則涓人疇枕楚子以塊，後十二年其復得楚乎？」如果說五鹿人獻土塊是象徵了晉文公將得到國家。那麼也是《國語》中〈吳語〉的記載：楚靈王亡國後流落於山林之中，乃見其涓人疇，楚靈王枕著其土塊而寐，做了一個美夢。難道說這也象徵了楚靈王能亡國後而復得嗎？你說的不是自相矛盾嗎？

柳宗元說，《國語》中有這樣的記載：「叔魚生，其母視之曰：『必以賄死。』楊食我生，叔向之母聞其號也，曰：『終滅羊舌氏之宗。』」叔魚一生下來，他的母親審視一番後說：這小子將來一定會死於貪汙受賄。楊食剛生下來，叔向的母親聽到他的哭聲說：這小子終究要禍秧九族，牽累整個羊舌氏宗嗣。柳宗元著〈叔魚生〉一文批駁說：「聽其言而觀其行，猶不足以言其禍福，以其有幸有不幸也。今取赤子之形聲，以命其死亡，則何耶？」根據嬰兒出生時的哭聲和相貌，來判斷孩子此生的禍福，實在是荒誕無稽。「以其鬼事知之乎？則知之未必賢也。是不足書以示後世」。根據一些裝神弄鬼的傳言來判斷猜測，即便碰巧猜中了，也未必是高明，只不過是瞎貓碰上個死耗子。這些事實在不應該寫下來傳給後代以謬誤人。

柳宗元還舉例《國語》中的一段記載：「晉悼公四年，會諸侯於雞丘。魏絳為中軍司馬。公子揚干亂行於曲梁，魏絳斬其僕。」晉悼公會盟諸侯於雞丘，魏絳任中軍的司法官。晉悼公的弟弟揚干在曲梁觸犯了刑律，

中軍司馬魏絳卻殺了他的僕人以抵罪。柳宗元在〈戮僕〉一文中批判說：「僕，稟命者也。亂行之罪在公子。公子貴，不能討，而稟命者死，非能刑也。」柳宗元對孔孟儒家這種「刑不上大夫，禮不下庶人」的觀點提出了抨擊。僕人侍從不過是聽命令而行事的執行者，罪在公子，因公子地位高貴不便懲罰，卻把執行命令的僕人侍從殺了，這算什麼秉公執法呢？柳宗元認為懲治罪犯要一視同仁，提倡「法不阿貴」、「刑無等級」。

另外，柳宗元在《非國語上》的〈不藉〉篇中，對左丘明將周宣王的軍事失敗歸罪於「不藉千畝」的謬論予以抨擊。他將儒家所頌揚「敬天祀祖」的藉田大禮斥責為華而不實的裝飾品，將禮治的欺騙性質暴露無遺。同時還提出了農業生產要適合農時，並且配有相應的政策實施，平均賦稅，注重物資的交流，改善生產條件等，認為只有具備了這些，「三推之道存乎亡乎，皆可以為國」，這一說法明顯地表達了法家重農的思想理念。從這篇文章中我們可以看出，中唐之後，仍有人想復活「藉田」這一奴隸社會的跡象。由此也對永貞革新的深層原因有了更深一層的了解。

柳宗元在《非國語上》的〈大錢〉篇中，批駁了謬稱一旦鑄造大錢就會災禍來臨的謬論。指出錢幣的重量和價值的確定，依據的是每一個時代的具體情況。他特別指出，在「錢重物輕」的狀態下，要「賦不以錢」，他這種「不害農」的思想，反映了他重視民生的「三農思想」，同時也表達著永貞革新中關於在徵收正稅之外不再徵雜稅的治國思想。那些反對鑄大錢的現象，反映出的正是中唐時期日益惡化的經濟狀態。柳宗元提倡鑄大錢，以此來減輕農民負擔，實施實物繳稅，調整幣值，這無疑是針對「兩稅法」的弊病提出的改革方案。

柳宗元在《非國語上》的〈無射〉篇中，批判了單穆公和伶州鳩反對周景王派人鑄造無射鐘的觀點，很明確地闡釋了自己的音樂觀。

第七章　思想是改革的靈魂

　　柳宗元在《非國語上》的〈問戰〉篇中，透過對前人已成定論的〈曹劌論戰〉的評價，提出自己的軍事思想。對「去兵去食」、「以禮治軍」的思想進行了強烈的批判。

　　柳宗元在《非國語》中，透過對大量史料的疏理辨誣，駁斥了「天命論」和「天人感應」說；批判了統治者透過神怪迷信的謬說，所實行的「愚民政策」；也無情地揭露了昏君、庸官、酷吏的亂政害民。

　　柳宗元以極大的勇氣、冒風險寫下《非國語》。他在給呂溫和吳武陵的信中說，自己受「黜辱」，就像泥土裡的蚯蚓和螞蝗一樣，發出來的聲音，誰會去聽？他卻仍堅守「世之知言者」的評價準則，而不理睬那些沒有見識之人的指責。他認為自己的書有教後生，「宜垂於後」，如果因此而受到罪罰，就是千秋百代，他也不會感到遺憾和慚愧。柳宗元的為人之道是唐代歷史上一個很奇特的現象，他長期遭貶，不但位卑職輕，又居於偏遠的荒蠻之地，然而他的為人品格征服了許多人，他的思想和文學又像璀璨的金星一樣，照亮了唐代社會，至今還在中國思想史和文學史上發出耀眼的光華。

　　柳宗元勇於向正統觀念挑戰的勇氣和膽略，很自然地引起歷代封建衛道士的攻訐。宋人劉章專門作《非非國語》；江惇禮寫了〈非國語論〉；宋沈丕在《寓簡》一書中，專門寫下批判〈不籍〉、〈新聲〉、〈三川震〉等篇的文章。元朝虞槃也寫過《非非國語》，全面性地批判柳宗元的《非國語》。柳宗元的「反潮流」精神，一時成為「眾矢之的」。

　　蘇東坡極為讚賞柳宗元的作品，但對《非國語》的觀點卻持強烈的反對態度。蘇東坡在〈與江惇禮秀才〉一文中說：「鄙意素不然之，但未暇為書爾。」也就是說，蘇東坡對《非國語》很不以為然，只是還沒抽出空來寫書加以批駁。

明人黃瑜在《雙槐歲鈔》卷六中，論及〈三川震〉時說：「此則肆情亂道甚矣，是『天變不足畏』之所從出也。」一語道破地指出柳宗元對《國語》的批判，乃是王安石變法時「天變不足畏，祖宗不足法，人言不足懼」的理論源淵和依據。

柳宗元在〈時令論〉中提出的「與時俱進」的觀點，正是王安石變法的核心思想。這也說明柳宗元與王安石這二位中國歷史上的重要變革人物之間，「心有靈犀一點通」，心心相印、聲氣相投。

「爾曹身與名俱裂，不廢長江萬古流。」那些對柳宗元《非國語》一書，「含沙射流影，吹蠱痛行暉」攻擊的話語，「泛泛如浮雲掠空而過」（章士釗語），今已不見蹤跡，而柳宗元的《非國語》巋然不動，仍受到歷代人們的喜愛，成為名符其實的傳世之作。

知識分子的立身使命就是雙向的批判精神。外向是對社會現狀的批判，透過批判使得社會制度的設計逐步完善；內向是對自身的反省，「吾日三省吾身」，透過對自身的批判，獲得人格的昇華。歷朝歷代的文人士大夫們，藉由對現行社會制度的批判，彰顯各自存在的價值。他們的體會境界各有不同，但他們勇於面對現實的態度則是相同的。他們各抒己見，提出的改革方案、治國之策，在論辯之中逐漸完善成熟。

柳宗元特別敢於向任何正統的「定論」提出質疑。

柳宗元寫過一篇〈桐葉封弟辯〉。

剪桐封弟的典故，太原人皆耳熟能詳。太原之南有個晉祠，建有「唐叔虞祠」，即是這一典故的歷史遺跡。據《呂氏春秋》卷18〈審應覽〉和《史記》卷39都記載了這件事。《史記·晉世家》：「成王與叔虞戲，削桐葉為珪，以與叔虞曰：『以此封若。』史佚因請擇日立之。成王曰：『吾與之戲耳。』史佚曰：『天子無戲言。』於是遂封叔虞於唐。」周成王

第七章　思想是改革的靈魂

有一次與其弟叔虞在後花園玩，玩到高興時，周成王隨手摘一片梧桐樹葉，送給弟弟說：「我以此為珪，封你為唐王」，封地就在三晉之地。周公知道此事後，問周成王何時兌現？周成王說，我只是開個玩笑。周公嚴肅地說，君無戲言，一言既出，駟馬難追。正是出於這一典故，古晉陽也稱唐虞。周成王以桐葉為珪戲封弱弟唐叔的故事，歷來被當作「君無戲言」的美談來傳頌。韓愈在〈論捕賊行賞表〉中有言：「自古以來，未有不信其言而能有大功者」，也是表明「言而有信」的原則。

而柳宗元對此「吾意不然」，提出了質疑。柳宗元認為：「凡王者之德，在行之何若。設未得其當，雖十易之不為病。要於其當，不可使易也，而況以其戲乎？」這裡的「不可使易」的「易」是輕率、率易之易，與前面「十易之」的「易」內涵不同。他認為王者行事的鄭重，就表現在反覆變易，以求其「當」。從這一角度看，柳宗元認為歷史的記載不可信。他把聖人的「大中」與「道」和「當」連繫起來：「吾意周公輔成王，宜以道，從容優樂，要歸之大中而已。」柳宗元出於一種言說的策略，避開對前賢聖人的指責，而只是裝糊塗地批駁歷史記載有誤，說周公姬旦不可能採用這樣的做法。〈桐葉封弟辯〉一文，反映了柳宗元的君臣觀：君王應該聞過則喜，及時改正自己不正確的「聖旨」，而臣僚則應該及時諫言，指出君王決策中的失誤，而不是文過飾非、將錯就錯，甚至指鹿為馬、欲蓋彌彰，以掩君非。這才算是君明臣賢。

乾隆皇帝評價過柳宗元的〈桐葉封弟辯〉。我並非在意皇帝的「一言九鼎」、「一句頂一萬句」，而是想驗證作為皇帝，如何見解「君無戲言」。

乾隆皇帝在《唐宋文醇》中，說了此番評語：「桐葉封弟事，雖載《史記·晉世家》及劉向《說苑》，然年遠傳訛，如此不可信者眾矣。宗元辯此，具有確見。」肯定了柳宗元的見解。認為柳文中「王者之德，在行之

何若，設未得其當，雖十易之不為病；要於其當，不可使易也」，認為是「語尤切至」，說得十分肯切和恰當。

乾隆皇帝說：「非具大公無我之量，實有正心誠意之學，考之詩書，博之史籍。」要虛懷若谷、吸取前人的經驗教訓，並審時度勢，了解國情民意的現狀，「孰能事事要乎其當哉？」才能把事情辦得穩妥得當。乾隆皇帝還指出：「不得其當而不知易，自必又有得其當而妄易之者也」。對於對的要堅持不懈，對於錯的要從善如流，不要片面性地劃地自限，從一個極端走向另一極端。「君子所以有終身之憂，而未嘗一日以位為樂。」乾隆皇帝處於君王之位，對柳宗元桐葉封弟一事的質疑有如此真知灼見，足見其無愧於列入「明君」的行列。

柳宗元正是以這種離經叛道、勇於「反潮流」的思想，為「永貞革新」作出了理論準備。

第七章　思想是改革的靈魂

第八章
少時陳力希公侯，許國不復為身謀

貞元二十一年（西元 805 年）正月，唐德宗李适病危，朝廷原本便已十分激烈的政治角力，頓時轉化為公開的政權爭奪。

《資治通鑑》卷 236「永貞元年」載：

諸王、親戚入賀德宗，太子獨以疾不能來，德宗涕泣悲嘆，由是得疾，日益甚。凡二十餘日，中外不通，莫知兩宮安否。癸巳，德宗崩。蒼猝召翰林學士鄭絪、衛次公等至金鑾殿草遺詔。宦官或曰：「禁中議所立尚未定。」眾莫敢對。次公遽言曰：「太子雖有疾，地居冢嫡，中外屬心。必不得已，猶應立廣陵王。不然，必大亂。」絪等從而和之，議始定。

當時的局勢實在是複雜微妙，唐德宗重病不癒，已經處於彌留之際，所有的皇子和重要的大臣都聚集在皇宮，卻唯獨太子不在身邊。作為儲君的太子李誦，因為一年前突患中風，失去了言語功能。此時的德宗也已入暮年，對兒子的病情十分掛念，憂形於色，數次親臨探視。還曾派人遍訪名醫為太子診治，但是效果很不理想。皇太子病重的事，很快傳遍四方。這年底，德宗的身體健康狀況不佳，皇帝和皇太子同時病重，使宮中的政治空氣頓時凝滯起來。由於太子臥病，貞元二十一年（西元 805 年）的新春，向皇上的朝拜也未能參加，德宗悲傷嘆息，進一步導致了病情的惡化。德宗病重之際，諸王大臣和親戚都到其病榻前奉侍湯藥，唯獨太子因為臥病在床難以前來陪侍，對皇太子思念不已的德宗，呼喚著太子名字，一直涕咽不止。直到唐德宗最終嚥氣，他們父子

第八章　少時陳力希公侯，許國不復為身謀

也沒有能夠見上一面。德宗臨死前，十分倉促地召翰林學士鄭絪和衛次公至金鑾殿草擬遺詔，有宦官說：「廢立之事還沒有議定呢！」擺出不想立太子的架勢。宦官們的氣焰十分囂張，好像立皇帝是他們的家事。眾臣都不敢應對，只有衛次公厲聲喝斥道：「太子雖然有疾病，但畢竟是長子，天下歸心，理當即位。如果日後真有什麼不測，迫不得已還有廣陵王（即順宗長子，以後的憲宗李純）。如果輕率生變，時局必然發生動盪。」鄭絪等人連聲附合，於是承繼大業乃定。二十三日，唐德宗駕崩。宦官勾結部分官僚，陰謀延期發喪五天，想贏得緩衝餘地，乘機另作圖謀。鄭絪、衛次公等人堅持第二天立即發喪，並宣讀遺詔，李誦得以登基於太極殿，即為順宗。柳宗元親臨此次宮闈不見硝煙的刀光劍影。他後來在悼念同為革新派同僚凌准的詩〈哭連州凌員外司馬〉裡，回憶當時情形：「孝文留弓劍，中外方危疑。抗聲促遺詔，定命由陳詞。」

柳宗元以文才著名，自然成為革新派的「筆」。當年革新派的許多詔命制誥都為柳宗元起草。這些檔案直接關係到政令、人事等重大問題的決策。可惜永貞革新失敗後，由於各種原因未能保存下來。現存的〈禮部為文武百僚請聽政表〉，就是在李誦病重、謠言四起的情況下所寫。因為李誦能否繼續「聽政」，關係到永貞革新的進展和命運。所以這篇文章不能像其他應酬之文，它需要在複雜的政治角力背景下發揮戰鬥作用。

柳宗元〈禮部為文武百僚請聽政表〉傳下三篇，第一篇為德宗駕崩之際，第二篇為守喪七日之期，第三篇為直接勸順宗臨朝接見百官。文中表現了柳宗元在特定境遇下的敏捷思維和準確遣詞：

第一表：

臣聞大道必體於至公，大孝莫高於善繼。上觀列聖，旁考前王，罔不俯就禮文，仰承大事，嚴奉宗廟，慰安元元。然後德教唯新，邦家永固。

伏唯先聖遺旨，俾陛下抑哀而聽政。本朝乏人，使臣等竭忠以奉上。非敢懼死，輒布懇詞，期於必從，以慰寰宇。且王業至重，軍國方殷，一日萬機，不可暫闕。伏願追遵顧命，蹈履成規，恢王者華夷之望，順上帝乃眷之懷。臣等不勝哀迫誠懇之至。

第二表：

臣聞聖凡殊途，邦家異禮。故王者捨己從物，用身許天，雖居達喪，猶以事奪。……臣等嘗覽載籍，粗知喪紀，若成周〈顧命〉（成王將崩，命召公、畢公率諸侯相康王，作〈顧命〉），歷代猶遵；西漢遺詔（漢文帝將崩，有遺詔以令天下，以日易月），前王所奉。中國家以孝理天下，文明應期，上用此法，胥以傳授。蓋事歸至當，則不可不遵，禮貴從宜，則不得不守，理固然也。

臣以為天子之孝，在於保安社稷，司牧烝黎，功超百王，慶流萬代。亦何必守臣下之小節，蔑皇王之大猷，固阻群情，務成謙德。伏願以遺詔為念，奪在疚之懷，就臨軒之制，天下幸甚。

第三表：

伏以萬機至重，遺旨難違，再獻表章，上塵旒扆，精誠徒竭。……遇有事之時，則周王未葬而誓眾。況今戎車猶駕，邊候多虞，兩河之寇盜難除，百姓之瘡痍未合。亂者思理，危者求安，天下嗷嗷，正在今日。……成先帝之大功，繼中興之盛業。豈可寢苦啜泣。……若陛下未忍臨軒，尚持前志，臣等有死而已。不敢奉詔。不勝哀迫懇切之至。

柳宗元引經據典，又是「成周〈顧命〉，歷代猶遵」；又是「西漢遺詔，前王所奉」；又是「遇有事之時，則周王未葬而誓眾」；說千道萬，就是請順宗早繼大統，以便及早啟動革新大業。時不我待，只爭朝夕。其中，「王者捨己從物，用身許天，雖居達喪，猶以事奪」；「大道必體於至公，大孝莫高於善繼」；「何必守臣下之小節，蔑皇王之大猷」等語，

第八章　少時陳力希公侯，許國不復為身謀

成為萬眾傳頌之名句。

太子李誦終於在驚濤駭浪中承繼了皇位。

太子李誦經歷了漫長的等待，大概可算是中國歷史上位居儲君時間最長的太子。由於父親德宗在位時間長，他做太子的時間長達 26 年。唐德宗大曆十四年（西元 779 年）五月登基，十二月即立宣王李誦為皇太子。第二年建中元年（西元 780 年）正月備禮冊立。到貞元二十一年（西元 805 年）正月二十三日德宗遺詔傳位，於正月二十六日正式即位。如此算來，太子李誦位居儲君跨過了 26 個年頭。

據史載，順宗 19 歲被選立為皇太子時，正是年輕氣盛、血氣方剛，頗想有一番作為。

《資治通鑑》卷 229 載：「建中之亂」時，涇陽兵變，太子李誦隨德宗皇帝倉皇出逃，被圍困在奉天。李誦常「以弓矢居左右」，並曾「親督戰，賊徒大敗，死者數千人。將士傷者，太子親為裹瘡」。在 40 多天的奉天保衛戰中，面對朱泚叛軍的進逼，他常身先禁旅，乘城拒敵。將士們在他的督促激勵下，無不奮勇殺敵，取得了奉天保衛戰的勝利，確保了出逃的唐德宗的安全。他親身經歷了藩鎮叛亂的混亂和烽火，也耳聞目睹了朝廷大臣的傾軋與攻訐，在政治上逐漸走向成熟。

儘管史書上把德宗、順宗父子溢美為「於父子間，慈孝交洽無嫌」，實際上自古伴君如伴虎，儲君就在皇上的眼皮底下討生活，更是難上加難。唐順宗在繼位前，經歷了二十多年的苦苦煎熬和韜光養晦。多年儲君生活的壓抑，使太子的心理極端憂鬱，身體狀況也很不樂觀。

唐順宗的太子生涯，雖然不像唐朝前期的皇太子那樣動輒被廢，甚至招致殺身之禍，但也是歷盡風波，有一次幾致滅頂之深淵：李誦的岳母，太子妃蕭氏的生母郜國大長公主是肅宗的女兒，她仗恃自己地位特

殊，個人生活放蕩。她在駙馬蕭升死後，不僅與彭州司馬李萬私通，還和太子詹事李昇、蜀州別駕蕭鼎等一些官員暗中往來。如果僅僅是私生活有失檢點，這在唐朝的皇室也不是大不了的事情。但是，有人在告發郜國公主「淫亂」的同時，還揭發她行厭勝巫蠱之術，這就冒犯了皇帝。郜國公主因為女兒的關係，經常自由出入東宮。生性猜忌的德宗因而懷疑太子有奪權的陰謀，將太子找來狠狠地痛斥。皇太子一頭霧水，被父皇切責，惶恐不知所措，甚至對大臣說，如果沒有辦法向父親辯白，只有服毒自殺了。德宗萌生了廢皇太子、改立舒王李誼的念頭。舒王是德宗的弟弟李邈的兒子，因李邈早死，李誼年齡尚小，德宗將其收養，視為己出，十分寵愛。「二帝四王之亂」時，唐德宗逃至奉天，李誼在前開道，太子李誦斷後，可見兩人在德宗眼中的親密程度不相上下。德宗把時為宰相的前朝老臣李泌召入宮中商議此事，李泌認為皇帝舍親生兒子而改立姪子不妥，為德宗詳細列舉了自貞觀以來太子廢立的經驗教訓，分析了太宗皇帝對廢立太子的謹慎和肅宗因性急冤殺建寧王的悔恨，勸他以前事為戒，萬萬不可操之過急。他認為太子柔弱仁愛，與外臣接觸很少，不干預朝廷大事，表現得十分賢德。現在一定是有人在離間太子。李泌勸德宗應該好好審查太子是不是真的有謀反的跡象，再慎重決定。李泌的話打動了德宗，終使順宗的太子之位得以保全。李誦仿效爺爺唐肅宗在天寶年間做太子時的故技，請求與蕭妃離婚，以向父親德宗表明自己的清白無辜。此後，在郜國公主病逝後，德宗又殺了蕭太子妃，李誦為求自保，也未敢為她說一句話。

《唐會要》卷四〈太子雜錄〉記載：貞元中，陸贄、李充等由於裴延齡等讒毀被譴，諫官陽城伏闕懇請，惹得龍顏大怒被貶官（前章已述及）。李誦「每進見，輒言延齡等不可用，而諫臣可獎。德宗卒不相（韋）渠牟、（裴）延齡而宥城等者。東宮之力也。」從史載可見，太子李誦「旁

第八章　少時陳力希公侯，許國不復為身謀

觀者清」，對德宗晚年的弊政看得比較清楚，內心頗不以為意。德宗晚年因為在位時間長了，對大臣的猜忌和防範心加重，不再假權宰相，使其身邊的奸佞小人得到信任和重用，如裴延齡、李齊運、韋渠牟等依靠德宗的寵幸，因間用事，刻下取功，排擠誣陷朝堂賢臣。普天之下，對裴延齡等人剝削黎民、聚斂財富的行徑怨聲載道、切齒痛恨，朝廷之上，大家都是敢怒不敢言。身為太子的順宗總是找機會，在父皇心情好的時候，從容論爭，指出這些人不能重用。所以，德宗最終沒有任用裴延齡、韋渠牟入相。韓愈評價他「居儲位二十年，天下陰受其賜。」大家對太子李誦還是寄予厚望。

從順宗位居儲君 26 年間的所作所為來看，他的政治態度如臨如履、十分謹慎，對於朝堂上的事情，總是三緘其口，更不敢輕舉妄動。每逢在父皇跟前談事論奏，也從不顯山露水，他把個人的喜怒哀樂深藏心底。對朝廷上下的人物，他基本上不即不離、若即若離，讓德宗感到他對朝臣並不刻意攏絡、結幫拉夥。

李誦在做太子的 26 年中，史書上對他的評價是：「慈孝寬大，仁而善斷。」然而，觀照李誦人生歷程中，說他「慈孝寬大」倒也還貼切，而說他「仁而善斷」實在是史官的溢美之詞。無論是李誦接受了祖父代宗皇帝的才人成為自己的妃子；還是把自己的親生兒子送給父親德宗作兒子（《舊唐書·順宗諸子傳》載：順宗兒子數量多，有 27 個兒子。一個兒子因為得到父親德宗喜歡而被收繼為子，這就是德宗的第六子，順宗因此就和自己血緣上的兒子成為「兄弟」。）無論是面對父皇對舒王李誼的偏心起了廢儲之意，還是兒子李純對自己上演的逼宮戲；無論是宦官強求他選立儲君，還是逼他退位；無論是位居九五之尊，還是成為虛位擺設的太上皇，他表現出的都是隨波逐流、隨遇而安，幾乎看不出他曾有過「當機立斷」之時。26 年儲君的磨礪雕琢，年輕時的崢嶸稜角早已消失殆

盡。此一性格的弱點，命中注定了「永貞革新」的悲劇結局。

《資治通鑑》卷229載：「甲午，宣遺詔於宣政殿，太子縗服見百官。丙申，即皇帝位於太極殿。衛士尚疑之，企足引領而望之，曰：『真太子也！』乃喜而泣。」二月八日，久負沉疾的順宗，因失聲發展到面容扭曲，不能上朝正常處理政務。為平息眾臣對他的疑慮，強撐著病體在紫辰門縗服見百官。紫辰門是內衙的正殿。順宗即位後在殿門接受百官朝見，實際百官只能遠遠地瞭望，看到一個身影。聽到衛士高呼「真太子也！」頓時喜極而泣，感動得熱淚盈眶。

26年的苦苦等待，終於修成正果，新皇登基，由此拉開了改革的序幕。

《資治通鑑》卷229載：「以殿中丞王伾為左散騎常侍，依前翰林待詔，蘇州司功王叔文為起居舍人、翰林學士。」王叔文、王伾成為順宗實施「永貞革新」的左膀右臂。

王叔文，越州山陰（今浙江紹興）人，以善於圍棋得以入侍東宮。唐朝不僅設有棋博士，還在翰林院設定「棋待詔」官職，用以延攬圍棋高手。王叔文正是因為棋術高超，被唐德宗聘用為陪太子下棋。王叔文自稱是前秦丞相王猛的後代，因而劉禹錫的〈子劉子自傳〉說他是北海人。實際這是他託籍門閥的說詞，但同時也表明他對這位壓抑豪強、注重農桑、舉賢用能、對統一中原做出重大貢獻的著名歷史人物的敬仰。他出身「寒微」，頗知民間疾苦；又讀書明道，慷慨有大志，是庶族文人中的優秀分子，一位有抱負、有活動能量的政治家。

中國史書上有「堯造圍棋，以教丹朱」的記載：丹朱是堯的兒子，他不僅為人暴戾，而且一向不務正業。那時洪水氾濫成災，百姓憂愁，丹朱對此不僅無動於衷，反而以水中泛舟為樂，整日乘著船遊山玩水。當

第八章　少時陳力希公侯，許國不復為身謀

雨季過後，他又讓老百姓當縴夫，為他在沙地上拉船，還美其名曰：「陸上行舟」。為改變兒子的頑劣性情，堯用心良苦地發明了圍棋。在出土的史前陶器上，已有了圍棋方格的圖形。山西潞州境內，還留有堯教丹朱的棋盤嶺。堯對丹朱的生母散宜氏說：這圍棋妙不可言，包含了治國治民的深奧道理。希望靠圍棋能啟悟丹朱，使他具備接班人的條件。德宗派王叔文教太子弈棋，大概也有著與堯相同的思維，寄寓著「望子成龍」的良苦用心。

圍棋在中國有著長久的歷史。葛供《西京雜記》卷二：「家君作彈棋以獻，帝大悅」。《彈棋經‧序》：「武帝時東方朔進此藝，宮禁習之，傳落人間，後又中絕。」《世說新語》曰：「彈棋始魏宮內」。《彈棋經‧後序》曰：「彈棋者，雅戲也。非事乎千百臬撅之數，不遊乎紛競詆欺之間，淡薄自如，故趨名競利之人，多不賞焉。蓋道家所為導引之法耳。」《夢溪筆談》：「彈棋，今人罕為之，有《譜》一卷，蓋唐人所為。棋局方二尺，中心高如覆盂，其顛為小壺，四角隆起。今大名府開元寺佛殿上有一石局，亦唐時物也。」這些史載都表明，圍棋發展到中唐時期尤盛，已經是蔚為大觀了。

柳宗元曾著〈序棋〉一文，連繫到王叔文以棋侍太子，後得以左右政局，讀來頗有意味。

柳宗元在〈序棋〉一文中寫道：

房先生性情耿介溫和，與我的兩個弟弟相互往來，他們都是好學之士，我擔心他們太過專注、影響身體，所以就想了個讓他們放鬆的遊戲。我得到一塊木棋盤，把它製作成中間凸起，兩邊平整的樣子，在上面可以放置二十四顆棋子。它們被分成各代表貴賤的兩半，貴的稱作上，賤的稱作下，都是按一到十二排序。下方的棋子兩個抵對方一個，

雙方用紅、黑兩色區分開來。房先生於是拿出兩種毛筆，按次序寫上不同顏色的序號，隨後雙方就可以坐下對弈。我冷眼旁觀局勢，看上的一方怎麼用貴子，下的一方又怎樣用賤子。被要求先彈的一定是賤子，不得已而用貴子者，都有些誠慌誠恐，顯得很不自然，很少能保持兩者均衡。至於遊戲的結果：「得朱焉則若有餘，得墨焉則若不足」，貴子投中的好像總要多些，而賤子被珍惜的則要少得多。

我仔細觀察他們遊戲，陷入沉思默想：這些棋子起初不是一樣的嗎？經過房先生一塗抹，它們的輕重變化竟然如此之大。其實只不過近在手邊的就先選中，並非是選那好的就塗上紅色，不好的就塗上黑色。然而塗上紅的就被當作上子，塗上黑的就當作下子，賦之貴的顏色就成為貴者，賦之賤色就是賤的，或遭輕視或受重視，命運於是乎就相去甚遠。

「則若世之所以貴賤人者，有異房之貴賤茲棋者歟？」那麼世間所以使人尊貴或卑賤的方式，與房先生使這些棋子的或貴或賤有什麼不同嗎？只不過近在手邊的棋子，「先入為主」，得了先機而已。真的能按照優劣的標準進行選擇嗎？那些或敬重或輕慢者，可以隨心所欲所想，還勇於議論其是優是劣嗎？「其得於貴者，有不氣揚而志蕩者歟？」那些被賦予貴子的，有不得意洋洋的嗎？「其得於賤者，有不貌慢而心肆者歟？」那些被貶為賤子的，有不沮喪而心不在焉的嗎？「其所謂貴者，有敢輕而使之者歟？」那些所謂的貴者，有勇於輕視而隨意支使他的嗎？「其所謂賤者，有敢避其使之擊觸者歟？」那些所謂賤者，有勇於拒絕被首先當作靶子嗎？紅和黑兩者同出於母胎，相去何止千萬？

柳宗元在〈序棋〉的文後畫龍點睛：

「余墨者徒也，觀其始與末，有似棋者，故敘。」柳宗元此文作於被貶謫永州年間，聯想到「永貞革新」前後的滄桑鉅變，真要感嘆「人世如棋局」。

第八章　少時陳力希公侯，許國不復為身謀

　　柳宗元所處中唐時期，有更多的文人士大夫在詩文中提到圍棋。

　　李商隱有詩句：「玉作彈棋局，中心最不平。」《考古圖》云：「古彈棋局，狀如香爐蓋。」謂其中隆起也。李商隱由棋局之形狀，引申出「中心最不平」，可見也是借棋局而抒心中塊壘。

　　一生坎坷、多次貶謫的白居易，更是與圍棋結下不解之緣。白居易44歲被貶江州之前，是不下圍棋的。可能就在同一年，他學會了圍棋，而且以圍棋入詩，比喻人的榮辱升沉：「不信君看弈棋者，輸贏須到局終頭。」也許棋局中千變萬化、跌宕起伏，但真正的勝負在於誰笑到最後、笑得最好。白居易儘管學棋很晚，但他學會後，卻深深地愛上了圍棋。在江州任上。他結交了嵩陽劉處士、道人郭虛舟等棋友。經常是「晚酒一兩杯，夜棋三數局」，甚至是「花下放狂衝黑飲，燈前起坐徹明棋」，「圍棋賭酒到天明」。在圍棋中寄寓了人生的悲歡喜樂。進入老年後，白居易眼睛不好，視力下降，但於圍棋卻仍不輟手，還是「興發飲數杯，悶來一局棋」、「送春唯有酒，銷日不過棋」、「讀罷書未展，棋終局未收」、「棋罷嫌無敵，詩成愧在前」。白居易對圍棋了解之精深在唐代詩人中，算是屈指可數。

　　白居易所言「彈棋局上事」及李商隱的感嘆「中心最不平」，顯然已在棋局之中寄寓了弦外之音。

　　「棋局小乾坤，乾坤大棋局。」擅長圍棋之人何嘗不懂劫寨掠地、借勢發力、運籌帷幄、謀篇布局。

　　從柳宗元〈序棋〉中對人生的感嘆，也使人看到了對王叔文身世的影射。

　　有一個小細節也頗能看出善棋的王叔文，走一步看三步的深謀遠慮。《舊唐書》卷135〈王叔文傳〉記載：

太子嘗與侍讀論政道，因言宮市之弊，太子曰：「寡人見上，當極言之。」諸生稱讚其美，叔文獨無言。罷坐，太子謂叔文曰：「向論宮市，君獨無言何也」？叔文曰：「皇太子之事上也，視膳問安之外，不合輒預外事。陛下在位歲久，如小人離間，謂殿下收取人情，則安能自解？」太子謝之曰：「苟無先生，安得聞此言？」由是重之，宮中之事，倚之裁決。

有一次，唐順宗與王伾、王叔文侍讀們議論天下政事，涉及到當時一些比較敏感的弊政，順宗對他身邊的人說：「我準備把這些弊政向父皇諫言，以便他能夠聞過即改，善莫大焉。」劉禹錫等眾人都對此舉表示稱讚，唯獨王叔文一言不發。等眾人都退下後，順宗單獨留下王叔文，問他：「剛才為何就只有你不說話？是不是有什麼深意？」王叔文道：「我王叔文得到太子殿下的信任，有一些意見和見解，哪能不向殿下奉聞呢！我以為，太子的職責乃在於侍膳問安，向皇上盡忠盡孝，不適宜對其他的事品頭論足。皇上在位時間長了，如果懷疑太子是在收買人心，那殿下將如何為自己辯解？」順宗聞言，恍然大悟，既緊張又感激地對王叔文說：「如果沒有先生的這番提點，我怎麼能夠明白這其中的微妙之處啊！」從此，他對王叔文格外欣賞，東宮事無大小，都要聽取王叔文的見解和謀劃。

順宗即位後，馬上下詔曰：「起居舍人王叔文，精識瑰材，寡徒少欲，質直無隱，沉深有謀。其忠也，盡致君之大方；其言也，達為政之要道。凡所詢訪，皆合大猷。宜繼前勞，佇光新命。可度支鹽鐵副使，依前翰林學士」王叔文一經重任，「劍拔沉埋便倚天」。

《舊唐書》卷135載：「王伾，杭州人。為翰林侍書待詔，累遷至正議大夫、殿中丞、皇太子侍書。」王伾在唐德宗末年被任為翰林待詔（尚未安排正式官職稱待詔），因善於書法，被德宗派去教太子寫字，成為順

第八章　少時陳力希公侯，許國不復為身謀

宗的書法老師，很受信任。王伾的書法作品堪稱「珍稀」，至今還是拍賣市場上的搶手貨。太子李誦學習各種技藝十分用心，在王伾的精心指教下，寫得一手好字，尤其擅長隸書。每逢德宗做詩賜予大臣和方鎮節度使時，一定是命太子書寫。王伾其人，《舊唐書》說他「貌寢陋」，雖然他人長得醜，但心思很靈活活絡，幽默詼諧，喜好雜耍，故意以醜賣醜，扮演供人取悅的丑角，因而頗得太子李誦喜愛。王叔文則是整天蹙著眉頭，莊重嚴肅，滿腹文章。

劉禹錫在〈子劉子自傳〉中說，王叔文「能以口辯移人」也就是說一張嘴能把死人說活，口才極佳。二王的性格恰好形成互補。王伾以逗太子玩樂為主，而王叔文則「常為太子言民間疾苦」。太子李誦與王伾最親近，而對王叔文則是多了一份敬重。王叔文、王伾兩人「近水樓臺先得月」，成為推動「永貞革新」的領軍人物。

《舊唐書》卷137〈呂渭傳〉載：王叔文曾「勸太子招納時之英俊以自輔」。太子李誦透過王叔文連繫朝臣，而有志於改革的朝臣也急需依附未來的新主，王叔文則成為其間穿針引線的人物。順宗位居太子期間，不僅暗中非常關注朝政，而且在身邊形成了一股政治勢力，王伾和王叔文成為集團的核心，組成了一個以「二王」為中心的東宮政治小集團。在其周圍，還有一批年富力強、擁有共同政治理想和政治目標的成員。這些成員當時都是知名人士，其中最著名的是劉禹錫和柳宗元。另外，還有王叔文的舊交凌准、善於籌劃的韓泰、英俊多才的韓曄（宰相韓滉同族子弟）、精於吏治的程異以及陳諫、陸質、呂溫、李景儉、房啟等人。他們聚在一起指點江山、激昂文字、批評時政、糞土權貴，並常以諸葛亮、管仲等名相互相期許。這群年輕人仕途順暢，未經風浪，年齡最大的也不過40出頭，他們孤傲清高，甚至多少有點目中無人。這些人漸漸形成了變法的核心力量。他們基本上屬於朝廷御史臺和六部衙門的中下層官員，

歷史上習慣以所謂「二王劉柳」相稱，把王叔文、王伾、劉禹錫和柳宗元作為東宮集團的代表人物。少壯派往往成為革弊布新的推動力。

《舊唐書》卷135在王伾條目載：「順宗即位，遷左散騎常侍，依前翰林待詔。」順宗即位不久，王伾由殿中丞轉任左散騎常侍、仍兼翰林學士。王叔文由蘇州司功升任起居舍人、翰林學士。貞元中，朝廷不任宰相，翰林學士號稱內相，所起草的詔命為「內制」，是很有實權的職位。而且「二王」有了翰林學士的頭銜，可以名正言順出入內廷，主持決策。

永貞革新時，舊派老臣之所以反對「二王」，一個重要原因是王叔文、王伾都是出身寒門，又是靠棋藝和書法得寵。唐代輕視藝人，認為是「雕蟲小技」，萬般皆下品，唯有讀書高。《新唐書・閻讓傳》記載，太宗與侍臣泛舟春苑池，見有異鳥隨水波飛躍，一時興起，讓侍臣賦詩，召著名畫家閻立本作畫。閻立本官已至主爵郎中，這是掌管封爵的官。然而身為畫師，他也只能趴伏在池邊，研弄丹粉。望著坐在舟上的人，他羞愧的直流汗。回到家，閻立本對兒子說：我少年讀書，文辭不比誰差，只因以畫出名，就遭此輕賤，你不要學為父染習它。唐太宗曾對宰相房玄齡說：工商、雜色之流，可厚給財物，不能超授官職，也不可與朝賢君子，比肩而立，同坐而食。可見對藝人多麼輕視。

《顏氏家訓・勉學篇》曾對門閥子弟有很精采的描述：沒有學問的貴族子弟，穿著豪華，像女人一樣打扮。塗脂抹粉，駕長簷馬車，穿高跟木鞋。科舉考試時，偷看別人的答卷，找人代作詩賦。他們在眾人前洗腳，撒尿；還任意到別人家裡，調戲婦女，縱恣淫慾。所以，柳宗元說世族無能，像朽木糞牆，一遭喪亂，便轉死溝壑，隨風而靡，他們沿襲的虛名也就喪失了。

柳宗元還撰〈天爵論〉，公然批駁封建官本位的虛偽本質。這裡說的爵，其本意是指上古一種三足兩柱、仿雀形的酒具，盛行於商代和西

第八章　少時陳力希公侯，許國不復為身謀

周，後來用它作禮器。爵在古代是至尊之物，天子分封諸侯時用爵賞賜諸侯，爵就成了一種身分和地位的象徵，即權勢、官位、等級。爵在古時是分等級的，有公、侯、伯、子、男五等。戰國時買賣官爵盛行，而且不是什麼丟臉的事。從而衍生出天爵說，孟子說：有天爵，有人爵。仁義忠信是天爵；公卿大夫是人爵。天爵是自然的爵位，人爵是社會的爵位。人爵用今天的話說就是官爵。人為了當官修天爵，講仁義忠信；而一旦當了官，仁義忠信就不見了。柳宗元對此不以為然，他認為，天爵不在於仁義忠信，而在於明與志。他解釋說：志是剛健之氣，明是純粹之氣。仁義忠信靠明來辨察，靠志來獲取。柳宗元認為，天爵本來就不是什麼自有的東西。孟子時，有人說「人皆可以為堯舜」。孟子認為：堯舜之道就是孝第。他說：只要穿堯的衣服，說堯說的話，行堯做的事，便是堯了。而柳宗元卻說：孔子去掉明和志，就成了一介庸夫；而把志和明授給庸人，庸人就變成了聖人。人無貴賤，皆可為聖賢。這樣非聖侮賢的話，翻遍史書也覓不見。了解了永貞革新派人物的背景，也就明白了柳宗元文中的言外之意。

「永貞革新」的政治集團中，還有一個不能不說到的人物，他就是翰林學士、後來做了宰相的韋執誼。《舊唐書》卷135在韋執誼的條目記載：

韋執誼出身京兆名門望族。自幼「聰俊有才，進士擢第，應制策高等」，在德宗朝「拜為右拾遺，召入翰林為學士」。年僅二十餘歲的韋執誼深得德宗的恩寵，常常與德宗皇帝歌詩唱和，與德宗皇帝的親信寵臣裴延齡、韋渠牟等出入禁中，同朝議事，很得當時朝野的矚目。他與王叔文的交往有一些機緣巧合。那是在一次德宗的生日華誕上，略通一些佛教知識的皇太子敬獻佛像作為賀禮，德宗命韋執誼為畫像寫了贊語。德宗對太子的禮物很滿意，就讓他賜給韋執誼縑帛作為酬勞。韋執誼得到太子的酬謝，按照禮節到東宮表示謝意。就在韋執誼至東宮拜謝皇太

子的時候，身為太子的順宗鄭重地向時為翰林學士的韋執誼推薦了王叔文：「學士聽說過王叔文這個人嗎？他是位偉才啊！」從此，韋執誼與王叔文相交，且關係越來越密切。

韋執誼算是前朝老臣，這對於都是在順宗朝快速竄起的「新貴」而言，有著十分重要的意義。

清袁枚在《隨園隨筆‧古官尊卑不一》中有言：「秦漢侍中，不過掌虎子、捧唾壺等事。而晉以後之侍中，乃宰相也。」袁枚的話說得可謂尖刻，像王叔文、王伾這樣的侍中，在前朝「不過掌虎子、捧唾壺等事」的雜役，只因為長久侍奉在君側，所以久而久之，捷足先登，一躍而為執掌大權的「內相」。「永貞革新」核心集團的成員大都出身微賤，二王都出自南方寒門。二人又都不是科舉出身，只是憑著「一技之長」而青雲直上。所以後世對此多所譴責，頗有非議。在這種情形下，有了韋執誼這樣身分的人加盟，順勢「改變原有結構成分」。

《舊唐書》卷135在韋執誼的條目記載：「及順宗即位，久疾不任朝政，王叔文用事，乃用執誼為宰相，乃自朝議郎、吏部郎中、騎都尉賜緋魚袋，授尚書左丞、同平章事，仍賜金紫。叔文欲專政，故令執誼為宰相於外，己自專於內。」於是在王叔文的提議下，韋執誼被任命為宰相，與王叔文一內一外，主持起朝政來。

《新唐書》卷168劉禹錫條目記載：

劉禹錫，字夢得，自言系出中山。世為儒。擢進士第，登博學宏辭科，工文章。淮南杜佑表管書記，入為監察御史。素善韋執誼。時王叔文得幸太子，禹錫以名重一時，與之交，叔文每稱有宰相器。太子即位，朝廷大議祕策多出叔文，引禹錫及柳宗元與議禁中，所言必從。擢屯田員外郎，判度支、鹽鐵案……

第八章　少時陳力希公侯，許國不復為身謀

劉禹錫（西元772年至842年），21歲到23歲連登三科。21歲中進士，同年又考中博學宏科（每次僅取三、五人，柳宗元與韓愈都是三次應試均未中榜），是中唐時期，詩名滿天下的大家，與白居易齊名。白居易稱劉禹錫為「詩豪」，對劉禹錫極為傾倒，稱自己寫詩不敢與劉禹錫爭鋒。

陳寅恪在《元白詩箋證稿》中說：「蓋樂天（白居易字樂天）平日之蘄求改進其作品而未能達到者，夢得則臻其理想之境界也。」劉禹錫的許多詩句：「沉舟側畔千帆過，病樹前頭萬木春」；「雪裡高山頭白早，海中仙果子生遲」；「舊時王謝堂前燕，飛入尋常百姓家」等，及那篇膾炙人口的〈陋室銘〉，至今在人們口中傳誦。劉禹錫在參與「永貞革新」前，管理過太子圖書館，擔任過封疆大吏杜佑的掌書記（祕書），還有著治理地方的經驗（在渭南縣任主薄）。劉禹錫獨闢奇境的文彩和經歷豐富的行政能力，被王叔文稱之「有宰相器」，順宗即位後，劉禹錫馬上被提拔到重要職位，對他達到「言聽計從」的地步。

劉昫在《舊唐書》卷160中，將韓愈、張籍、孟郊、唐衢、李翱、宇文籍、劉禹錫、柳宗元、韓辭九人共為列傳一卷。柳宗元條目記載：

順宗即位，王叔文、韋執誼用事，尤奇待宗元。與監察呂溫密引禁中，與之圖事。轉尚書禮部員外郎。叔文欲大用之……

柳宗元進士及第後不久，就與王叔文結識。他的好友劉禹錫是於貞元十一年出任東宮屬官太子校書，那時王叔文已在太子李誦身邊多年，正是透過劉禹錫的介紹，柳宗元進入太子和王叔文的視線。王叔文和韋執誼一內一外執掌大權後，「尤奇待宗元」，尤其看重柳宗元，「以宰相器待之」。「密引禁中，與之圖事」，「言無不從」。

柳宗元任尚書省禮部員外郎後，原本還想更「大用之」。柳宗元從監

察御史里行擢升為禮部員外郎，正六品上。一年之內，越升兩品。掌禮儀、享祭、貢舉之政。雖然這不是很高的職位，但對於柳宗元而言，僅隔一年，官階晉升了兩品，而且擔任了尚書省禮部的郎官。這是讓眾人「羨慕嫉妒恨」的位置。或者換言之，獲得了一個此後晉升的最佳平台。一時間，柳宗元的仕途前程似錦。

柳宗元自幼立下經國緯世、「利安元元」的遠大政治抱負，時時充滿了參政議政的衝動和激情，與講究「利安之道」的王叔文，可謂志趣相投、志同道合，於是一拍即合、兩相情願。在動盪不定的政局中，驀然間閃現出一個千載難逢的機遇，獲得能一展政治抱負的舞臺。柳宗元還能有什麼其他選擇？誰能有「先見之明」而預卜到永貞革新的悲劇結局？柳宗元義無反顧、毫不猶豫地加入了王叔文革新集團，並成為中堅力量。

柳宗元在〈與蕭翰林俛書〉中提到此次拔擢。

僕不幸，鄉者進當脆危不安之勢，平居閉門，口舌無數，況又有久與遊者，乃岌岌而操其間哉。其求進而退者，皆聚為仇怨，造作粉飾，蔓延益肆。非的然昭晰，自斷於內，則孰能了僕於冥冥之間哉？然僕當時年三十三，甚少，自御史里行得禮部員外郎，超取顯美，欲免世之求進者怪怒媢嫉，其可得乎？凡人皆欲自達，僕先得顯處，才不能逾同列，名不能壓當世，世之怒僕宜也。

我經歷很不幸，從前被進用的時候，正趕上動搖不安的局勢，平時閉門不出，口舌是非還是很多，更何況又有和我長久交往的人，位居高處操作大權。那些追求晉升卻沒有得到重用的人，都聚集在一起製造仇怨，捏造粉飾，於是對我的仇恨更加大肆蔓延。那些人云亦云、隨聲附和之人，誰能了解我內心在晦暗中的痛苦呢？我當時三十三歲，少年氣盛，從御史里行提升到了禮部員外郎，破格取得高官顯位，想要擺脫世上追求進取之人的責怪怨恨和嫉妒，這可能嗎？所有的人都想要升遷顯

第八章　少時陳力希公侯，許國不復為身謀

貴，我先擁有了顯赫的地位，才能無法超過同僚，聲望不能蓋過世人，所以世人怨恨我也是應該的。

柳宗元在〈與楊誨之第二書〉一文中，也提及這次拔擢：「及為御史郎官，自以登朝廷，利害益大，愈恐懼，思欲不失色於人。雖戒勵加切，然卒不免為連累廢逐。猶以前時遭狂疏輕薄之號既聞於人，為恭讓未洽，故罪至而無所明之。」

柳宗元儘管如臨如履、誠惶誠恐，但仍不免遭到「罪名」。

任何改革圖新之舉，必然會觸動守舊的既得利益者。因而也就注定了是一場勢同水火、冰炭難容、你死我活的博弈。歷史上的改革家，鮮有善終者，需要具備柳宗元在〈冉溪〉詩句中「少時陳力希公侯，許國不復為身謀」，一往無前的志向和自我犧牲精神。與林則徐詩句「苟利國家生死以，豈因禍福避趨之」有著異曲同工之妙，表現了義無反顧的氣勢。

任何一場重大的政治變革，必然要以經濟為基礎。永貞革新也是如此。組織人事的變動，首先解決財權問題。《全唐文》卷五十五載有順宗皇帝下的詔書〈授杜佑諸道鹽鐵等使制〉。詔書中寫道：

周制國用，委於塚卿；漢調軍食，資於相府。必由中以制外，則政一而事行。所以阜安兆人，平均九賦，弼成富庶之教，馴致雍熙之化，實仗亢老，佐予經邦。銀青光祿大夫檢校司空同中書門下侍郎平章事充太清宮使上柱國扶風郡開國公食邑三千戶杜佑，體資易直，德合宏大，事君以道，修己以誠，寅亮先朝，毗贊盛業，秉忠直之大節，備文武之全才。保乂朕躬，載申啟沃，發揮政本，開導化源。謨明緝熙，三事允理。必能綜領經制，變而通之，權貨幣之宜，成軍國之務，外均庶土，內瞻中邦。俾予一人，恭己而理，宏敷五典，式協於中，可檢校司徒充度支及諸道鹽鐵轉運等使，依前同中書門下平章事太清宮使散官，餘如故。主者施行。

從這道詔書可以透視出，革新派的深謀遠慮是掌控經濟大權、制約藩鎮割據勢力，以加強中央集權。

杜佑「雅有會計之名」，也就是說是個理財能手。韓愈在《順宗實錄》中說：「判度支，則國賦在手，可以厚結諸用事人，取兵士心，以固其權。」讓杜佑這樣德高望重的老臣主持財賦大權，再輔以年輕新銳做其副手。劉禹錫被提拔為屯田員外郎兼判度支鹽鐵案；陳諫則以倉部郎中兼判度支鹽鐵案，凌准也以本官判度支，也就是說革新派掌管了財賦；王叔文則親自出任長驅支、鹽鐵轉運副使。《舊唐書·順宗本紀》說，杜佑雖領使名，其實鹽鐵大權全在王叔文掌控之中。在當時強藩林立的形勢下，取得財權是穩定政權的關鍵。

同時將革新派的精神領袖陸質，由臺州刺史召回京城任給事中……這些當年政壇的少壯派們，與「二王劉柳」以及韋執誼聯手，最終形成「永貞革新」的核心，也就是後來被貶的「二王八司馬」主要成員。

調整人事方面亦有巨大舉措，起用素孚眾望、被德宗貶謫遠州的舊臣，如忠州別駕陸贄、郴州別駕鄭餘慶、杭州刺史韓皋、道州刺史陽城等。可惜詔書未到，貶臣陽城、陸贄已經去世。逝者也為其加封官銜，這是一份榮譽，相當於正式為他們平反。贈故忠州別駕陸贄為兵部尚書，諡曰宣；贈故道州刺史陽城為左散騎常侍。

王叔文還授意柳宗元為之撰〈為王戶部薦李諒表〉，準備把李諒也納入到革新派體系：

臣聞知賢必進，忠臣之大方；擇善而居，明主之要道。況臣特受恩遇，超絕古今，報國之誠，寤寐深切。是敢竭愚臣之微分，助陛下之至明，恢張羽儀，弘輔治化。

竊見新授某官李諒，清明直方，柔惠端信，強以有禮，敏而甚文，求之後來，略無其比。臣自任度支等副使，以諒為巡官……

第八章　少時陳力希公侯，許國不復為身謀

在提拔新銳的同時，也罷免了一批不得人心的朝臣：

浙西觀察使李錡，原先兼領諸道轉運鹽鐵使，乘機貪汙，史書稱他「鹽鐵之利，積於私室」。永貞革新初始調整人事，就提升李錡為鎮海節度使，解除他的轉運鹽鐵使之職。明是升職，其實是削他的爵祿和權柄。

京兆尹李實，是唐朝皇族宗室，又得德宗寵信，襲封為道王。李實在任節度判官時，因剋扣軍糧，引起軍士怨叛，要殺死他，他連夜縋城倉皇逃出。貞元末，李實又易地做官當上京兆尹（即京城的最高長官）。貪婪暴虐的李實擔任京兆尹之後，搜刮民財、聚斂無度。貞元年間，「比年旱歉，先聖憂人，特詔逋租，悉皆蠲免」，關中大旱，德宗體恤民憂，準備減稅，「而實敢肆誣罔，復令徵剝，頗紊朝廷之法，實唯聚斂之臣」。李實卻謊報穀田長得很好，強迫農民照常納稅，逼得百姓拆毀房屋，變賣瓦木，買糧食納稅。當時有個叫成輔端的藝人，看到三秦之地的百姓艱難困苦的生存狀況，編歌謠道：「秦地城池二百年，何期如此賤田園，一頃麥苗五石米，三間堂屋二千錢。」李實不僅剝削百姓，為政殘暴，在官場也是仗恃著自己的皇族出身，橫行霸道，順我者昌、逆我者亡，誣陷官吏、製造冤案，上至達官貴人，下至平民百姓，都對李實恨入骨髓。李實被罷去京兆尹、貶為通州長史，逐出京城。他出京時，沿途百姓拿瓦石丟擲他，人人拍手稱快。

《全唐文》卷五十五〈順宗皇帝〉欄目中，還載有〈罷鄭珣瑜高郢平章事制〉這樣一類的詔書：

朕承天眷命，獲主兆人，思致邕熙，用康區夏。布和緝化，屬在輔臣，所謂適宜，實為通典。銀青光祿大夫守吏部尚書平章事上柱國鄭珣瑜、銀青光祿大夫守刑部尚書平章事上柱國高郢等，咸以忠靖，累更班

列，秉彝廉慎，植操貞常。自參輔中樞，皆能勵節，祗勤庶務，夙夜唯寅。歲月滋深，嬰纏疾恙，衰職有闕，無以彌綸。況銓綜為選士之本，刑法乃生人之命，俾從專掌，以盡至公。宜輟臺司，副予所委。瑜可吏部尚書，郢可刑部尚書。

對於久列宰相之位，占著茅坑不拉屎的守舊老臣，在響以「皆能勵節，祗勤庶務，夙夜唯寅」的肯定之詞之後，馬上藉口「歲月滋深，嬰纏疾恙，衰職有闕，無以彌綸」，以身體因素讓他們騰出位置。這也是更朝換代時，「清掃廟宇，請進新神」的慣用手法。

這一系列在組織人事上的大動作，必然引發官場大震盪。所有「一朝天子一朝臣」的官場序列重新洗牌，都是權力和利益的再分配，必然引來既得權位者及既得利益者的仇視和反撲。

《舊唐書》卷135〈王叔文傳〉有這樣的記載：

王叔文者，……每對太子言，則曰：「某可為相，某可為將，幸異日用之。」密結當代知名之士而欲僥倖速進者，與韋執誼、陸質、呂溫、李景儉、韓曄、韓泰、陳諫、柳宗元、劉禹錫等十數人，定為死交；而凌准，程異，又因其黨以進；藩鎮侯伯，亦有陰行賂遺請交者。事下翰林，叔文定可否，宣於中書，俾執誼承奏於外。與韓泰、柳宗元、劉禹錫、陳諫、凌准、韓曄唱和，曰管，曰葛，曰伊，曰周，凡其黨悁然自得，謂天下無人。

《資治通鑑》卷229也有口徑頗為一致的記載：

外黨則韓泰、柳宗元、劉禹錫等主採聽外事。謀議唱和，日夜汲汲如狂，互相推獎，曰伊、曰周、曰管、曰葛，悁然自得，謂天下無人。榮辱進退，生於造次，唯其所欲，不拘程式。士大夫畏之，道路以目。素與往還者，相次撥擢，至一日除數人。其黨或言曰，「某可為某官，」不過一二日，輒已得之。

第八章　少時陳力希公侯，許國不復為身謀

這當然是以「成王敗寇」觀點在書寫歷史典籍時對「永貞革新」失敗者的貶抑之詞。

與柳宗元同為唐宋八大家的韓愈，在政治上與「永貞革新」派處於對立面。他在其詩作〈永貞行〉中，稱「永貞革新」派為「君不見太皇諒陰未出令，小人乘時偷國柄」。太皇指順宗。韓愈做此詩時是在順宗長子李純已登基，所以稱順宗為太上皇。諒陰，守喪住的房子。順宗繼位不久，德宗之喪未除，古俗：帝王去世，不言政事。百官聽於塚宰，謂之亮陰。字亦作諒陰、涼陰、梁闇。《論語‧憲問》有「高宗諒陰，三年不言」之語，是說殷高宗武丁守喪，3年不說話。韓愈在詩中影射，德宗剛去世，順宗守喪，不便釋出政令，二王等小人利用這一空隙，耍弄手段，竊取了國家大權。韓愈又寫道：「一朝奪印付私黨，懍懍朝士何能為」。《孟子》有言：「雖有智慧，不如乘時。」《管子》亦云：「大德不至仁，不可以授國柄。」韓愈的意思是，二王劉柳一旦大權到手，正直的朝官就都束手無策、無計可施了。韓愈還寫道：「夜作詔書朝拜官，超資越序曾無難」；韓愈諷刺改革者升官過快，夜裡詔書下來，早晨已經在朝堂坐上官位，這種快速的晉升，完全沒有逐級提拔的循序。於是造成：「元臣故老不敢語，晝臥涕泣何汍瀾」，朝廷噤若寒蟬、萬馬齊喑的局面。如此等等，從韓愈的詩句中，也反映出當時文人士大夫們的情緒和態度。對革新派「超資越序」式的升官表示了強烈不滿。

韓愈的〈永貞行〉是後世爭議很大的作品。

清人陳祖範在《陳祖範文集》卷一中這樣評價韓愈此文：「予讀韓退之《順宗實錄》及〈永貞行〉，觀劉、柳輩八司馬之冤，意退之之罪狀王、韋，實有私心，而其罪固不至此也。退之於伾、文、執誼有宿憾，於同官劉、柳有疑猜，進退禍福，彼此有不兩行之勢。而伾、文輩又連

敗，於是奮起筆舌，詆斥無忌，雖其事之美者，反以為惡，而劉、柳諸人朋邪比周之名成矣。史家以成敗論人，又有韓公之言為質的，而不詳其言之過當，蓋有所自。」認為韓愈筆下「實有私心」（關於柳宗元與韓愈這段文人間的恩怨猜疑，我將在後面章節專門論述），所以也落入「以成敗論人」的窠臼。

袁枚在《隨筆》中也對韓愈此文作出評價：「唐八司馬輔順宗，善政不可勝書，而史目為奸邪，昌黎〈永貞行〉亦詆訶之。獨范文正作論深為護惜，必有所見。」認為永貞革新「善政不可勝書」，而韓愈卻「詆訶之」，實在是由於同時代人的利害衝突而出於私心，不如後代范仲淹的評價公正。

《舊唐書》的記載中，對「永貞革新」的這番組織人事調整，寫下這般攻擊言詞：「既任喜怒凌人，京師人士不敢指名，道路以目，時號『二王、劉、柳。』」好像永貞革新的人事任命，憑據的都是個人的喜怒親疏，京城裡的人敢怒而不敢言，只能翻白眼嘲諷，那還不是「二王劉柳」家的私事！還記載曰：「禹錫、宗元等八人犯眾怒」。似乎當年的「永貞革新」是結黨營私、倒行逆施、眾叛親離、不得人心。一個歷史事件，被御用史官們描繪得黑白顛倒、不識廬山真面目。

柳宗元在這一段時間寫出〈六逆論〉予以反駁。本文從表面看是針對《左傳·隱公三年》中所載的衛國大夫石碏提出的「六逆」做出批駁，實際上是古為今用，針砭現實的弊病。雖然唐代自唐太宗倡導實行科舉制度，但是魏晉以來的門第血統觀念影響仍然根深蒂固，豪門貴族把持著朝中的高位，真正的有識之士絕難有機會登上政治舞臺。所以章士釗稱：「子厚之〈六逆論〉，明明為王叔文而發」。

柳宗元從《左傳·隱公三年》的一段記載說起：

第八章　少時陳力希公侯，許國不復為身謀

　　《春秋左氏傳》講到衛國公子州籲的事，於是記載了「六逆」之說：「賤妨貴、少陵長、遠間親、新間舊、小加大、淫破義，六者，亂之本也。」出身低賤的妨害出身高貴的，年紀小的凌犯年紀大的，關係疏遠的取代關係親近的，新提拔的取代資歷深的，小國凌犯大國，邪惡破壞正義，這六種情況，是亂國的根源。柳宗元認為，年紀小的凌犯年紀大的，小國凌犯大國，邪惡破壞正義，這三種情況確實可以算得是亂之根，但所謂「賤妨貴」，「遠間親」，「新間舊」，這三種情況，即使作為治理國家的根本原則也是可取的，為什麼一定要說它是亂之根呢？

　　所謂「賤妨貴」，是指選擇國君的繼承人，應該遵循子以母貴的原則，但是，假如出身高貴卻很愚蠢，出身低賤卻既聖明又賢能，因此而後者妨害前者，這是治理國家的重大原則，難道可以去聽從「賤妨貴」這種荒謬的邏輯嗎？所謂「遠間親」、「新間舊」，說的是任用官員的原則，假如關係親近或資歷深的官員愚蠢，而關係疏遠或新提拔的官員德才兼備，超乎常人，因此後者取代了前者，這也是治理國家的重大原則，難道也可捨棄它而去聽從「遠間親」、「新間舊」的胡言亂語嗎？

　　柳宗元針對「六逆」中三項言論，歸納為「擇嗣」和「任用」兩個方面。他主張在這兩方面都應該以是否「聖且賢」為標準：在繼承王位上，出身卑賤的可以代替出身高貴的；在任用人材上，疏遠的、新進的可以代替親近的、故舊的。柳宗元在此發揮了唐太宗的觀點，《資治通鑑》卷192〈武德九年〉記載了唐太宗回答房玄齡的話：「王者至公無私，故能服天下之心，朕與卿輩日所衣食，皆取諸民者也。故設官為職，以為民也，當擇賢才而用之，豈以新舊為先後哉！必也新而賢，舊而不肖，安可舍新而取舊乎？」柳宗元借先皇聖言加以發揮，他認為，在新的歷史條件下，不限於個人關係的新、舊，而是否定了封建血緣關係下的等級名分、以及由之決定的任人唯親的用人路線，進而為身分低微的、新

進的革新派製造輿論。而且除了這種現實的政治考量外，更表現出積極要求變革的理念。柳宗元認為，一方面舊的傳統、舊的秩序是可以變革的，變革的依據是能否有利於現實；另一方面，所謂「古訓」即自古以來被認為是不可動搖的神聖教條，應批判地對待。遵循「古訓」，應把握其精神實質，而不可固守條文。他所重視的是「理本」，而這「理本」顯然是以現實政治效用為檢驗標準。

柳宗元還旁徵博引地為自己的論點找出歷史的依據：

晉厲死而悼公入，乃理；宋襄嗣而子魚退，乃亂；貴不足尚也。秦用張祿而黜穰侯，乃安；魏相成璜而疏吳起，乃危；親不足與也。苻氏進王猛而殺樊世，乃興；胡亥任趙高而族李斯，乃滅。舊不足恃也。顧所信何如耳！然則斯言殆可以廢矣。

晉厲公死後，悼公以旁支繼位為君，晉國於是大治；宋穆公以嫡子的資格繼位，子魚則因為自己是庶子而退讓，宋國於是大亂；可見出身高貴的未必就值得尊崇。秦昭王任用魏國人張祿為丞相，而罷免了他的弟弟穰侯，秦國威振諸侯；魏文侯在他的弟弟魏成和朋友翟璜兩人之中挑選國相而疏遠吳起，魏國就出現了危機；可見關係親近的未必就值得推許。前秦國君苻堅擢用王猛而殺了舊臣樊世，國家就興盛了；秦二世胡亥任用趙高，處死了李斯及其家族，國家就滅亡了；可見資歷深的故舊老臣未必就值得依靠。只要看所用的人德行如何，才能怎樣就夠了。既然如此，那麼所謂「賤妨貴」、「遠間親」、「新間舊」這種做法會招致禍亂的說法，大概可以廢棄了。

柳宗元既無可辯駁地回擊了新朝捨棄老臣不用的輿論，也為順宗朝的「越級提拔人才」找出了理論的深度和歷史的廣度。

《資治通鑑》卷229載：

第八章　少時陳力希公侯，許國不復為身謀

時順宗失音，不能決事，常居宮中施簾帷，獨宦官李忠言、昭容牛氏侍左右。百官奏事，自帷中可其奏。自德宗大漸，王伾先入，稱詔召王叔文，坐翰林中使決事。伾以叔文意入言於忠言，稱詔行下，外初無知者。

叔文入至翰林，而伾入至柿林院，見李忠言、牛昭容計事。大抵叔文依伾，伾依忠言，忠言依牛昭容，轉相交結。每事先下翰林，使叔文可否，然後宣於中書，韋執誼承而行之。

《舊唐書》卷135〈王叔文傳〉中也有類似的記載：

時上寢疾久，不復關庶政，深居施簾帷，閹官李忠言、美人牛昭容侍左右，百官上議，自帷中可其奏。王伾常論上屬意叔文，宮中諸黃門稍稍知之。……叔文因王伾，伾因李忠言，忠言因牛昭容，轉相結構。

「永貞革新」年間，順宗用王叔文為翰林學士，王叔文用韋執誼為尚書左丞、同平章事。翰林學士掌白麻內命，亦即機密詔令；同平章事為宰相，主持朝政的執行，這一結構本對革新十分有利，但上傳下達的管道不暢。順宗垂簾問政，僅宦官李忠言、美人牛昭容侍奉左右。上傳之事，要一經韋執誼，二經王叔文，三經王伾，四經李忠言，五經牛昭容，才能為順宗所知曉。下達之事，環節亦同。這一怪異的傳輸路徑，更增加了人們對於內廷是誰在主政的疑惑，認為王叔文、王伾等人假傳聖旨，以兜私貨。

依《唐國史補》記載，李肇說：「順宗風噤不言，太子未立，牛美人有異志。」《唐會要》卷80〈朝臣復諡〉記載，朝臣李巽說：「當先朝之日，上體不平，奸臣王叔文擅權作朋，將害於國。」可見當時朝廷之中議論紛紛，認為革新派所依靠的順宗寵妃牛美人和宦官李忠言，都是各人打著自己的小算盤。

在「人存業興，人亡政息」的封建體制下，順宗是這場轟轟烈烈的「永貞革新」的獨木支撐。偏偏順宗又是這般身體狀況，變革新政運動的前途，一開始就呈現不祥之兆。

第八章　少時陳力希公侯，許國不復為身謀

第九章
輝煌在瞬間殞落

　　唐順宗年間的永貞革新,是中國歷史上影響深刻的改革運動,因有著名文人柳宗元、劉禹錫的積極參與,又因同時代著名文人韓愈的鮮明貶斥,成為極具特色的一場改革。但由於永貞革新僅雷厲風行地進行了146天就夭折了,這一短命的改革現實,在此後「成王敗寇」的歷史觀支配下,一直被妖魔化地描述,甚至連一些基本情況也被扭曲得面目全非。

　　韓愈撰寫的《順宗實錄》共5卷,是現存唐代唯一之「實錄」,應該是對永貞革新最早的記述。因為撰著者韓愈在中國文學史上的特殊地位,其文學含量及史學價值,歷來備受關注並多有爭議。在其寫作、流傳過程中,又頗經歷了一番波折。

　　《舊唐書》有這樣的記載:「時謂愈有史筆,及撰《順宗實錄》,繁簡不當,敘事拙於取捨,頗為當代所非。穆宗文宗,嘗詔史臣添改。」韓愈撰寫的《順宗實錄》,涉及極為敏感的一個時段,撰稿之時尚隔歷史發生不足十年。與其稱作「當代史」,不如稱作「當前史」。這就限制了史家秉筆直書的自由。

　　孫樵在〈與高錫望書〉中提出「明不顧刑辟,幽不愧神怪」,立志要秉筆直書,但又在〈孫氏西齋錄〉中矛盾地稱:「有所梗避則微文示譏,無所顧懼則直書志憑。」史書不言而喻的前提無疑是真實性,但要說真話又是何其不易。所以,即便如韓愈這樣的「名家」,也難免被責以「繁

第九章　輝煌在瞬間殞落

簡不當,敘事拙於取捨」,而「頗為當代所非」,以至其後的穆宗文宗,都下詔令史臣予以「添改」。

《新唐書》還寫有這樣的詞語:「自韓愈為《順宗實錄》,議者閧然不息,卒竄定無全篇。」據《新唐書·路隨傳》言:「文宗嗣位,隨以宰相監修國史。初,韓愈撰《順宗實錄》,書禁中事太切直,宦寺不喜,訾其非實。帝詔隨刊正。隨建言衛尉卿周君巢、諫議大夫王彥威、給事中李固言、史官蘇景胤,皆言改修非是。」文宗繼位後,認為韓愈所撰《順宗實錄》,記敘宮中黑幕太直白,宦官們不高興,多有譴責攻擊之語。文宗就讓路隨以宰相職監修國史,對順宗朝的記述,成立一個寫作團隊,予以重撰。

這些史籍都說明一個事實:對唐順宗年間永貞革新的客觀陳述,遭遇很尷尬情境。

湯江浩在〈順宗實錄研究獻芹〉一文中,對撰寫《順宗實錄》一書,所面臨的矛盾心理寫下這樣的文字:

> 這部史書依憲宗及諸內、外臣的意思,應該以清算王叔文集團為主要政治目的,同時還要維護當權各方的政治利益。只有對王叔文集團的有力清算,才能證明憲宗由內禪而即位的合理、合法性。如果完全維護當權各方的政治利益,史書的真實客觀性必然受到挑戰。從該書完成前後的情況來看,韓愈等雖然精心撰寫、反覆修改後始獻於朝,但隨即被指出錯誤,要求改畢重進;後來又屢遭宦官攻擊,終在文宗朝被刪削一快。應該說韓愈等在書寫時遇到了諸多兩難的困境:褒讚順宗必及王叔文等,清算王叔文等又必及順宗;對憲宗即位與宦官干政的處理也是如此。所以該書包含不少內在矛盾。

因唐順宗一朝充滿了撲朔迷離的宮廷疑雲,加之對「永貞革新」的評價殊異,所以使得一部《紀實》變得很難「紀實」,下筆躊躇、幾易其

稿，仍難以成書。

　　劉昫等所修《舊唐書》、歐陽修等所修《新唐書》及司馬光的《資治通鑑》，關於永貞革新，基本照抄韓愈的《順宗實錄》。因而關於永貞革新的評價，在當代及離唐代較近的朝代，容易因現實的利害關係而很難公正。清代以來，對永貞革新的評價逐漸增高。岑仲勉《隋唐史》上冊稱：「只此小小施行，已為李唐一朝史所不多見。」而「德宗秕政，廓然一清」；韓國磐《隋唐五代史綱》第十三章稱：「這些措施，打擊了當時的方鎮割據勢力、專橫的宦官和守舊復古的大士族大官僚，順應了歷史的發展」；還稱：「他們的施政方針，主要是抑制專橫的宦官集團，改革德宗時期諸弊政，是有進步意義的。」

　　儘管《順宗實錄》有著許多先天不足及時代局限，但畢竟是留下了唐順宗一朝及有關永貞革新情形的第一手記錄。革新派當政後，急速地採取了一系列改革措施。後來，由於永貞革新僅146天就遭到失敗，當年的政績被御用史學家們刻意掩蓋，史料被竄改，我們只能從韓愈撰寫的《順宗實錄》中，「去偽存真」，揣度蛛絲馬跡，霧裡看花地判斷當年的真相。

　　《全唐文》卷55，記載有順宗皇帝登基伊始，就頒布了〈放免積欠詔〉：

　　朕君臨寰海，子育兆人，思欲阜其財求，俾遂生殖，然後導之以禮樂，齊之以政刑，興廉讓之風，洽和平之理。而比聞官司之內，尚有逋懸，每念黎蒸，用深憂軫。永言勤恤，宜有蠲除。其莊宅使從興元元年至貞元二十年二月三十日已前，畿內及諸州府莊宅店鋪車坊園磑零地等，所有百姓及諸色人，應欠租課斛㪷見錢絁絲草等，共五十二萬餘，並放免。朕方與人休息，致之富壽，物有不得其所，事有可利於人，寤寐求思，予無所愛。宜加曉示，令悉朕懷。

第九章　輝煌在瞬間殞落

《舊唐書》卷14〈順宗本紀〉載：出於「每念黎蒸，用深憂軫」，詔令「天下諸道除正敕率稅外，諸色榷稅並宜禁斷，除上供外，不得別有進奉」；《舊唐書》卷149〈柳登傳〉載：罷鹽鐵使「月進」錢；停罷設在泉州界內、使「人情大擾，期年無所滋息」的萬安置牧場（「置牧」是唐代向農民掠奪土地的方式）；《舊唐書》卷14〈順宗本紀〉載：免除百姓積欠諸色課利租賦錢帛五十二萬六千八百四十一貫（錢）、石（糧）、匹（絹）、束（絲、草）等；把專賣鹽價由三百七十文降低到二百五十文至三百文。

乙丑，停鹽鐵使進獻。舊鹽鐵錢物，悉入正庫，一助經費。其後主此務者，稍以時市珍玩時新物充進獻，以求恩澤。其後益甚，歲進錢物，謂之「羨餘」。而經入益少。至貞元末，遂月有獻焉，謂之「月進」。至是乃罷。

鹽鐵專賣是唐政府的一大財源，也是官吏掠奪錢財的重要管道，由鹽鐵使專職專項經管。所謂鹽鐵使月進錢，是後來巧立名目，在正課之外，每月向皇帝進的所謂「羨餘」。專供皇帝私用。這項弊政，不僅苛斂百姓，還影響了國庫的正常收入。罷免鹽鐵使月進錢，於國、於民兩有利。這些措施都旨在減緩民間疾苦。在唐順宗繼位之初，財政十分困難的情況下，能向百姓做出如此讓利，也可看出革新派關心民生民瘼，整頓積弊改革圖強的決心。

韓愈在《順宗實錄》中記載了永貞革新所採取的諸項措施：

貞元中，要乳母，皆令選寺觀婢以充之，而給與其直。例多不中選。寺觀次當出者，賣產業割與地買之，貴有姿貌者以進，其徒苦之。至是亦禁焉。

貞元時，宮裡徵乳母，都令寺觀選婢女充當，但總不能中選。因此寺觀輪到出婢女，經常出賣產業，在民間購選有姿色的民女送到宮裡。搞得民間苦不堪言。永貞革新禁徵乳母，為百姓除去一害。

三月庚午朔，出後宮三百人。

癸酉，出後宮並教坊女妓六百人，聽其親戚迎於九仙門。百姓相聚，歡呼大喜。

景午，罷翰林陰陽星卜醫相覆棋諸待詔三十二人。

三月初，釋放宮女三百人；釋放掖庭（皇宮中的旁舍，宮嬪居住的地方）教坊女樂六百餘人，還通知家屬在九仙門迎接，百姓家人團聚，歡呼雀躍。

另外，精減機構，裁減冗員，停罷內侍郭忠正等十九位官員俸祿；罷除翰林醫工、相工、星占等冗員三十二人。

在實際不到二個月的短短時段內，大刀闊斧、雷厲風行地革除了這麼多虐政、弊政，可見革新派決心之大，膽魄之大。即便從韓愈有所保留的記載中，也能感受到永貞革新取得了民心與輿論的支持。

韓愈在《順宗實錄》中，還記載了永貞革新的二項重要舉措。

一是罷除了擾民的「宮市」。所謂「宮市」，即宮中到外面採購東西。最初由朝官負責，德宗時，宮市被宦官掌握。宦官常借為皇宮採買東西，在市場上強取豪奪，這一情景，韓愈在《順宗實錄》卷2中有記述：

宮中有要市外物，令官吏主之，與人為市，隨給其直。貞元末，以宦者為使，抑買人物，稍不如本估。末年不復行文書，置「白望」數百人於兩市，並要閙坊，閱人所賣物，但稱「宮市」，即斂手付與，真偽不復可辨，無敢問所從來。其論價之高下者，率用百錢物買人直數千錢物，仍索進奉門戶並腳價錢。將物詣市，至有空手而歸者。名為「宮市」，而實奪之。嘗有農夫，以驢負柴至城賣，遇宦者稱「宮市」取之，才與絹數尺，又就索門戶，仍邀以驢送至內。農夫涕泣，以所得絹付之，不肯受，曰：「須汝驢送柴至內。」農夫曰：「我有父母妻子，待此然後食。今以柴與汝，不取直而歸，汝尚不肯，我有死已！」遂毆宦者。街吏擒

第九章　輝煌在瞬間殞落

以聞，詔黜此宦者，而賜農夫絹十匹。然「宮市」亦不為之改易。諫官、御史數奏疏諫。不聽。上初登位，禁之。至大赦，又明禁。

　　按照以前的慣例：如果宮中需要出去買外面市場上的物品，令有關官吏主持這件事，派人向擺攤的老百姓買宮中所需要的東西，隨便象徵性地給點錢就行了。貞元末年，皇上派宦官來主持這件事，這些宦官壓低價格來買老百姓的物品，出的價遠低於物品本身的價格。到貞元末年的時候，這些宦官乾脆不出示公文證件，皇上設立了一個叫「白望」（這名稱具有諷刺意味：在市場上東張西望，看中東西就白拿）的組織。這個組織大約有幾百人，在長安的東西兩市和繁華市區，一旦相中了某件貨物，就說自己是負責「宮市」的人，立即取物付款，這些人身分究竟是真是假，難以分清，沒有人敢問他們是從哪裡來。他們跟賣家討價還價，價值幾千文的東西，用差不多百文錢就買走了，甚至還被索要進宮門的錢和運費。有的老百姓把物品帶到市場去賣，往往空手而歸。雖然宦官將其名叫「宮市」，實際上是強取豪奪。

　　曾經有個農民，用毛驢馱了幾捆木柴到城裡的集市去賣，遇到了幾個自稱「宮市」的宦官，拿走了他的所有木柴，一共才給了他幾尺絹，還要向農民索取給守門人的進門費，並且讓農民用驢把木柴送到皇宮裡去。農民哭泣起來，把剛剛得到的幾尺絹給了這些宦官，沒想到就這樣他們還不肯接受，說：「你必須用毛驢把木柴送到皇宮裡面。」這個農民哀求說：「我家裡還有父母妻子兒女，都在等我用毛驢馱一點東西賺幾個小錢，才能買點糧食吃飯。如今我把木柴都給了你們，一分錢也不要只想回家，這樣還不行，分明是要把我往死路上逼呀！」於是就上前扯住宦官毆打。街上巡邏的士兵抓到他，然後把他的事報上朝廷。皇上頒下詔書，罷免了那幾個強買的宦官，並且賞賜給農民十匹絹。然而「宮市」這種做法也沒有因此而改變。諫官和御史多次上奏摺提意見，但皇上不

採納。順宗皇帝剛剛即位，就明令禁止了「宮市」的做法。

白居易的新樂府名篇〈賣炭翁〉，正是用文學的筆法，具體而逼真地描繪了「宮市」對民眾的殘酷掠奪：

賣炭翁，伐薪燒炭南山中。
滿面塵灰煙火色，兩鬢蒼蒼十指黑。
賣炭得錢何所營？身上衣裳口中食。
可憐身上衣正單，心憂炭賤願天寒。
夜來城外一尺雪，曉駕炭車輾冰轍。
牛困人飢日已高，市南門外泥中歇。
翩翩兩騎來是誰？黃衣使者白衫兒。
手把文書口稱敕，回車叱牛牽向北。
一車炭，千餘斤，宮使驅將惜不得。
半匹紅紗一丈綾，繫向牛頭充炭直。

另外，永貞革新還取締了市民怨聲載道的「五坊小兒」。韓愈在《順宗實錄》卷2中，對此也留下了記錄：

貞元末，五坊小兒，張捕鳥雀於閭里，皆為暴橫以取錢物。至其張羅網於門，不許人出入者。或有張井上者，使不得汲水，近之輒曰：「汝驚供奉鳥雀。」痛毆之，出錢物求謝，乃去。或相聚飲食於肆，醉飽而去，賣者或不知，就索其直，多被毆罵。或時留蛇一囊為質，曰：「此蛇所以致鳥雀而捕之者，今留付汝，幸善飼之，勿令飢渴。」賣者愧謝求哀，乃攜而去。上在春宮時，則知其弊，常欲奏禁之。至即位，遂推而行之，人情大悅。

五坊指雕坊、鶻坊、鷂坊、鷹坊、狗坊，每坊養一種動物供皇帝娛樂。馴養動物的差役稱小兒。德宗時，五坊小兒常欺侮百姓，「暴橫以

第九章　輝煌在瞬間殞落

取錢物」。他們每當要敲詐某家，先把捕鳥的網張到人家門上或水井上，沒有人敢走近，否則就說你嚇跑了他要進貢的鳥，暴打一頓，直到你拿出錢來消災，他們才肯撤了網，揚長而去。有時在酒肆飯鋪吃得酒足飯飽，抹抹嘴就走。有人不明就裡，向他們要錢，打罵一頓還算好的，往往還無賴地留一袋子蛇在你的店裡，說是用以捕鳥雀的，要店主好好地餵養，這樣的抵押品誰敢留下，只得百般哀求，還得多塞錢，五坊小兒才肯撤去。順宗還在當太子時就早已耳聞，所以一繼位，就支持革新派禁之，「人情大悅」，贏得了民眾的歡欣。

在永貞革新之前，也曾有徐州節度使張建封和京兆尹吳湊等上書請求罷免「宮市」、「五坊小兒」。但此二項是宦官的搖錢樹，豈肯輕易放棄。宦官反而誣陷吳湊別有用心，吳湊因而獲罪。「永貞革新」廢除「宮市」和「五坊小兒」，雖然京城百姓叫好，但無疑是斷了宦官集團的財路，觸犯了他們的既得利益，從而加劇了與宦官集團的衝突。

杜文青在《帝國改革往事》一書中，對永貞革新失敗的教訓總結為：「順宗和二王想先打造出清正廉潔且節儉自律的宮廷和政府，然後穩固住自己的統治基礎、收拾民心、重塑皇室的威嚴。但是他們犯了『冒進』的錯誤，急功近利，急於求成，改革應循序漸進，步步為營，方為上策。從當時的情況來看，他們太理想主義、太不現實、太不實際了。」認為「德宗積弊已深，企圖採用『休克療法』或『震盪療法』，短短幾個月就煥然一新，很難奏效。但『二王劉柳』擔心順宗不久於世，欲以跑百米衝刺速度，接連推出力度很大的改革措施，結果欲速而不達。」

這些評價，有點「隔岸觀火、說風涼話」。當年永貞革新派們，面對的是一個病入膏肓、朝不謀夕的皇帝，一個「朝令夕改」、「人亡政息」的體制，也許「過了這個村，沒這個店」了，他們能不「快刀斬亂麻」、當機立斷嗎？

後世典籍對永貞革新的描述中，多有攻訐順宗朝得寵的新權貴們，「賣官鬻爵」、「腐敗貪婪」，一副暴發戶的嘴臉：《舊唐書》卷135記載：「伾與叔文及諸朋黨之門，車馬填湊，而伾門尤盛，珍玩賂遺，歲時不絕。室中為大櫃，開一竅以藏金寶，其妻或寢臥其上。」《資治通鑑》卷229記載：「於是叔文及其黨十餘家之門，晝夜車馬如市。客候見叔文、伾者，至宿其坊中餅肆、酒壚下，一人得千錢，乃容之。伾尤闒茸，專以納賄為事，作大匱貯金帛，夫婦寢其上。」

這些大同小異的描述，眾口鑠金，似乎都在影射革新集團是一些貪腐的暴發戶。

韓愈的〈永貞行〉也寫有這樣的詩句：「公然白日受賄賂，火齊磊落堆金盤。」「火齊」即寶珠。祝充云：「火齊，珠也。一日似雲母，重沓而開，色黃似金。」班固〈西都賦〉：「翡翠火齊，流耀含英」；杜甫有詩句：「火齊堆金盤」。韓愈的詩意是指斥永貞革新派一朝大權在握，大白天公然接受賄賂，名貴的寶珠堆滿了黃金的盤子。對於韓愈的這一說法，章士釗質疑說：「以退之自作之《實錄》中所行善政推之，白日受賂，可認為斷斷必無之事。如伾等器小官高，在應酬小節偶有不慎，事亦可能，然何至如退之詩句描寫之甚。觀子厚〈與饒州書〉，明斥國家弊政之大，莫如賄賂行而賦稅亂，又何至剛親政權，躬自蹈之。」章士釗以自己對歷史的真知灼見，指出韓愈文中的自相矛盾。並以柳宗元所著〈答元饒州論政理書〉為例，革新派清醒地意識到國家弊政之烈，莫過於亂收賦稅和賄賂盛行。他們好不容易獲得了執政權，怎麼會上臺伊始就自毀長城呢？

歷史學家蔡東藩，在《唐史演義》中，對「永貞革新」作了較為客觀的評價：

第九章　輝煌在瞬間殞落

　　王叔文非真無賴子，觀其引進諸人，多一時名士，雖非將相才，皆文學選也。王伾與叔文比肩，較為貪鄙，招權納賄，容或有之，亂政誤國，尚未敢為。……舉前朝之弊政，次第廓清，是亦足慰人望。即欲奪宦官之柄，委諸大臣，亦未始非當時要著。閹寺禍唐，已成積習，果能一舉掃除，寧非大幸？

　　蔡東藩以歷史學家的洞察，把「二王」區別看待。一人的十個手指伸出，尚且長短不等，怎麼能一概而論，把革新集團認作「貪腐集團」？翻閱歷朝歷代史籍，除王伾外，還未有其他革新派人士受過賄賂的記載。《唐史演義》根據史籍，添油加醋地誇張演繹，也是只提：「……王伾家門庭若市，日夜不絕，那些熱心做官的人就要使許多賄賂，也不惜東撥西湊供奉。王伾最號貪婪，按官取賄，毫無忌憚，所得金帛，用一大櫃收藏，王伾夫婦共臥櫃上，以防盜竊。」由於找到王伾門上來求官求職的人太多，以至於王伾官邸前的旅館都趁機漲價，大發其財。

　　有一個歷史的細節大概頗能說明問題。

　　《舊唐書》卷140〈韋皋傳〉載：

　　皋乃遣支度副使劉闢使於京師，闢私謁王叔文曰：「太尉使致誠於足下，若能致某都領劍南三川，必有以相酬；如不留意，亦有以奉報。」叔文大怒，將斬闢以徇。

　　長期盤踞蜀中的劍南西川節度使韋皋，派他的心腹支度副使劉闢攜帶大量金錢到長安，試圖賄賂王叔文，求總領三川（即劍南東川、西川及山南西道），並附在王叔文耳邊說：若授予三川之地，必有重禮相酬；若不授予，也會有所報應，你可要拿捏好利弊後果。這些話有著威脅、利誘雙管齊下的意味。韋皋在德宗年間因對吐蕃作戰立有戰功，受封南康郡王，是一個很有勢力的藩鎮。韋皋派人前來向王叔文示好，帶有試探性意思。但王叔文居然不為所動，認為韋皋在蜀的20多年來，靠著收

重稅以取悅德宗，與自己不可能志同道合，因而斷然拒絕了他的無理要求，並欲將劉闢繩之以法號令天下。劉闢見王叔文不吃這一套，倉惶逃回四川向韋皋覆命去了。

要說賄賂，還有比一方藩鎮主動送上門來更大的生意？僅憑這一點，也可看出王叔文的一身浩然正氣。《舊唐書》卷135中記有這樣的文字：「伾闒茸，不如叔文，唯招賄賂，無大志」，可見就是在褒貶態度鮮明的正史上，也把「器小官高」的王伾，與素有大志、愛惜自己政治羽毛的王叔文作出區分。

任何一場改革猶如大江東去，難免泥沙俱下、魚龍混雜。改革是重新洗牌的利益再分配，自然也避免不了有人混水摸魚。「永貞革新」的大潮中，並不排除像王伾之輩，「假改革之名義」，攫取個人私利。

然而清者自清，濁者自濁。歷史的長河自會塵埃落定，「淘盡狂沙始見金」。

在永貞革新的146天裡，革新派與閹宦勢力進行了殊死較量。革新派一方在組織自己的隊伍，而守舊勢力也在頑固地堅守自己的地位和既得利益。在今天已經殘缺的史料裡，我們仍可窺一斑，以測全豹：正如歷史學家蔡東藩所言，「閹寺禍唐，已成積習」。永貞革新遭遇真正的致命一擊是來自閹宦勢力。

「安史之亂」使唐朝從繁榮的頂峰跌落下來。唐王朝的政局出現了兩個特點：一是藩鎮割據於地方，二是宦官專權於中央。

唐制，宦官屬於內侍省。唐太宗曾規定宦官不得干預朝政。但經過「安史之亂」後，宦官參政干政現象日益嚴重。宦官統軍逐漸制度化，形成政體上的一個毒瘤。唐肅宗是一位平庸的皇帝，他任用魚朝恩為觀軍容宣慰處置使，成為唐代宦官掌握軍權的開始。由於唐代宗是由宦官

第九章　輝煌在瞬間殞落

擁立,所以對宦官很是優寵,特別是派往各地出使的宦官,任由其公開索賄、大肆搜刮,朝政逐步落入宦官之手。宦官李輔國曾公開對代宗揚言:「大家但內裡坐,外事聽老奴處置」。「大家」是唐宮對皇帝的慣稱,宦官竟然要越俎代苞替皇帝處理國事。魚朝恩更因曾典禁軍掌控了兵權,經常訓斥宰相,凡朝廷裁決大事,沒有他參與意見就不算數。魚朝恩傲慢地說:「天下事有不由我乎!」這種宦官專權的局面,到了唐德宗時期更為嚴重。

唐德宗即位伊始,曾下決心加以整治,「疏斥宦官」而親近朝臣。在剛剛即位的當年閏五月,德宗派宦官前往淮西頒賜旌節給節度使李希烈。此人回京後,德宗得知,李希烈不僅送了他700匹縑、200斤黃茗,還送了他駿馬和奴婢。德宗大怒,將其杖責六十以後又處以流刑。此事傳出京城,那些奉使出京還沒有回來的,都悄悄把禮品扔到山谷之中,沒有收到禮品的就再也不敢亂來了。不僅如此,在即位的當月,德宗還果斷地將暗懷異圖的宦官劉忠翼賜死。

但建中四年(西元783年)的兵變,成為唐德宗態度變化的轉捩點。唐德宗調動涇原兵勤王護駕,沒料到經過長安時發生兵變。德宗急調禁兵(即神策軍)保駕,而白志貞統領的神策軍竟無一人前來。德宗倉皇逃出皇宮前往奉天(今陝西乾縣)。在這次逃難中,僅有宦官竇文場、霍仙鳴的一百人隨從左右。此事變之後,德宗接受教訓,對朝廷宿將變得猜忌不信任,認為宦官畢竟是家奴,在關鍵時刻還是他們最忠實可靠。於是罷武將統領禁兵,而交給宦官指揮。

興元元年(西元784年)十月,也就是唐德宗重返京師才三個月,就將神策軍分為左右兩廂,同時以竇文場和霍仙鳴為監神策軍左、右廂兵馬使,開啟了宦官掌握禁軍的先河。神策軍自德宗重返長安以後,駐紮

在京師四周和宮苑之內，成為比羽林軍、龍武軍更加重要的中央禁軍和精銳機動武裝部隊。貞元二年（西元786年），唐德宗將神策軍左右廂擴建為左、右神策軍，竇文場等宦官仍然擔任監軍，稱為「監勾當左、右神策軍」。到貞元十二年（西元796年）六月，德宗又設立了左、右神策軍護軍中尉，分別由竇文場和霍仙鳴擔任，這一職務直接由皇帝授任，成為地位高於神策軍大將軍之上的實際統帥。從此，神策軍的統帥權掌握在宦官手中。在貞元十一年（西元795年）五月，德宗還將宦官任各地藩鎮監軍的辦法固定下來，專門為擔任監軍使的宦官置印，不僅提高了監軍的地位，也使之制度化。唐順宗繼位接手的就是這樣一個「爛攤子」。

宦官專權成為中晚唐政治生活中一道怪異的現象。宦官手握兵權，不僅能夠左右政局，還能左右廢立，甚至直接囚禁、殺害皇帝。唐德宗以後的唐朝皇帝中，如德宗的兒子順宗、孫子憲宗以及後來的敬宗、文宗等，都疑似死於宦官之手。以至「閹宦成禍」成為唐朝中晚期腐敗政治的顯著特徵。

針對中唐時期宦官的專權干政，柳宗元憤而撰寫了〈晉文公問守原議〉一文。

柳宗元文章取材於《左傳·僖公二十五年》：晉公子重耳，遭驪姬之難，在外流亡十九年，後來在秦國的幫助下奪取王位，是為晉文公。晉文公去朝見周襄王，得到賞賜南陽的樊、溫、原、狅茅等土地。晉文公「問原守於寺人勃鞮」，為了管理這些土地，晉文公向寺人勃鞮徵求意見：在我流亡的歲月中，大臣趙衰一直是相隨左右，自己餓著肚子，卻把飯讓給我吃。現在我發跡了，不能忘記患難與共的臣下。我想把這些土地授命趙衰去治理。寺人即宦官。趙衰是晉文公的股肱大臣，是此後「三家分晉」的趙國之先祖。

第九章　輝煌在瞬間殞落

針對史載的這件事，柳宗元借題發揮，發表了自己的一番見解：

在我看來，治理原地是一件政治上的大事，涉及侍奉君王，促成霸業，向諸侯傳達君王的命令，「不宜謀及媟（ㄒㄧㄝˋ）近，以忝王命」。這樣的事情本來是不應該與宦官商量的，將周天子的封地都玷汙了。但是晉文公選拔擔負如此重任的官吏，「不公議於朝，而私議於宮。不博謀於卿相，而獨謀於寺人」，不是在朝堂上公議決策，而是在內宮中黑箱作業，不廣泛地徵求大臣們的意見，反而是小範圍地聽取宦官的主意。「雖或衰之賢足以守，國之政不為敗，而賊賢失政之端由是滋矣。」也許說趙衰的才幹，足以管理好原地，國家的政治還不至於因此遭到破壞，然而可能更適合的人選得不到任用，這樣就開啟了一個不好的先例。山陵之禍起於毫芒。「況當其時不乏言議之臣乎？狐偃為謀臣，先軫將中軍，晉君疏而不諮，外而不求，乃卒定於內豎，其可以為法乎？」更何況當時的晉國並不是沒有善於提意見的大臣啊！狐偃作為謀臣，先軫作為中軍主帥，晉文公卻把他們疏遠了，有事情不去與他們商議，卻聽取宦官的意見來決定如此重大的國事，這難道是可以仿效的榜樣嗎？

柳宗元在〈晉文公問守原議〉一文中，還列舉了「齊桓任管仲以興，進豎刁以敗」的歷史典故。周莊王十一年，齊桓公接受了鮑叔牙的推薦，任用曾與自己有一箭之仇的管仲為相而崛起。成為春秋五霸之首。而後來桓公四十一年，管仲病逝，已經功成名就的齊桓公親近豎刁、易牙、開方等內侍而疏遠朝臣，結果遭致齊國大亂。柳宗元以歷史的鏡鑑為訓，說像晉文公那樣的有為之君，「以土則大，以力則強，以義則天子之冊也」，首先成為春秋時期的霸主，然而因為聽信了寺人的話，做事就不能讓人心服，因此而開啟了國家敗亡的禍端。

柳宗元在文章最後總結說：「得賢臣以守大邑，則問非失舉也，蓋失問也。然猶羞當時、陷後代若此，況於問與舉又兩失者，其何以救之

哉?」晉文公讓十分賢良的大臣來治理原地這個大地方,可以看出並不是沒有好的人物去治理原地,而是推舉的時候問錯了人。結果造成讓當代人恥笑,給後世人遭禍。這還是推舉的人沒有錯,要是推舉的人和所問之人都錯了,那麼生米煮成熟飯,還能有什麼辦法挽救呢?

正是出於這一見解,柳宗元認為,「晉君之罪,以附《春秋》許世子止、趙盾之義」。晉文公所犯錯誤,可以與許世子止、趙盾兩人的罪過相提並論。春秋時的許國世子止,在其父許悼公患瘧疾時獻藥,悼公服藥後死掉了。《春秋》記載說:「許世子止弒其君買。」杜預解釋說:「藥物有毒,當由醫,非凡人所知。譏止不捨藥物,所以加弒君之名。」(《春秋左傳註疏》卷48〈昭公十九年〉)趙盾是晉國大夫,晉靈公昏庸殘暴,屢次想殺害他,趙盾只好逃走。但在他還沒有逃出國界之時,趙盾的族人趙穿殺了晉靈公,他聞訊而歸,迎立成公。於是,那個「在齊太史公,在晉董狐筆」的敢言史官董狐,在《春秋》記錄一筆:「晉趙盾弒其君克皋。」《左傳》引用了史官董狐的記載,說趙盾「為正卿,亡不越境,反不討賊」,應該負弒君的罪責(《春秋左傳註疏》卷21〈宣公二年〉)。實際上,許世子止和趙盾,對君死事件都沒有直接插手,按理不應負有責任。《春秋》加給他們「弒君」的罪名,是從月暈而風,礎潤而雨的現象來推測,以防微杜漸、尋根溯源的深度來評價這件事。由此可見,柳宗元借這一典故,認為晉文公問守原於寺人,可謂開啟弊端,為後代留下了無窮禍患,會導致政亂失國,所以要從重論罪。柳宗元正是從宦官干政會導致的惡果,未雨綢繆而敲響了警鐘。

乾隆皇帝在《唐宋文醇》中,對柳宗元的〈晉文公問守原議〉做如是評價:「宗元只垂戒後世雖是也,而其尚論晉文則非也」。乾隆皇帝首先肯定柳宗元此文出於針砭當時宦官專權的弊端是需要的:「宦寺之禍,列代覆轍相尋。唐天寶以後,浸昌浸熾,積成甘露之變。」當王叔文等受到

第九章　輝煌在瞬間殞落

唐順宗的重用，面臨的是「宦官既掌禁軍，復監天下軍」，皇權旁落，卿相無所用命的嚴峻形勢，「叔文輩欲一旦盡解其兵柄，還之朝廷，其義非不善也。」他還引用明代學者陳子龍的話：「伾文之黨，欲盡奪北衙之勢，張南衙之權，有於國謀，不可謂非正也。」乾隆皇帝亦對歷朝歷代對「永貞革新」的斥責提出不同見解，他指出，王叔文「事敗身死」時，無人敢為他伸張正義，是因為「當時鎮於宦寺之威，不敢論曲直耳」。以至「唐時承叔文之黨，與宗元無恕詞。即昌黎韓愈，亦譏宗元不自籍貴重」，「乃至於今，尚尤之不止，豈非惑哉？」他還指出，王叔文柳宗元等人是「當大過棟橈之時」，即國家處於危急的情況下「涉大川而不顧，滅頂而死，當為君子所哀。雖身敗名裂，不可謂之乃心王室乎？」所以乾隆皇帝認為，柳宗元勇於抨擊宦官專權，足以「垂戒後世」。

同時，乾隆皇帝以君王的視角，批評了柳宗元的偏激情緒，認為柳宗元指斥晉文公也有失公允。因為趙衰確是有功之臣，也不是「籍人汲引者」，而是靠自己的賢能而擁有今天的地位，所以任命他去守原也是正確的決策，不能因為是宦官勃鞮的提議而加以指責。「內舉不避親，外舉不避仇」，不應該因人而廢言。

柳宗元說的是春秋戰國時的事，言發於此而意歸於彼，針對的是當時宦官干政已經十分嚴重的現狀。宦官利用在「君側」之便，往往操縱方鎮大員的任命。如貞元十五年，宣武軍亂，宋州刺史劉逸準由於宦官俱文珍的推薦，被任命為宣武節度使。柳宗元的文章，顯然有著對當代宦官俱文珍干預朝政的影射。

從史載可以看出，永貞革新的失敗，宦官俱文珍在幕後操作，造成舉足輕重的影響。

《新唐書》卷207有〈劉貞亮傳〉。劉貞亮本名叫俱文珍，據唐史記

載，俱文珍少年時被一名老宦官收為義子，後改名為劉貞亮。俱文珍是德宗後期重用的一個宦官。俱文珍頗有心計，也極具政治膽量，每臨大事有決斷，自然成為宦官集團的智囊和領袖，而宦官集團正是依仗他而獲取了更大的權力和利益。

貞元初年，俱文珍被派往朔方行營副元帥渾瑊軍中擔任監軍。這次任命成為俱文珍命運走上坡的起點。此後，俱文珍更加得到了德宗的信任，不久又外放到宣武監軍。俱文珍利用時機，私設了一千人的親兵，由於得到德宗的庇護，竟然沒有人勇於過問，於是到貞元末年，依附於俱文珍的領兵宦官越來越多。

《新唐書》卷207〈劉貞亮傳〉中有這樣的記載：「每見叔文與論事，無敢異同，唯貞亮乃與之爭。」面對革新派咄咄逼人的改革舉措，宦官集團其他人都明哲保身、噤若寒蟬，唯俱文珍勇於挺身而出，與王叔文爭辯。

韓愈在《順宗實錄》一書中，記述了宦官集團對革新派的反擊：

初，叔文欲依前帶翰林學士，宦者俱文珍等惡其專權，削去翰林之職。叔文見制書大驚，謂人曰：「叔文日時至此，商量公事，若不得此院職事，即無因而至矣。」王伾曰：「諾。」即疏請，不從；再疏，乃許三五日一入翰林，去學士名。……由此始懼。

《新唐書·王叔文傳》載有：「宦人俱文珍忌其權，罷叔文學士。」《舊唐書·王叔文傳》亦記有：「內官俱文珍惡其弄權，乃削去學士之職」。

俱文珍忌憚王叔文乃革新派的領軍人物，「陰構密命，機形不見」，眾多主張皆出自王叔文之口。於是尋找藉口，首先削去王叔文的翰林學士之職。王叔文能夠出入內廷，取得「近侍」的便利，就是因為有翰林學士一職。俱文珍這一招可謂擊中要害。不久詔命一下，王叔文為戶部侍

第九章　輝煌在瞬間殞落

郎、依前充度支，鹽鐵轉運副使，而削去翰林學士。王叔文聞旨大驚，如此一來，自己就再不能自由出入內廷，重大決策不知曉，成了「聾子的耳朵」，光有個空頭銜何用？於是請王伾再為疏請，經再三懇求，始允許三、五日一入翰林。俱文珍這招可謂陰毒，這樣就等於是釜底抽薪，斬斷了王叔文與唐順宗的連繫。王叔文畢竟政治經驗不足，敗於老謀深算的俱文珍。

《舊唐書・王叔文傳》記載了革新派所擬採取的對策：「叔文在省署，不復舉其職事，引其黨與竊語，謀奪內官兵權。」王叔文感到了宦官俱文珍的來者不善。考慮到俱文珍之所以敢有恃無恐、如此囂張，自然是依仗他們直接控制著朝廷的精銳軍隊神策軍，於是試圖從宦官集團手中奪取兵權。當時神策軍的主力駐紮在京西諸鎮。雖然京西諸鎮從體制上而言是地方駐防，但實際上都歸屬於神策軍最高首領左右中尉統領。

韓愈在《順宗實錄》一書中，記述了革新派最後的努力：

> 辛未，以右金吾大將軍范希朝為檢校右僕射，兼右神策京西諸城鎮行營兵馬節度使。叔文欲專兵柄，藉希朝年老舊將，故用為將帥，使主其名。而尋以其黨韓泰為行軍司馬，專其事。

王叔文等革新派請聖旨，任命右金吾大將軍范希朝為左、右神策、京西諸鎮行營節度使；以度支郎中韓泰為其行軍司馬。神策軍是守衛宮廷的禁軍，統帥權本來掌握在宦官手裡。取得了神策軍的軍權，無疑就取得了宮廷及京西的控制權。派素有威望的老將范希朝掌握其權，讓極有略的革新派人物韓泰居中操縱，這與派杜佑主財政，而用劉禹錫為其輔佐，是同一個模式。這樣的策劃無疑是一著妙棋。

《全唐文》卷五十五〈順宗皇帝〉中，有〈授范希朝神策軍節度使制〉這道詔令：

古之命將帥，修封疆，在於整軍，非以耀武。故繕理亭障，訓齊車徒，以申國威，以固王略。非誠節茂著，無以分統六師；非勳績彰明，無以並護諸將。副茲重任，實在忠賢。特進檢校右僕射右金吾衛大將軍充右街使成紀男范希朝，有貞臣之節，有良將之風，識達《武經》，學綜兵要。臨事能斷，好謀而成，嘗領元戎，鎮於朔野，控河上之塞，拒漢南之庭。修其政刑，諭以威德，士吏向化，裔夷綏懷，入覲京師，策勳王府。洎司警衛，禁旅增嚴，直道彌彰，嘉庸益茂。固可以總統北落，節制西陲，成魏絳和戎之勳，振晁錯備邊之策。俾異俗率化，稽人成功，師乘以和，烽候無警，懋建丕績，時乃之休。可開府儀同三司檢校左僕射兼右神策軍京西諸城鎮行營兵馬節度使如故。

起初，「中人尚未悟」，閹宦們並未覺察到革新派的謀略。「邊上諸將各以狀辭中尉，且言方屬希朝」，京西諸鎮的將官紛紛向俱文珍遞上了報告，聲言范希朝來接管兵權。「中人始悟兵柄為叔文所奪」，俱文珍猛然意識到威脅已經逼近眼前，「從其謀，吾屬必死其手」，要是讓這一計謀得逞，我等將死無葬身之地矣。「中尉乃止諸鎮無以兵馬入。希朝、韓泰已至奉天，諸將不至，乃還。」神策軍與宦官的連繫十分密切，宦官影響著其將官的任命，因此兵將對宦官的依附，往往高於對國家的忠誠。俱文珍密令諸將拒絕交兵權。范希朝、韓泰來到軍營後，諸將竟沒有一人響應而至。至此，詔令難出禁宮，皇帝的聖旨成為一紙空文，可見宦官集團勢力之大。

革新派輸掉了關鍵的一著棋。

對於革新派欲奪取宦官勢力的兵權，韓愈在〈永貞行〉中予以嘲笑：「董賢三公誰復惜？侯景九錫行可嘆！」西漢時的「帥哥」董賢是漢哀帝同性戀的男寵，曾留下「哀帝斷袖」的謔談。22歲就當上了三公之一的大司馬，哀帝甚至提議要把皇帝的位置也讓給他。哀帝去世，董賢恐懼地

第九章　輝煌在瞬間殞落

自殺了。韓愈問，現在還有誰會可惜董賢的喪命？南北朝時北方武將侯景，率兵投降梁朝之後犯上作亂，殺死梁朝皇帝，透過加九錫等方式，自己即位做了皇帝，一時風光無限，最後卻身死非命。

韓愈列舉這二個典故，詩中的言外之意已經表達得十分明確：「國家功高德且厚，天位未許庸夫干。」居廟堂之高，是依憑功高德厚，豈是小人可以隨便僭越篡奪。韓愈以二王劉柳比董賢、侯景一類奸佞誤國作亂篡位的鉅奸大惡，用意可謂刻薄且惡毒。

關於韓愈與宦官俱文珍的關係，後人多有議論。從收入《昌黎外集》的〈三送俱文珍序〉等篇中，已透露出韓愈與俱文珍的關係非同一般。

韓愈在〈送汴州監軍俱文珍序〉一文中，寫下這樣的諂頌之辭：「其監統中貴，必材雄德茂，榮耀寵光，能俯達人情，仰喻天意者，然後為之。故我監軍俱公，輟侍從之榮，受腹心之寄，奮其武毅，張我皇威，遇變出奇，先事獨運，偃息談笑，危疑以平。天子無東顧之憂，方伯有同和之美。」

韓愈著史而循情，連古人也看不下去。清代大學者何焯評韓愈〈永貞行〉一詩時說：王叔文欲奪宦官兵權，這件事不能因為討厭王叔文這個人而否定。「九錫」、「天位」等用語太過分了，簡直要把「謀反」的帽子扣到二王劉柳頭上。明末清初大思想家王夫之在《讀通鑑論》卷二十五「唐順宗」一節時說：「以范希朝、韓泰奪宦官之兵柄，革德宗末年之亂政，以快人心，清國紀，亦云善矣。」

革新派陣營始終有一個致命的軟肋，或者說是「阿基里斯的腳踝」：支撐此權力結構的順宗皇帝，病情越來越重，已經無法用言語表達意識，只能偶爾由人扶著上御殿，不能與大臣們同朝奏對議事。朝廷上下對順宗的病十分擔憂，怕順宗突然撒手西去，國家就會陷於混亂。及早

確立太子，就成為關係重大而且迫在眉睫的大事。以俱文珍為首的宦官勢力，利用了朝堂上下的這種情緒，順勢策劃了一場擁立順宗長子、廣陵王李純為太子的活動。李純對革新派的作派一向持保留態度，一旦他上臺，一朝天子一朝臣，必然對革新派形成致命的打擊。

《舊唐書·宦官傳》載：

知其朋徒日熾，慮撓朝政，乃與中官劉光琦、薛文珍、尚衍、解玉等謀，奏請立廣陵王為皇太子，勾當軍國大事，順宗可之。貞亮遂召學士衛次公、鄭絪、李程、王涯入金鑾殿，草立儲君詔。

從史載可以看出，冊立太子這樣的國家大事，卻正如柳宗元所言，「不議於朝」，而是先由「寺人」俱文珍與「中官劉光琦、薛文珍、尚衍、解玉等謀」，有了共識，再奏請順宗「可之」，然後才召集大臣「衛次公、鄭絪、李程、王涯入金鑾殿，草立儲君詔」。大臣完全成為履行一道手續的「橡皮圖章」。

《新唐書》卷165〈鄭絪傳〉記載：「順宗病，不得語。王叔文與牛美人用事，權震央外。帝召（鄭）絪草立太子詔。絪不請，輒書曰：『立嫡以長。』跪白之。帝頷乃定。」鄭絪是個正直的大臣，堅守「立嫡以長」的原則，上次在擁戴順宗即位時，鄭絪、衛次公等人的「立嫡以長」曾與宦官勢力發生激烈衝突，而此次，倒是與宦官勢力達成了一致。已經不能語的順宗點了點頭，立儲的事就這麼定下來了。

韓愈在《順宗實錄》中記載有冊立太子李純的詔書：

癸巳，詔曰：「萬國之本，屬在元良；主器之重，歸於長子。所以基社稷而固邦統，古之制也。廣陵王某，孝友溫恭，慈仁忠恕；博厚以容物，寬明而愛人；祗服訓詞，言皆合雅；講求典學，禮必從師；居有令聞，動無違德。朕獲纘丕緒，祗若大猷，唯懷永圖，用建儲貳，以承宗廟，

第九章　輝煌在瞬間殞落

以奉粢盛,爰舉舊章,俾膺茂典。宜冊為皇太子,改名某,仍令所司擇日備禮冊命。初,廣陵王名淳,至冊為皇太子,始改從今名。

順宗的這份詔書,究竟出於無奈還是代表了朕意,一個「不得語」,為史家留下了多少撲朔迷離的想像空間。

《新唐書‧鄭絪傳》說王叔文:「憚廣陵王雄睿,欲危之。」這當然是正史對失敗者的攻訐。似乎說王叔文認為順宗是個容易控制的「傀儡」,而一旦擁立了雄謀大略的廣陵王李純,就不能任其為所欲為了。於是,王叔文等人打算另立皇嗣,這自然就危及李純能否順利承繼皇位的命運。

柳宗元在〈六逆論〉裡,曾提出過一項觀點:即擇嗣之道應不計嫡庶,而主要應根據是否「聖且賢」。這既背逆了「立嫡以長」的正統觀念,也犯下了皇室爭位的大忌。這大概成為此後憲宗上臺,對柳宗元一直耿耿於懷、不復啟用的內心芥蒂。

自古奸佞亂朝綱,豈見文章傾社稷。柳宗元的文章並未能動搖大局的走勢。

《新唐書‧王叔文傳》載:「既而詔下立廣陵王為太子,天下皆悅,叔文獨有憂色,而不敢言其事,但吟杜甫題諸葛亮祠堂詩末句:『出師未捷身先死,長使英雄淚滿襟』,因歔欷泣下,人皆竊笑之。」

擅長博弈的王叔文,當李純被冊立為太子後,一副英雄末路之悲切,敏感到整個棋局無可挽回地呈現了敗勢。

永貞革新初始,革新派也許是本著「攘外必先安內」的方針,主要是針對朝廷內部的積弊,雖然聲勢甚為猛烈,但幾乎沒有觸動藩鎮的勢力。如在解除浙西觀察使李錡的鹽鐵轉運使職務之後,「另有任用」,妥協地任命他為鎮海節度使加以安撫,留下了隱患。革新派執政後,對藩

鎮採取了安撫措施,如命名徐州軍為武寧軍,並以張建封子張愔為節度使;加彰武節度使吳少誠同平章事(即為「使相」,是節使的最高榮譽);對河北藩鎮也派出使臣宣慰。試圖贏得藩鎮的「旁觀」,不予干涉朝政。

然而,革新派抑制藩鎮割據,強化中央集權的傾向已經昭然若揭,藩鎮絕不會漠然坐視、無動於衷,聽任革新派騰出手後再收拾他們。此前一直徘徊觀望、等待時機的藩鎮,看到革新派敗局已顯,開始向唐順宗施加壓力。首先是求領三川、被王叔文嚴詞拒絕的劍南西川節度使韋皋,向朝廷上表,他在表中寫道:

今群小得志,驟紊紀綱,官以勢遷,政由情改,朋黨交構,熒惑宸聰。樹置腹心,遍於貴位,潛結左右,難在蕭牆。國賦散於權門,王稅不入天府,褻慢無忌,高下在心,貨賄流聞,遷轉失敘,先聖屏黜贓犯之類,咸擢居省寺之間。至今忠臣隕涕,正人結舌,遐邇痛心,人知不可。伏恐奸雄乘便,因此謀動干戈,危殿下之家邦,傾太宗之王業。伏惟太宗櫛沐風雨,經營廟朝,將垂二百年,欲及千萬祀,而一朝使叔文奸佞之徒,侮弄朝政,恣其胸臆,坐致傾危。臣每思之,痛心疾首!伏望殿下斥逐群小,委任賢良,僕僕血誠,輸寫於此。

奏表說得冠冕堂皇,好像是為著大唐的千秋基業著想。然而,「項莊舞劍,意在沛公」,矛頭直指王叔文「群小」。話中隱藏著威脅:「伏恐奸雄乘便,因此謀動干戈,危殿下之家邦,傾太宗之王業」。奏表強烈要求「殿下斥逐群小,委任賢良」。

「癸丑,韋皋上表,請皇太子監國,又上皇太子箋。尋而裴均、嚴綬表繼至,悉與皋同。」此後,荊南節度使裴均、河東節度使嚴綬也仿韋皋上表,要求太子監國。唐朝的規制,太子是不能干預朝政的,但是加上「監國」則不同,就可以名正言順地過問朝廷軍國大事了。

如果說四川邊地處偏遠,對朝廷的影響有些「鞭長莫及」,那麼荊南

第九章　輝煌在瞬間殞落

的江陵和河中的浦州都靠近關中，又一向並非如「河北三鎮」那樣素存異志，所以三個藩帥的行動表明了當時的大勢所趨，革新派已經失去了藩鎮的支持。

順宗的太子李純有意早登帝位，俱文珍與宦官劉光琦、薛文珍、尚衍、解玉、呂如全等窺見太子的心思，於是順水推舟，策劃早日擁立太子即位。眾閹宦們整天在順宗病榻前，凶神惡煞地不給皇上好臉色看。唐順宗在藩鎮和宦官的內外壓力下，心中恐懼，七月只得把處理軍國政事的權力交給了太子。八月，俱文珍把翰林學士衛次公、鄭絪、李程、王涯召至金鑾殿，讓他們起草了〈命皇太子攝位詔〉：

朕承九聖之烈，荷萬邦之重。顧以寡德，涉道未明，虔恭畏懼，不克祇荷。常恐上墜祖宗之訓，下貽卿士之憂，夙夜祇勤，如臨淵谷。而積疹未復，至於經時。怡神保和，嘗所不暇。永唯四方之大，萬物之殷，不躬不親，慮有曠廢。加以山陵有日，霖潦踰旬，是用儆於朕心，思答天戒。其軍國政事，宜權令皇太子純勾當，百辟群後，中外庶僚，悉心輔翼，同於理。宣布朕意，咸所知聞。

這一切從表面上看，似乎都是因為順宗「積疹未復」、「不躬不親」，無法承當「四方之大，萬物之殷」的皇帝重任，所以「慮有曠廢」，而主動將皇位禪讓給了兒子。憲宗似乎也只是為父分憂而接受了皇位。

然而，從一些歷史資料來看，憲宗在政治上是站在父親的對立面，順宗的退位似乎有著難言之隱。

有兩個細節可以說明太子李純與父皇順宗政治上的對立。

《資治通鑑》卷236〈永貞元年〉記載：廣陵王李純被立為皇太子後，王叔文、韋執誼等人為對太子施加影響，安排新入朝的給事中陸質為太子侍讀。陸質是同情和支持革新派的，希望能透過陸質的觀念，潛移默

化地影響太子。然而，在陸質講書之際，稍加流露傾向，太子馬上發怒說：「陛下令先生為寡人講經義耳，何為預它事？」

《舊唐書·韋皋傳》記載：在劍南西川節度使韋皋上表請皇太子監國的同時，也直接上疏皇太子，攻擊二王集團，並將矛頭直接指向了順宗，指責順宗用人不明。對於這樣的疏奏，皇太子的態度是：「太子優令答之」。

貞元二十一年八月，太子即皇帝位。順宗退居興慶宮，稱太上皇，史稱「永貞內禪」。順宗前後做了不到七個月的皇帝，連年號都沒有。憲宗繼位後，把貞元二十一年改為永貞元年，於是永貞成為順宗的年號。後世所稱「永貞革新」其實並不準確，當時還沒有「永貞」年號，革新運動發生在「貞元二十一年」。

封建史上司空見慣的一場「逼宮鬧劇」演出成功！

在外有藩鎮泰山壓頂，內有閹寺釜底抽薪的夾擊下，革新派營壘終於呈現出內部的裂縫。後世有人評價，革新派或敗於「內部分裂」。作為「內相」的王叔文與作為「外相」的韋執誼，兩人聯盟的破裂內訌才是革新派失敗的內因。

改革之初，革新派之間唇齒相依，配合得還算和諧，韋執誼與王叔文也友善相處。韋執誼不負王叔文引薦之情誼，常到中書，與王叔文計議政事。但是，從一開始就各懷打算的革新派，只能同甘苦，不能共患難，隨著形勢的逆轉，王叔文與韋執誼兩人之間的關係發生了一些微妙的變化。

《順宗實錄》記載：

丁酉，吏部尚書平章事鄭珣瑜稱疾去位。其日，珣瑜方與諸相會食於中書。故事：丞相方食，百寮無敢謁見者。叔文是日至中書，欲與執誼計事，令直省通執誼。直省以舊事告，叔文叱直省，直省懼，入白執

第九章　輝煌在瞬間殞落

誼。執誼逡巡慚赧，竟起迎叔文，就其閣語，良久。宰相杜佑、高郢、珣瑜皆停箸以待。有報者云：「叔文索飯，韋相已與之同餐閣中矣。」佑、郢等心知其不可，畏懼叔文、執誼莫敢出言。珣瑜獨嘆曰：「吾豈可復居此位。」顧左右取馬徑歸，遂不起。前是，左僕射賈耽以疾歸第，未起，珣瑜又繼去。二相皆天下重望，相次歸臥……

既然眾大臣認為是王叔文弄權，新政並非出自皇帝，一些老臣為了顯示自己的剛正不阿，骨鯁有氣，就持與王叔文不合作的態度。尚書右丞韓皋就公開對人說：「吾不能事新貴。」宰相賈耽則「屢移疾乞骸骨」，即託故有病，欲告老還鄉。

韓愈在《順宗實錄》講了這樣一個細節：王叔文至中書省找韋執誼，準備與他商議國事。韋執誼正與鄭珣瑜、高郢、杜佑等用膳，見到王叔文，韋執誼連忙放下碗筷，到內閣與王叔文議事。可能是議事議得太晚了，韋執誼就與王叔文在內閣裡吃了飯。鄭、高、杜認為是故意冷落他們。鄭珣瑜喟然長嘆曰：「吾可復居此乎？」命左右牽馬歸府，生氣告病在家，七日再不理朝政。鄭珣瑜等老臣正派廉潔，政聲也不錯。但是王叔文等人忽略怠慢了幾個老臣，鄭珣瑜被刺傷了自尊心。

《舊唐書》卷135〈王叔文傳〉中，記載了王叔文與韋執誼兩人由交誼到交惡的過程：

執誼既為叔文引用，不敢負情，然迫於公議，時時立異，密令人謝叔文曰：「不敢負約為異，欲共成國家之事故也。」叔文詬怒，遂成仇怨；執誼既因之得位，亦欲矛盾掩其跡。

六月乙亥，貶宣州巡官羊士諤為汀州寧化縣尉。士諤性傾躁，時以公事至京，遇叔文用事，朋黨相煽，頗不能平，公言其非。叔文聞之怒，欲下詔斬之，執誼不可；則令杖殺之，執誼又以為不可；遂貶焉。由是叔文始大惡執誼，往來二人門下者皆懼。

在永貞革新的一百多天的時間裡，革新派與守舊勢力有著一場殊死較量。白居易曾說：「臣又見貞元之末，時政嚴急，人家不敢歡宴，朝士不敢過從，眾心不懍，以為不可。「（《白氏長慶集》卷60〈論左降獨孤朗等狀〉）群臣出於忌諱，既不敢聚會歡宴，更不敢過從密切。生怕一著不慎「選錯了邊」。元稹有詩云：「貞元歲雲暮，朝有曲如鉤。風波勢奔蹙，日月光綢繆。齒牙屬為猾，禾黍暗生蝥。豈無司言者，肉食吞其喉。豈啟司搏者，利柄扼其鞲。鼻復勢氣塞，不得辯薰蕕。」（《元氏長慶集》卷二〈陽城驛〉）這些描述都讓後世感受到順宗一朝「燭光斧影」的嚴酷政治氣氛。兩派政治勢力之間的爭鬥幾乎達到白熱化的程度。在今天已經殘缺的史料裡，仍留下蛛絲馬跡。如《資治通鑑》卷236〈貞元十九年〉中記載：「左補闕張正一上書，得召見。正一與吏部員外郎王仲舒、主客員外郎劉伯芻等相親善，叔文之黨疑正一言己陰事，令（韋）執誼反譖正一等於上，云其朋黨，遊宴無度。九月，甲寅，正一等皆坐遠貶，人莫知其由。」

正是在此大背景下，一向「性貪婪詭賊」的韋執誼，表現得瞻前顧後、首鼠兩端、左右為難、莫衷一是。

王叔文與韋執誼兩人的合作，初始韋執誼因為是承蒙王叔文推薦，所以「不敢負情」。但面對朝廷眾臣的普遍對抗情緒，承受不住壓力，一方面常提些異議，表示自己與王叔文並非「密不可分」；一方面又向王叔文私下表白，自己並非故意作對，只是出於為革新大業的策略考量。王叔文對韋執誼的做法很反感和惱怒，兩人之間出現了裂痕。

《新唐書》卷126〈韓皋傳〉載：侍御史竇群攻擊劉禹錫「挾邪亂政，不宜在朝」，又找上門公然對王叔文惡言威脅，不要落個李實的下場。王叔文聞聽此言怒形於色，決定罷免竇群的官。「其黨欲逐之」，別人都同

第九章　輝煌在瞬間殞落

聲附合。而韋執誼獨提出反對意見「群素有強直名」，說竇群在朝廷頗有倔強剛正之名聲，現在因其進言而罷免不妥，竭力加以阻止。竇群曾對德宗皇帝也勇於當廷質問不諱。《舊唐書》上說竇群：「性狠戾，頗覆恩仇，臨事不顧生死。」對於這種強直鹵莽之人，不論他的意見正確與否，能夠多一點寬容與溝通，是有利於緩解其敵對情緒的。但是，「柳宗元、劉禹錫皆慢群」。

宣歙巡官羊士諤是一個耿介敢言之士，他對王叔文等人「朋黨相煽」的做派看不慣，「頗不能平，公言其非」，在朝堂上當面斥責王叔文。王叔文怒不可遏，要請詔斬羊士諤，韋執誼認為這樣做太過火了；王叔文退一步建議改為杖殺，韋執誼仍不予執行。最後，王叔文忍不下這口氣，再改為把羊士諤貶為汀州寧化縣尉，逐出京城。

「會其與執誼交惡，心腹內離」，王叔文與韋執誼的分歧公開，弄得革新派在兩人之間無所適從。

史書稱王叔文「肆言不疑」、「任氣好用事」。順宗在任命王叔文的制誥中也說他「質直無隱」。可見王叔文的性格既有沉穩隱忍的一面（如勸太子韜光養晦），也有急躁狹隘的一面。韋執誼與王叔文的合作態度，是革新成敗的關鍵。不論韋執誼出於什麼心理，即使「時時立異」、唱唱反調，對完善決策過程也有著必不可少的參考價值。但王叔文不能容忍，被認為是違逆和不配合。王叔文這種容不得任何不同見解的胸懷，屬於內心深處自卑感的表現。作為革新運動的主帥，他的行為必然將影響這個集團的其他成員。清人王夫之在積極肯定永貞革新政績的同時也指出，「所可憎者，器小而易盈，氣浮而不守。事本可共圖，而故出之以密；謀本無它奇，而故居之以險。膠漆以固其類，亢傲以待異己，得志自矜，身危不悟，以要言之，不可大受而已矣。」王夫之一針見血地指出了永貞革新失敗的「內因」。

在「無可奈何花落去」的大勢所趨之下，有幾人能夠「獨立寒秋」？

原本是革新派主持經濟的杜佑，態度也發生了轉變。杜佑的政能、文才均為一時之選，其所著《通典》也表現出積極的改革意識，又與劉禹錫有著良好的私交，但他在關鍵時刻卻站到了反對派那一邊。

鄭餘慶在〈祭杜佑太保文〉中說：「永貞之際，宮闈祕隔。順皇沉疾，奸臣竊職。公聽群位，總已夕惕。躬宣詔旨，捧受金冊。一人出震，群奸盪滌。」晚唐的裴庭裕在《東觀奏記》卷下中說：「永貞之際，首排奸邪，請憲宗監國。」由此可知杜佑在擁立憲宗這樣事關革新大業成敗的問題上，站到了反對派陣營一邊。

杜黃裳是韋執誼的岳父，他原本為奸相裴延齡所厭惡，十年之久得不到升遷。韋執誼擔任宰相之後，提拔他為太常卿。當他感到大勢不妙，反過來勸韋執誼率群臣請太子監國。韋執誼說：「丈人甫得一官，奈何啟口議禁中事？」得到的回答是：「黃裳受恩三朝，豈得以一官相買乎？」（《資治通鑑》卷236〈永貞元年〉）

官場上之人都擅長察顏觀色、見風使舵，從上述兩人的轉向不難判斷出，整個朝堂上的氣氛已經呈現出革新派「大勢已去」矣。

魯迅的筆下曾描繪過一種「二花臉」：有一種人，很會審時度勢、察顏觀色、見風使舵。他們總是不斷判斷形勢，他們能判斷出自己當前的主子有一天會垮臺，因此他們要為自己留有充分的周旋空間，一方面為主子搖旗吶喊，一方面又與主人保持一定距離。既入戲地表演好分派的角色，又會不時出戲地到臺前，向觀眾指出主子拙劣表演的穿幫之處。他任何時候都要為自己留有後路，準備一旦主子倒臺就進行切割、劃清界限。他們的表演是雙重性的，既表現出某種忠誠以獲取自己最大限度的當前利益，又要表現出與現時的主子保持一定距離，以便主人倒楣時

第九章　輝煌在瞬間殞落

不會殃及他,並隨時準備擇枝而棲,跳槽做反對派的新奴才。魯迅先生以自己對人性世故的深刻洞察,刻劃出了典型的「官場現形記」。

《順宗實錄》中的一段記載,頗能看出韋執誼的矛盾心理:

執誼亦自失形勢,知禍且至,雖尚為相,當不自得,長奄奄無氣,聞人行聲,輒惶悸失色,以至敗死,時才四十餘。

執誼自卑,嘗諱不言嶺南州縣名。為郎官時,嘗與同舍郎詣職方觀圖,每至嶺南圖,執誼皆命去之,閉目不視。至拜相還,所坐堂北壁有圖,不就省,七八日,試就觀之,乃崖州圖也。以為不祥,甚惡之,憚不能出口。至貶,果得崖州焉。

韋執誼看到大局已經無可挽回,常常唉聲嘆氣,聽到一點聲音會驚惶失色。他忌諱別人在他面前提起嶺南的州縣名字。認為是一種不吉利。甚至看到嶺南的地圖,都閉目不願正視。及至當了宰相,在相府北牆上恰巧有一幅壁掛,視之竟然是崖州之圖,大驚失色,認為是冥冥之中躲不過鬼使神差的命運播弄。儘管韋執誼如臨如履,傾巢之下,豈有完卵?韋執誼最終還是隨著革新集團一起被貶,流放之地竟果然是崖州。

這時發生了一個「偶然事件」,它成為壓垮駱駝的最後一根稻草。

柳宗元的〈為戶部王叔文陳情表〉一文:

臣某言:臣母劉氏,今月十三日(貞元二十一年六月庚戌),忽患喑風發動,狀候非常,今雖似退,猶甚虛憊。驚惶憂苦,不知所圖。臣唯一身,更無兄弟,侍疾嘗藥,難闕須臾。伏乞聖恩,停臣所職。今臣見在家扶侍,其官吏等並已發遣訖。

臣以庸微,特承顧遇,拔自卑品,委以劇司。夙夜兢惶,唯思答效,至誠至懇,天瞻所知。豈慮未效涓塵,遽迫方寸,以開塞重輕之務,加焦勞憂灼之懷,雖欲徇公,無由枉志。況忠孝同道,臣子之心,

許國誠切於死生，報親忍忘於顧復？進退窮蹙，昧死上陳。候母劉氏疾疢小瘳，冀微臣駑蹇再效。無任惶懼懇倒嗚咽之至。

封建禮教規定，官員父母去世，要辭職「丁憂」。即履約孔夫子儒教的「厚葬久喪」，要為父母守靈三年。恰在革新大業生死攸關之際，王叔文母親病危，柳宗元代悲痛中的王叔文起草陳情辭職表。從柳宗元的文字中可以體察到，其實，革新派是很不情願王叔文在此關鍵時節辭官去守孝。但又無奈於封建禮教，「忠臣必出於孝門」。所以柳宗元的措辭遣句欲言又止，很是希望皇上能鑒於現狀而予以「奪情駁奏」。既使這樣，從史籍的記述中還可以看到對此事的發難：「言叔文母死，匿喪不發，置酒翰林，自稱親疾病，今當請急。左右竊語曰：『母死已腐，方留此，將何為？』」

王母的去世，王叔文居喪去位，加速了革新派的失敗。一下子，革新派陣營缺失了核心人物。從《新唐史》的描述中可以看出：王伾孤掌難鳴，常至各宦官處疏通。與杜佑商量，請起王叔文為相，兼總北軍，偏偏沒人響應；再請起王叔文為威遠使，也是泥牛入海、毫無音訊；王伾最後只得自己出面，連上三疏，說王叔文如何通文達武，朝廷缺不得此人，應該趕快召回朝中。仍然是石沉大海、渺無消息。急得王伾如熱鍋上的螞蟻，團團亂轉。忽一日，在翰林院中臥至夜半，失聲大叫，「王伾中風了」，遂乘車而歸，再不敢出。

同樣面臨父親去世，明朝權相張居正為了政局的穩定，支使屬下向皇帝呈報的是懇請「奪情」表。封建禮教也有通融之餘地，如果官員「丁憂」，即在忠孝不能兩全的情況下，皇帝可以特批「奪情」，那樣就「君命不可違」，而繼續在原官位上盡職。從此一對比中，我們看到了王叔文政治上的不成熟——畢竟還是書生氣太重。

第九章　輝煌在瞬間殞落

《舊唐書‧王叔文傳》還記載了這樣一個細節：

叔文母死前一日，叔文置酒饌於翰林院，宴諸學士及內官李忠言、俱文珍、劉光奇等，中飲，叔文白諸人曰：『叔文母疾病，比來盡心戮力為國事，不避好惡難易者，欲以報聖人之重知也。若一去此職，百謗斯至，誰肯助叔文一言者，望諸君開懷見察。』……俱文珍隨語折之，叔文無以對。

王叔文離職前在翰林院特意擺下酒宴，請諸學士及宦官李忠言、俱文珍、劉光奇等。席間，王叔文幾乎聲淚俱下說：原本想為報君恩鞠躬盡瘁死而後已。可母親病危，叔文身為獨子，不得不親侍醫藥，以盡子道。我若辭職此一去，各種讒謗定會接踵而至，到時誰肯為叔文辯解一言？還希望諸君共事察情。滿座俱反應漠然未置一言，獨俱文珍冷笑說：「禮義不愆，何恤人言！王公未免多心了。」眾人應聲附和。由此可見，閹宦勢力之大，連王叔文在大勢將去之際，仍然對閹宦勢力抱有幻想，甚至與他一直處於敵對狀況的俱文珍，也希望杯酒盡釋前嫌。

太子李純八月即皇帝位，是為憲宗。五個月後，元和元年（西元806年）正月，順宗就有些莫名其妙地駕崩了。

關於順宗之死，有頗多疑點。憲宗即位後，當年最有可能與李純爭奪皇位的舒王李誼也很快暴卒，讓人不由聯想到憲宗的繼位是否有著一連串陰謀。《順宗實錄》相關部分後來屢有改動，文字隱諱，閃爍其辭，更令人疑竇叢生。

劉禹錫後來在《劉賓客外集》卷九〈子劉子自傳〉中寫道：「時上（順宗）素被疾，至是尤劇，詔下內禪，自為太上皇，後諡曰順宗。東宮即皇帝位。是時太上久寢疾，宰臣及用事者都不得召對。宮掖事祕，而建桓立順，功歸貴臣。」劉禹錫文中對這場重大的宮廷事變用了一個「建桓立

順」的典故。典故出自《後漢書》卷七十八〈宦者列傳〉：「孫程定立順之功，曹騰參建桓之策。」所謂「立順」，《後漢書》卷十〈皇后紀下〉記載：「及少帝薨，京白太后，徵濟北、河間王子。未至，而中黃門孫程合謀殺江京等，立濟陰王，是為順帝。顯、景、晏及黨與皆伏誅，遷太后於離宮。」所謂「建桓」過程，《後漢書》卷六十三〈李杜列傳〉記載：質帝被梁冀毒死，李固等主張立清河王劉蒜，梁冀與宦官曹騰等「竟立蠡吾侯，是為桓帝。後歲餘，甘陵劉文、魏郡劉鮪各謀立蒜為天子，梁冀因此誣固與文、鮪共為妖言，下獄。門生勃海王調貫械上書，證固之枉，河內趙承等數十人亦要鈇鑕詣闕通訴，太后明之，乃赦焉。及出獄，京師市里皆稱萬歲。冀聞之大驚，畏固名德終為己害，乃更據奏前事，遂誅之，時年五十四。……州郡收固二子基、茲於郾城，皆死獄中。」歷史往往有著驚人的相似之處。顯然，飽讀史典的劉禹錫以「建桓立順」，宦官和外戚發動宮廷政變的典故，暗喻了「永貞內禪」的撲朔迷離。一個「宮掖事祕」，道出了不盡之宮廷黑幕。

諸如柳宗元、劉禹錫之類「書生氣十足」的文人們，哪能看透宮廷鐵幕的黑箱作業，只能心中揣度，口噤若蟬。

關於憲宗繼位中的諸多隱諱，有一個細節頗能說明問題。

據《舊唐書・崔群傳》載：「群臣議上尊號，皇甫鎛欲加『孝德』二字。群曰：『有睿聖，則孝德在其中矣。』竟為鎛所拘，憲宗不樂，出為湖南觀察都團練使。」元和十四年七月，群臣討論上憲宗尊號事，當時的宰相皇甫鎛主張在尊號中加入「孝德」二字，而另一個宰相崔群則認為，在憲宗的尊號中有了「睿聖」二字，已經包含了「孝德」的意思，所以尊號中不必再畫蛇添足地多加「孝德」二字。皇甫鎛與崔群一向面和心不和，於是抓住這個機會，皇甫鎛在憲宗面前進讒言說，崔群不願為憲宗加

第九章　輝煌在瞬間殞落

「孝德」二字。憲宗聽奏後居然暴跳如雷，怒將崔群貶為湖南觀察都團練使。崔群於無意之中，究竟觸動了憲宗哪根敏感的神經？豈不是「此地無銀三百兩」典故的形象詮釋！

陳寅恪在《唐代政治史述論稿（中篇）》中一針見血地指出：揣摩起來，憲宗之所以會對「孝德」這兩字如此的在意，似乎透漏出他也參與了「永貞內禪」中的逼宮行為，所以對父親「內有慚德」。皇闈之中的刀光劍影，人們只能猜測而已。儒家有「三年不改父志為之孝」，而父皇屍骨未寒，憲宗李純馬上拿父皇親近重用的革新派人士開刀，大概也從另一個角度透露出些許歷史的訊息。

為了掩人耳目，或者乾脆說是「掩耳盜鈴」，在《全唐文》之〈順宗皇帝〉篇中，還擬有太上皇順宗的遺詔，其中寫有這樣的詞句：

朕聞死生者物之大歸，修短者人之常分，古先哲王，明於至道莫不知其終以存義，順其變以節哀，故存者不至於傷生；逝者不至於甚痛，謂之達理，以貫通喪。頃在弱齡，即敦清淨，逮於近歲，又嬰沉痼。嘗亦親政，益倦於勤。以皇帝天資仁孝，日躋聖敬，爰釋重負，委之康濟。而能內睦於九族，外勤於萬幾。問寢益嚴，視膳無曠。推此至德，以安庶邦，朕之知子，無愧天下。今厥疾大漸，不寤不興，付託得人，顧復何恨？四海兆庶，亦奚所哀？但聖人大孝，存乎善繼，樞機之重，軍國之殷，纘而承之，不可暫闕。以日易月，抑唯舊章。皇帝宜三日而聽政，十三日小祥，二十五日大祥，二十七日釋服。方鎮牧嶽，不得離任赴哀。天下吏人，詣至後出臨，三日皆釋服……布告天下，明知朕懷。

從這份「欲蓋彌彰」的遺詔中，頗令後人讀出隱透於紙背的真實意圖。這像是一個彌留之際的人所要說的話嗎？倒像是設身處地在為繼任者開脫解釋之語。

一旦皇權在手，改革派人士就成為砧板上的刀俎：「貶王伾為開州司馬，王叔文為渝州司戶」、「一面追究王叔文餘黨，連貶韓泰、韓曄、柳宗元、劉禹錫等為遠州刺史，嗣又因議罰太輕，再貶韓泰為虔州司馬，韓曄為饒州司馬，柳宗元為永州司馬，劉禹錫為朗州司馬」、「將同平章事韋執誼，迭降了好幾級，黜為崖州司馬」。王叔文還在「丁憂」之中，但皇帝詔令一下，刻不容緩，即使「丁憂」也得捧詔遠行。至此還不解恨，「越年且賜王叔文自盡」，「王伾、韋執誼、凌准，相繼憂死」。這就是史稱的「二王八司馬事件」。革新派執政僅僅半年，如果按實際掌控權柄算，僅僅一百四十六天。

當一個人得志之時，眾人是前呼後擁、眾星捧月、趨之若鶩、錦上添花；而一旦失勢，馬上變成牆倒眾人推、鼓破眾人捶，落井下石、避之唯恐不及。

後人從韓愈的〈永貞行〉一詩中，看到對革新派人士的幸災樂禍：

「狐鳴梟噪爭署置，睒睗跳踉相嫵媚。」《楚辭》：「鴟梟群而制之。」狐梟在《楚辭》中皆比喻小人讒佞。《史記·陳涉世家》：「夜篝火狐鳴。」《說文》：「梟，不孝鳥也。」《詩》：「為梟為鴟，惡聲之鳥。」《莊子·逍遙遊》：「子獨不見狸狌乎？卑身而伏，以候遨者。東西跳梁，不避高下。」《晉書·諸葛長民傳》：「長民富貴之後，常眠中驚起跳踉，如與人相打。」

「一蛇兩頭見未曾？怪鳥鳴喚令人憎」。兩頭毒蛇世所少見。《爾雅·釋鳥》：「狂茅鴟，鵂鶹也。又：怪鴟，即鴟鵂也。江東通呼此屬為怪鳥。常在澤中，見人輒鳴喚不去。」

「蠱蟲群飛夜撲燈，雄虺毒螫墮股肱。」「蠱蟲群飛，祝充云：撲，拂著也。《書》：『其猶可撲滅。』」虺，毒蛇也。屈原〈天問〉：「雄虺九

第九章　輝煌在瞬間殞落

首,儵忽焉在?」祝充云:「螫,蟲行毒也。」《詩》:「自求辛螫。」《史記》:「草無毒螫。」《爾雅‧釋魚》:「蝮虺博三寸,首大如臂。」《淮南‧說山訓》:「貞蟲之動以毒螫。」《爾雅翼》:「蝮蛇之最毒者,著手斷手,著足斷足。不爾,合身糜潰。」

……

不必一一列舉了,也真虧得韓愈文采斐然,竟能運用自己的文學知識找出這麼多的醜惡之詞!

同代文人白居易,目睹韋執誼在永貞革新失敗後,由宰相高位貶謫為崖州司馬,悲從中來,寫了一首非常感傷的詩〈寄隱者〉:

賣藥向都城,行憩青門樹。
道逢馳驛者,色有非常懼。
親族走相送,欲別不敢住。
私怪問道旁,何人復何故?
云是右丞相,當國握樞務。
祿厚食萬錢,恩深三日顧。
昨日延英對,今日崖州去。
由來君臣間,寵辱在朝暮。
青青東郊草,中有歸山路。
歸去臥雲人,謀身計非誤。

詩的開篇,以一個賣藥者的眼光,描寫韋執誼貶官離開京都時的情形。家族親友一路相送,欲哭無淚欲言又止,一幅悽悽慘慘切切情景。賣藥者向路人打聽,「何人復何故」?得知這個就是曾經權傾一時的宰相韋執誼。昨天還在延英殿與皇上問答,享受著豐厚的待遇,今日卻被貶邊陲而生死未卜。自古伴君如伴虎,興衰榮辱只在瞬間。早知今日,何

不當初即激流勇退?

　　白居易與韓愈都反對朝廷弊政,但對於力圖改革弊政的永貞革新卻持截然不同的立場。我們從白居易的詩中,看到詩人兔死狐悲,對改革者的同情與哀嘆,展現著詩人博大的人文主義情懷。

　　與韓愈的落井下石形成鮮明比照的是,柳宗元就在王叔文已經四面楚歌、眾叛親離、朝不保夕、敗局注定的情勢下,還寫出情深意真的〈故尚書戶部侍郎王君先太夫人河間劉氏誌文〉。此時此刻、此情此景,悼念王叔文的母親,確實需要有極大的膽略和勇氣。柳宗元在文中寫有這樣頌揚王叔文的文字:

　　夫人生二子:長曰彝倫,舉五經,早夭;少曰叔文,堅明直亮,有文武之用。貞元中,待詔禁中,以道合於儲後,凡十有八載,獻可替否,有匡弼調護之勤。

　　公居禁中,訏謨定命,有扶翼經緯之績。……將明出納,有彌綸通變之勞,副經邦阜財之職。……重輕開塞,有和鈞肅給之效。內贊謨畫,不廢其位,凡執事十四旬有六日。利安之道,將施於人,而夫人卒於堂,蓋貞元之二十一年六月二十日也。知道之士,為蒼生惜焉……

　　政治角力的嚴酷形勢下,愈容易看出一個人的人品。就在王叔文的命運已經凶多吉少之際,柳宗元卻不避險危,寫出〈故尚書戶部侍郎王君先太夫人河間劉氏誌文〉。這不是普通的祭文,它表面是志劉氏,實際上是歌頌王叔文,也就是在為革新事業辯護,為挽救革新事業「知不可為而為之」。文章大力讚揚了王叔文的才能,特別強調他執政幾個月來的政績。清人何焯攻擊柳宗元此文:「夫人無事可書,乃生頌其子,佞也。」在一個人失勢之時還「生頌」其人,從中不僅得不到任何好處,還可能招致凶險。這就是柳宗元的處世為人。

　　柳宗元對王叔文的欽佩之情,見於他的許多文字。這些文字不少是

第九章　輝煌在瞬間殞落

在王叔文得罪貶死之後寫的。例如他在〈寄許京兆孟容書〉中說：「始奇其能，謂可以共立仁義，裨教化。過不自料，勤勤勉勵，唯以中正信義為志，以興堯、舜、孔子之道，利安元元為務。」這裡雖然也有為自己辯護的意味，但也表達出王叔文一派人當初立志的光明正大。後來，劉禹錫在編輯柳宗元文集時，也把這些文章原原本本地輯錄下來，包括為王叔文母所寫的，大力頌揚王叔文的〈故尚書戶部侍郎王君先太夫人河間劉氏誌文〉。

柳宗元不是超人有「先見之明」，也不是完人，他曾經清高孤傲，也有過發脾氣的時刻，更是得罪過不少人，但是超越門第出身去認識他人，懷著一顆善良的心，與人相交相助，則是他處理人際關係的基本態度。他厭惡陽奉陰違的行為，說道：「人道之惡，唯曲為先」。他憎恨「貴而附，寒而棄」的趨炎附勢，憎恨躲在陰暗處放冷箭的勾當。

柳宗元所寫〈宋清傳〉，不妨看作是為王叔文之母寫「誌文」時的言外之意：

宋清是長安西邊藥市的商人，保存有好的藥材。有從深山大澤採藥來的藥農，一定會把藥材送到宋清的藥店讓他去賣，宋清對他們一直給予優厚回報。長安的醫生用宋清的藥材來製成藥方，很容易就能賣得出去，大家都稱讚宋清有信譽。有生各種瘡病的人們，也都樂於向宋清求藥，希望病能夠盡快康復。宋清總是很熱情地滿足病人的要求，即使有些人沒有帶錢，宋清也會把好的藥材先賒給他們。債券、欠條堆積得像山一樣地高，宋清也不曾跑去向他們追帳。有些素不相識的人，從很遠的地方來拿債券賒欠，宋清也不會拒絕對方。每到年終的時候，宋清猜想帳是無法還上了，往往就把債券、欠條全都燒掉，不再提及這些事情。藥場上的商人們都覺得宋清的舉止令人不可思議，都嘲笑他：「宋

清,真是個大白痴啊!」也有人說:「宋清講道義講得有點迂腐了吧!」商人誰做賠本買賣?宋清聽到這些議論後說:「我經商賺錢只不過為了養活妻小,談不上是個講道義的人;但要說我是個大白痴,也是不合情理。」

宋清從事賣藥的生意四十年,焚燒的債券足有一百多人,其中有的人做了大官,有的人管轄好幾個州郡,他們的俸祿豐厚,要送禮物給宋清的人幾乎踏破門檻。儘管有些人一直沒有錢償還藥費,甚至賒欠至死還不了的也有上千人,但所有這些都並不妨礙宋清最終經商致富。宋清並非急功近利、期待立竿見影,但他眼光長遠,反而獲得了巨大收益。反觀那些眼光短淺的小商人,只要有一次沒有拿到藥錢,立即勃然變色,甚至冷語相向、反目成仇。這些小商小販唯利是圖,心胸不是太狹隘了嗎?在他們身上,我才看到真正傻瓜白痴的模樣。宋清憑藉誠心道義,最終獲得了巨大利益,從不胡作非為,始終如一地堅守自己的經商之道。來向他求藥的人愈來愈多,他應人之求也就愈來愈廣。有些被斥責拋棄、沉淪頹廢的官員,親戚朋友冷漠地對待他們,宋清不會因此就怠慢地對待,還會像平常那樣給他好的藥材。這些人一旦再度掌權,就會更加優厚地報答宋清。宋清賺錢取利眼光長遠。

俗話說:「無商不奸,無奸不商。」柳宗元為這樣一個商人立傳,寄寓了他對社會現狀的思考和褒貶。柳宗元在文章結尾處「畫龍點睛」:

吾觀今之交乎人者,炎而附,寒而棄,鮮有能類清之為者。世之言,徒曰「市道交」。嗚呼!清,市人也,今之交有能望報如清之遠者乎?幸而庶幾,則天下之窮困廢辱得不死亡者眾矣。

我觀察現今人與人之間的交往,大都趨附有權有勢之人、拋棄窮困潦倒的昔日親朋好友,很少有人能像宋清這樣做。世俗的人說,商人就

第九章　輝煌在瞬間殞落

是為了求利,似乎只有斤斤計較才能發財。有人能像宋清這樣處世做人的嗎?假使能有,那麼天下窮困潦倒、廢黜受辱的人得免於死亡的就更多了。

柳宗元說:「清居市不為市之道,然而居朝廷、居官府、居庠塾鄉黨以士大夫自名者,反爭為之不已,悲夫!然則清非獨異於市人也。」宋清身在市集,卻沒有市儈的行徑,然而那些身居朝廷高位、或在學府為人師表、或以士大夫自我標榜的人,反而爭先恐後地實施著市儈的行為,真是世之可悲啊。

往事越千年,對永貞革新的歷史評價卻未能「蓋棺定論」。許多人高度肯定柳宗元文章的文學成就,卻對他參與「永貞革新」持否定態度。其中有不少人是善意地表示同情和惋惜。作為官方修定的新舊《唐書》的看法,即是典型的例子。《舊唐書》高度稱讚劉、柳的文學以為是「一代之宏才」,但又批評他們「蹈道不謹,睫比小人,自致流離,遂隳素業」(《舊唐書》卷160);《新唐書》列傳部分的作者宋祁也十分讚賞柳宗元的文章,在他的《筆記》裡稱讚柳文多「新意」、「新語」。趙翼《廿二史劄記》說宋祁對韓、柳文有特嗜,因而修史時多所引用。《新唐書》卷201〈文藝傳上〉中讚揚韓、柳文章「排逐百家,法度森嚴,抵轢晉、魏,上軋漢、周,唐之文完然為一王法」,然而說到其為人,卻說:「叔文沾沾小人,竊天下柄,與陽虎取大弓、《春秋》書為盜無以異。宗元等撓節從之,徼倖一時,貪帝病昏,抑太子之明,規權逐私,故賢者疾,不肖者咥。一僨而不復,宜哉!彼若不傅匪人,自勵材猷,不失為名卿才大夫,惜哉!」當然,這一評價不排除是受到韓愈觀點的影響。宋代蘇軾對柳宗元相當地推崇,尤其喜歡他的詩歌,但卻也不否認其「從二王之罪」,並概嘆說:「唐柳宗元、劉禹錫、使不陷叔文之黨,其高才絕學,亦足以為唐名臣矣。」

北宋政治家范仲淹是第一個為王叔文一派辯護之人，他本人具有進步的政治傾向，並主持過「慶曆新政」。他執政時推行的革新乃是王安石變法的先導。他在〈述夢詩序〉裡說，「柳宗元、呂溫數人，坐王叔文黨，貶廢不用。覽數君子之述作，而禮意精密，涉道非淺，如叔文狂甚，義比不交。叔文以藝進東宮，人望素輕。然傳稱知書，好論理道，為太子所信。順宗即位，遂見用，引禹錫等決事禁中。及議罷中人兵權，牾俱文珍輩。又絕韋皋私請，欲斷劉辟，其意非忠乎？皋銜之，會順宗病篤，皋揣太子意，請監國而誅叔文。憲宗納皋之謀而行內禪。故當朝左右謂之黨人者，豈復見雪。」（《范文正公集》卷六）范仲淹分析了王叔文一派主持改革的實際情況及其失敗原因，批評「《唐書》蕪駁，因其成敗而書之，無所裁正。孟子曰：『盡信書，不如無書。』吾聞夫子褒貶不以一疵而廢人業也。」議人論世不應以成王敗寇觀念書之。從而論定柳、呂等人「皆非常之士，亦不幸之甚也」。而批評韓愈說：「韓退之欲作唐之一經，誅奸諛於即死，發潛德之幽光，豈有意於諸君子乎？」

王安石的遭遇和柳宗元有相似之處。他稱讚「八司馬」為「天下之奇才」，而柳宗元的文章「卒配韓以傳，亦豪傑可畏者也」（《臨川先生文集》卷74〈上人書〉）但他對王叔文的看法卻囿於傳統偏見，因而在論及柳宗元時說他「一為叔文所誘，遂陷於不義，至今士大夫欲為君子者，皆羞道而喜攻之」（《臨川先生文集》卷71〈讀柳宗元傳〉），並責備他有初無終，與世俯仰，無以自別小人。王安石這樣的判斷可能與他自己的處境有關，他變法後就被斥責為「小人」，他大概要表明與「小人」沒有關係。而明代的大戲劇家湯顯祖則為柳宗元鳴不平，說柳宗元是天下之「才俊賢人」，卻說王叔文是「狂劣無底者」（英雄何問出處）。但其發謀欲誅宦官，「不可謂無呂、葛之心」。柳宗元欲速其功而與之交，不可以成敗論。都是認為柳宗元與王叔文相交是遇人不淑。

第九章　輝煌在瞬間殞落

歐陽修在〈永州萬石亭寄知永州王顧〉文中寫道：

天於生子厚，稟予獨艱哉。
超凌驟拔擢，過盛輒傷摧。
苦其危慮心，常使鳴聲哀。
投以空曠地，縱橫放天才。
山窮與水險，下上極沿洄。
故其於文章，出語多崔嵬。
人跡所罕到，遺蹤久荒穨。
王君好奇士，後二百年來，
翦薙發幽薈，搜錄得瓊瑰。
感物不自貴，因人乃為材。
唯知古可慕，豈免今所哈。
我亦奇子厚，開編每徘徊。
作詩示同好，為我銘山隈。

既洞察了韓愈「超凌驟拔擢，過盛輒傷摧」的妒忌心理，又哀嘆於「感物不自貴，因人乃為材」對人才的埋沒。

對王叔文評價比較客觀公正的是明、清之際的王夫之。他在《讀通鑑論》(卷25)中說：

……自其執政以後，罷進奉、宮市、五坊小兒，貶李實，召陸贄、陽城，以范希朝、韓泰奪宦官之兵柄，革德宗末年之亂政，以快人心、清國紀，亦云善矣……

王夫之對永貞革新給予了高度評價。

王鳴盛在《十七史商榷》卷74〈順宗紀所書善政〉中說：

……以上數事，黜聚斂之小人，褒忠賢於已往，改革積弊，加惠窮民，自天寶以至貞元，少有及此者……叔文行政，上利於國，下利於民，獨不利於弄權之閹官，跋扈之強藩……叔文即與宦者為仇矣，乃藩鎮又深怨之，何哉？蓋其意本欲內抑宦官，外制方鎮，攝天下之財賦兵力而盡歸之朝廷……

　　王鳴盛依據革新的實際行動而肯定了它的進步意義。永貞革新雖然失敗了，但其實踐卻產生了巨大深遠的影響。唐憲宗是在鎮壓了改革派之後即帝位的，然而，他執政後的「中興」事業，是繼續了原來的「削藩」方針。永貞革新的人士，用個人的犧牲換取了國家和民生的利益。

　　按史學家漆俠考證，「二王八司馬」實際掌權只有 146 天。但就是這短短的一百多天時間，卻像是流星劃破如盤如漆的暗夜，在歷史的時空中留下了輝煌的印跡。柳宗元也為了這瞬間的輝煌，付出了一生的慘痛代價。

第九章　輝煌在瞬間殞落

第十章
風波一跌逝萬里，壯心瓦解空繆囚

　　王叔文被貶後的一個月，柳宗元暫時還留在禮部。作為禮部員外郎，在其位謀其政，他還得以己「一技之長」，為被冊立為太子以及隨即登基的憲宗皇帝寫賀表。柳宗元在此一段時間內寫有〈禮部賀立皇太子表〉、〈禮部賀冊禮畢德音表〉、〈禮部賀永貞改元表〉、〈禮部賀太上皇誥宣令皇帝即位表〉、〈賀踐祚表〉等。

　　冊立廣陵王李純為太子，是永貞革新派遣遇「滑鐵盧」的一個轉折標誌，從中產生某種不祥預感的王叔文，因而有「出師未捷身先死，常使英雄淚滿襟」之哀嘆。而對於這樣一次攸關生死成敗的宮廷事變，柳宗元仍得呈上〈禮部賀立皇太子表〉，賀表中充溢著這樣的諛頌之詞：

臣聞《尚書》載「以貞」之文，漢史傳早建之義，不唯立愛，其在繼明。陛下奉率前規，敷揚盛典，顧茲守器之重，爰正承華之位。尊義方之教，載錫嘉名；崇建樹之禮，式光典命。以長而立，自符於慎擇；必子之選，遂合於至公。邦本不搖，王業彌固。此皆宗社垂祉，啟佑皇心，乾坤合謀，保安聖運，足以播休氣於四海，洽大和於萬靈，食毛含齒，所同歡慶。臣等奉承制命，蹈舞周行，踴躍之誠，倍百恆品。

　　《尚書》有言：「一人元良，萬邦以貞」；還曰「立愛唯親」。《漢書》史載：漢文帝元年，有司請早建太子，乃是守器之重。《易經》闡明：「守器者莫若長子。」《左傳》強調：「立嫡以長不以賢。」當我們了解了擁立太子一事前後，宮廷內外的刀光劍影，再來看柳宗元運用自己的歷史知

第十章　風波一跌逝萬里，壯心瓦解空縲囚

識，為反對派擁立李純為太子找出無數理論根據，又是「以長而立，自符於慎擇」；又是「必子之選，遂合於至公」。其中不乏言不由衷、自掘墳墓的意味。明明是「打落門牙和血吞」，還得裝扮出「食毛含齒，所同歡慶」、「蹈舞周行，踴躍之誠」，一副歡欣鼓舞、誠慶誠賀的樣子。

皇太子冊立禮畢，柳宗元再次寫下〈禮部賀皇太子冊禮畢德音表〉：「伏唯皇帝陛下克奉神休，以正邦統。建天下之本，宗廟以安；致萬國之貞，兆人攸賴。典冊既備，慶澤載流。」柳宗元還寫下這樣的字句：「況行禮之日，則屏翳收跡，太陽宣精。用彰出震之休，更表重離之朧。神化旁暢，皇風遠颺，自華及夷，異俗同慶。」讀著這些文字，你能相信它出自寫出〈襏說〉、〈貞符〉、〈零陵郡復乳穴記〉等一大批反封禪、反符瑞之文的同一人之筆？猶如自己賞了自己一個巴掌，還要唾臉自乾地表示「誠喜誠賀，頓首頓首。」

當李純逼宮成功，順宗皇帝退居太上皇，交出了權力。太子繼位是為憲宗，敲響了革新派的喪鐘。而柳宗元還得寫下〈禮部太上皇誥宜令皇帝即位賀表〉：

臣某等言：伏奉今日，太上皇制命，陛下即皇帝位。光奉寶圖，丕承鴻業，溥天率土，慶躍難勝。臣某等誠喜誠抃，頓首頓首。

臣聞皇建其極，存諸大訓，帝出於〈震〉，著在《易經》。繼明以照於四方，重熙以臨於萬國。動植品彙，永賴昭蘇，山川鬼神，咸用欣戴。臣某等獲備班列，親仰聖明，踴躍之誠，倍萬恆品。無任忻躍喜慶之至。

賀表內一句「臣某等獲備班列，親仰聖明，踴躍之誠，倍萬恆品」，面對「無可奈何花落去」的大敗局，也只能言不由衷、口是心非地表白對新皇帝的效忠。

貞元二十一年正月，李誦皇帝的寶座還沒坐熱，貞元二十一年八月庚子，順宗制令太子即皇帝位，是為憲宗，自稱太上皇，制敕稱誥。辛丑，誥改元永貞元年。明明是改朝換代了，柳宗元照樣得寫下〈禮部賀改永貞元年表〉，表內寫道：「寶命方始，聖歷用彰，載宣臨照之明，遂施渙汗之澤」；還寫道：「伏以重光下濟，積慶旁行，漢祖推奉教之尊，文王遂無憂之志。正名紀曆，表執行於萬方；宥過輕刑，流汪濊於四海。歡呼忭蹈，遐邇攸同。臣某等親奉聖謨，仰承大化……」漢高帝六年五月丙午詔曰：父有天下，傳歸於子。子有天下，尊歸於父。朕被堅執銳，平暴亂，立諸侯，皆太公教誨也。今尊太公曰太上皇。《禮記》：無憂者其唯文王乎？以王季為父，以武王為子。柳宗元又是引經據典，把一場太子逼宮的「搶班奪權」，掩飾為順理成章的「瓜熟蒂落」、「水到渠成」。於是，照例是「誠慶誠賀，頓首頓首」，照例為「踴躍之至，倍萬恆情。無任蹈舞欣慶之至」。

此段時間，柳宗元還代筆一藩臣作〈賀皇太子箋〉；為京兆尹王權代筆撰〈為王京兆皇帝即位禮畢賀表〉；為刺史韋君（名已不可考）作〈代韋中丞賀元和大赦表〉等等。照例是錦繡辭藻、生華文筆。

柳宗元在〈上河陽烏尚書啟〉中，說自己是「以文字進身」。在〈上李中丞獻所著文啟〉中又說：「宗元無異能，獨好為文章，始用此以進，終用此以退」。可以想像，當柳宗元以一支生花妙筆寫下賀表裡這番字句之時，內心是承受著怎樣痛苦的煎熬！

這是封建王朝文人士大夫進階官場成為御用筆桿子的幸抑或不幸？！

儘管柳宗元內心十分痛苦，可能也曾抱著一絲僥倖，但「城門失火，殃及池魚」，或者說「傾巢之下，豈有完卵」。永貞元年9月13日，

第十章　風波一跌逝萬里，壯心瓦解空縲囚

柳宗元在禮部上班不到一年，即與他的革新派同僚一起，被遠貶為邵州刺史。唐朝時的規制，貶謫者必須「聞詔即行」。柳宗元只好帶著所奉養的年近七旬的老母盧氏，「累群卯而南適」。同行的還有盧氏的姪子、表弟盧遵和堂弟柳宗直。他們兩人就學於柳宗元，此後一直追隨著他長期流貶。

九月正是「萬木凋零」的季節，「秋風秋雨愁煞人」，柳宗元一行人顛簸南跋。按照當時的交通情況，柳宗元等應該從長安乘馬至藍田，上藍商官道至商洛，再棄車從丹水坐船入漢水，直上襄陽，沿襄江官道至江陵。然後下荊江經石首、監利、岳陽入洞庭湖，橫渡洞庭溯湘江而上，過汨羅江，經潭州、衡州而到達邵州。

「三十功名塵與土，八千里路雲與月」、「路迢迢其修遠兮」。

這種貶官流放是將罪犯放逐到邊遠地區，「殺一儆百」以示懲戒。流放是中國古代刑法制度的重要成分，在中國起源很早，並且沿用歷史悠久。從遠古流放之刑便已出現，到秦漢時代逐漸形成體制，至南北朝後期，流刑開始進入五刑，是比死刑低一等的重刑。直到清末被廢除，歷經了幾千年。隋唐之際，笞、杖、徒、流、死五刑制正式確立。自此，流放之刑以其獨特的蘊含載入中國刑罰史，並一直影響到清末。古代的中國，是一個農耕文明的國度，大多數人被束縛在土地上，「走一處不如守一處」，「安土重遷」成為人們的重要價值觀。人們普遍注重家族親情，子多福多、兒孫滿堂，四世同堂、五世同堂，成為中國人夢寐以求的理想。在這樣的觀念下，無論是誰，一旦遭受到流放的刑罰，被認為是一件極為不幸的事情。在中國傳統社會中，流放被統治者自詡為一種仁慈的刑罰。所謂「不忍刑殺，流之遠方」（《大清律例·名例律上》），從而體現了儒家所提倡的仁政和慎刑。但為了使流放達到比死刑降一等的重罰作用，歷代統治者煞費苦心地變換流放方式，在中國遼闊廣袤的國土

上，費盡心機地選擇流放的地點：西北絕域、西南煙瘴和東北苦寒之地以及一些荒蕪海島，都先後成為流放地，為歷史遺留下一些著名的流放人士聚居處。

柳宗元初貶邵州，還只算是被斥出朝堂。依照唐朝的官階序列，州的長官為刺史，大州刺史從三品。邵州雖然地處僻遠，又是下州，但刺史仍是正四品下的封疆大吏，從表面看，比正六品上的禮部員外郎的官品還提升了。但實際上因為「被邊緣化」，遠離了朝廷權力中樞，所以還是一種很嚴厲的懲罰。

唐代大官觸犯了君王，多半是貶到邊遠州縣，稱之為「左降官」。這種官只有官名，沒有任職，其實只能領取少量的生活費而已。但由於大赦頻繁，每經一次大赦，即有「量移」的機會。即從邊遠荒蠻之處召回京城，由邊緣升任中樞。在「一朝天子一朝臣」的機制下，或者「一人得道，雞犬升天」的裙帶提攜之風下，由於新天子繼位或執政大臣變動，很有「東山再起」、重掌權柄的機會。如唐德宗年間的楊炎，從左降官的道州司馬而一躍為宰相。而宰相一朝失寵即遠貶為司馬，或錄事參軍，也不足為奇。在這種情況下，地方官對左降的朝官總是另眼看待，不敢以僚屬對待。甚至會刻意「攀關係」，以作為「長遠眼光」的政治投資。

柳宗元到江陵的時候，因其名聲遠播，地方大員荊帥宴請柳宗元。關於這次宴請，張讀的《宣室志》衍生出這樣一個故事：

唐柳州刺史河東柳宗元，嘗自省郎出為永州司馬，途經荊門，舍驛亭中。是夕，夢一婦人，衣黃衣，再拜而泣曰：「某，家楚水者也。今不幸，死在朝夕，非君不能活之。儻獲其生，不獨戴恩而已，兼能假君祿，益君為將為相，且無難矣。幸明君子一圖焉。」公謝而許之。既寤，又夢婦人且祈且謝，久而方去。明晨，有吏來，稱荊帥命，將宴宗元。宗元既命駕，以天色尚早，因假寐焉。既而又夢婦人，顰然其容，憂惶

第十章　風波一跌逝萬里，壯心瓦解空繾囚

不暇，顧謂宗元曰：「某之命，今若敗縷之懸甚風，危危將斷且飄矣。而君不能念其事之急耶？幸疾為計。不爾，亦與敗縷皆斷矣，願君子許之。」言已，又祈拜，既告去。心亦未悟焉，即俯而唸曰：「吾一夕三夢婦人告我，辭甚懇，豈吾之吏有不平於人者耶？抑將宴者以魚為我膳耶？得而活之，亦吾事也。」即命駕詣郡宴，既而以夢話荊帥，且召吏訊之。吏曰：「前一日，漁人網獲一巨黃鱗魚，將為膳，今已斷其首。」宗元驚曰：「果其夕之夢。」遂命挈而投江中，然而其魚已死矣。是夕，又夢婦人來，亡其首，宗元益異之。

一個詭異奇怪之夢：一條大黃魚化為黃衣婦人，三夢請託柳宗元救其性命，然而終究未能成功。這個夢究竟兆示著什麼？是讖言的不幸應驗，還是後人的牽強附會？張讀是唐大中六年的進士，生活的年代與柳宗元卒年不過相隔了二十年，他的這一記載，說明這個傳說在當時已廣泛流傳。這一個夢做得離奇古怪、撲朔迷離，也許它兆示了柳宗元今後命運的詭譎多舛和坎坷悲涼。

柳宗元淒愴跋涉到江陵時，走到了人生命運的十字路口，原本應該從江陵繼續南行到邵州赴任。但在江陵，柳宗元又接到改貶永州司馬的詔命。於是，只能扭轉方向，要向西南而去了。

接到加貶永州的詔命，對柳宗元是個更大的打擊。讓他隱隱感到朝中的政敵將會揪住他久久不放。他和家人渡過洞庭、上溯湘江，此時已近初冬，白天陰風呼嘯，濃雲壓頂；到傍晚又下起綿綿寒雨，正可謂淒風苦雨緊相逼。柳宗元的〈懲咎賦〉，正是描述了這段心路歷程：

「懲咎愆以本始兮，孰非余心之所求？」回首過去所犯錯誤，反省犯錯的根源，有什麼不是我最先追求的呢？我的地位和身分很卑微，但「處卑汙以閔世兮，固前志之為尤」，還要悲憫世情、指點山河，這些構成了我的志向遭致譴責非議的原因。我一直追隨古代優秀人物為榜樣，

「怪今昔之異謀」，怎麼如今與往昔的觀念差別竟然如此之大？「唯聰明為可考兮，追駿步而遐遊」，保留有聰明來明辨是非，趕著健壯的駿馬周遊各地。高潔而又那麼真誠，還有仁德的朋友相伴。「日施陳以繫縻兮」，〈離騷〉有言：「日康娛以自忘兮」，我每天只能自我調節心態以忘卻苦悶和煩惱，以堯、舜為師，承受磨難。「上睢盱而混茫兮，下駁詭而懷私」，老天爺是昏昏噩噩、難以測定，生存的土壤又險惡詭異，充滿機變。我只能「旁羅列以交貫兮，求大中之所宜」，尋求最適合的中庸原則，才能夠跟上時代的步伐。人世間萬千事物都十分繁雜，靠中庸之道才能達致平和。剛柔相生，有張有弛，做所有的事情都不違背事理。推舉有賢能的人來壓抑邪惡，「白黑濁清」，自然將有後人評價。如果能夠堅守這樣的信念，又有什麼能改變我的志向呢？

　　「奉訏謨以植內兮」，《詩經》曰：「訏謨定命」，遵循命運中的警戒，用以修身養性，從失敗中汲取更多的教訓。從古代的典籍中尋求借鑑，我更加覺得自己通達了許多。曾經愚昧的我，能夠擔當時代賦予的責任，擔心的只是這種堅貞不能夠持之以恆。「讒妒構而不戒兮，猶斷斷於所執」，我不再去顧及周圍的蜚短流長，專心致志於自己認定的路，不停地走下去，因為我心中的目標是永遠存在的。「哀吾黨之不淑兮，遭任遇之卒迫。勢危疑而多詐兮，逢天地之否隔。欲圖退而保己兮，悼乖期乎曩昔」。最令人悲哀的是，我輩沒有獲得很好的機遇，實施主張的時間太過短暫。形勢險峻，到處都是陰險之人，天時地利人和都遠離而去。想要隱退來保全自己，又不願去背離自己曾有的信念。「欲操術以致忠兮，眾呀然而互嚇。進與退吾無歸兮」。《集韻》：「嚇，以口距人。」《莊子》：「仰而視之曰嚇」，怒而拒物聲也。本欲奉獻自己的一片忠心，然而人言可畏、眾口鑠金，使我進退維谷、陷於兩難境地，我只能心甘情願地成為鼎鑊中的食物。

第十章　風波一跌逝萬里，壯心瓦解空縲囚

「幸皇鑑之明宥兮，累郡印而南適。唯罪大而寵厚兮，宜夫重仍乎禍謫」；慶幸吾皇聖明，胸懷寬廣，寬恕地僅流放南方，還將郡印賜給了我。只是由於我的罪惡太過深重，受到的寵信太豐厚，遭致「眾怒難違」，朝議紛紜，因此在前往邵州的途中又被貶到了永州。「既明懼乎天討兮，又幽慄乎鬼責。惶惶乎夜寤而晝駭兮，類麕麇之不息」；內心既害怕遭受上天的懲罰，暗中還恐懼鬼神的斥責。晝以繼夜地吃不下食物，睡不好覺，整天惶惶恐恐、不得安寧，心跳得像麕麇似地，每時每刻都忐忑不寧。

我泛舟渡過了浩瀚的洞庭湖，又沿著湘水的方向漂流。風捲起了浪花，小舟被擊打而四處盤旋。「日霾曀以昧幽兮，黝雲湧而上屯」；霧霾遮蔽了太陽的光輝，黑雲壓城，垣牆欲摧。「暮屑窣以淫雨兮，聽嗷嗷之哀猿」；傍晚時分，淫雨淅淅瀝瀝下個不停，嗷嗷的猿聲好似悲鳴哀啼。「眾鳥萃而啾號兮，沸洲渚以連山」；許多鳥聚集在天空中揪心亂叫，嘈雜的聲音響徹江渚和山間。「漂遙逐其詎止兮，逝莫屬余之形魂」；我四處漂泊著不知道會在哪裡停下來，不知哪裡又會是我身體和靈魂的歸宿。「攢巒奔以紓委兮，束洶湧之崩湍。畔尺進而尋退兮，蕩洄汩乎淪漣」；奔走的山峰如同被縛的群奴，洶湧的湍流左右迴旋。進一尺就要退八尺，循環蕩漾形成了漣漪斷層。「際窮冬而止居兮，羈累夢以縈纏」；一直漂泊到冬天，才算有了一塊駐足之地，然而一顆動盪的心仍在路上漂泊不止。

「哀吾生之孔艱兮，循〈凱風〉之悲詩」；哀嘆我人生命運之多舛而艱險，還遭受〈凱風〉所言，傷痛沒有盡到兒子的責任。有彌天之罪，理應受到嚴酷的懲罰，為什麼偏偏不讓我死去，卻讓我行屍走肉般活著？「將沉淵而隕命兮，詎蔽罪以塞禍」；就算沉淪深淵、喪失性命，也無法將罪惡和災禍掩蓋！想一想自己志向未如願以償，沒有子嗣就這樣離開人世間，我是何等地心有不甘。「為孤囚以終世兮，長拘攣而坎坷」；《楚

辭》云:「坎坷而留滯。」若苟且偷生,則注定了囚禁中的生活碌碌無為,了卻殘生。「曩余志之修蹇兮,今何為此戾也?夫豈貪食而盜名兮,不混同於世也。將顯身以直遂兮,眾之所宜蔽也」;我一直嚴以律己,注重修養品行,如今為何仍會遭受如此的厄運?難道我是那種貪圖虛名的人嗎?只不過是不願與俗世同流合汙!也許為了實現自己的志向,遭受俗眾的排擠是不可避免的。「不擇言以危肆兮,固群禍之際也」;心直口快,口無遮掩,大概是讓我遭受禍害的真正原因。

「御長轅之無橈兮,行九折之峨峨」;駕著沒有橈的長車,在九曲險象的盤山路上急駛。「驚櫂以橫江兮,溯凌天之騰波」;操持著拙弱的木棹而橫渡大江,面臨著凌天的波翻浪湧。所幸有驚無險,躲避過死難,身體還完好無損地苟延殘喘。「苟余齒之有懲兮,蹈前烈而不頗。死蠻夷固吾所兮,雖顯寵其焉加」;《楚詞》:「循繩墨而不頗。」假設我這一生還有什麼悔恨遺憾,也絕不是踏著先烈的足跡前行。就算是為了心中的志向,拋屍蠻荒亦九死而無悔。就算是換之以顯赫及寵愛,我也不會為之動心。「配大中以為偶兮,諒天命之謂何」;以中庸之道作為我心中的信仰,天命又能奈我何!

柳宗元模仿屈賦所寫〈懲咎賦〉,字裡行間透露出複雜的矛盾心理。一方面迫於皇權的政治高壓情勢,不得不反省自己的「咎過」作為「懲戒」;一方面又出於客觀的認知,對無罪獲譴感到憤懣,並對世事不公表達著抗議,為自己從事的革新事業進行表白和辯護。

不妨把〈懲咎賦〉看作是柳宗元被一貶再貶後的內心痛苦獨白。

這種矛盾心理,表現在此後很長一段時間內的文章中。

柳宗元寫過一篇〈解祟賦〉,顧名思義,是對心中的困惑與迷惘予以「解祟」。

第十章　風波一跌逝萬里，壯心瓦解空繧囚

柳宗元開宗明言，說了寫此賦的緣由：

柳子既謫，猶懼不勝其口，筮以《玄》，遇〈乾〉之八。其贊曰：「赤舌燒城，吐水於瓶。」其測曰：「君子解祟也。」

俗話說：心存迷亂，求神問卦。在人的命運中遭遇了非人力可以抗拒的坎坷和磨難，就會身不由己地陷入宿命論的泥淖。柳宗元遭貶謫後，百思不得其解，自己不過是對時勢說了幾句真心話，為何「因言獲罪」？柳宗元不由得卜卦以筮，得《太玄》卦象：〈乾〉以準《易》之〈升〉。次八卦辭：「赤舌燒城，吐水於瓶。」測曰：赤舌吐水，君子以解祟也。注：赤舌，謂九也。兌為口舌，八為木，木生火。火中之舌，故赤也。赤舌所敗，若火燒城。呈口舌之禍，病由口入，禍從口出。《詩經》：「哲婦傾城，口舌之由也。」金生水，故吐水也。水滅於火，雖有傾城之言，以水拒之，災無由生矣。柳宗元自己解釋：《玄》之意，以謂其吉其凶，口實為之。赫然陽辟，黝然陰翕，炎以熾火，涼以激水，既以是燔，亦以是熄。蓋靜實君躁，以喻祟不外作，要自勝者常吉。柳宗元認為得到了一則神啟，因而喜為之賦。

一個被史界評價為「唯物主義文學家」的人，卻有如此悖逆自我宗旨的行止，愈益彰顯了歷史之於命運的詭譎怪異之處。

柳宗元南貶永州後，在〈寄許京兆孟容書〉一文中說了這樣的話：「宗元早歲，與負罪者親善，始信其能，謂可以共立仁義，裨教化，過不自料，勤勤勉勉，唯以中正信義為志，以興堯舜孔子之道，利安元元為務，不知愚陋，不可力彊，其素意如此也。」這裡所指「與負罪者親善」，自然是指與王叔文之關係。專制極權下的政治，猶如川劇中的「變臉」，說變就變。你剛看到它的一副面孔，一眨眼的功夫，它變臉了，你又得重新理解，重新描述它是什麼樣，還得承認，你剛才看錯了。柳宗

元對王叔文的理解,就是經歷了這樣一個荒唐的跌宕。

柳宗元對王叔文的理解和情感充滿著矛盾。一方面對王叔文的革新方針,對他「利安元元」之道崇敬有加,在王叔文革新集團瀕臨顛覆之際,柳宗元在〈故尚書戶部侍郎王君先太夫人河間劉氏誌文〉中依然不避忌諱,依然大讚王叔文的功績:「堅明直亮,有文武之用。……將明出納,有彌綸通變之勞,副經邦阜財之職。加戶部侍郎,賜紫金魚袋。重輕開塞,有和鈞肅給之效。內贊謨畫,不廢其位,凡執事十四旬有六日。利安之道,將施於人……」

但永貞革新失敗後,一道御旨「金口玉言」,先貶後殺,已然「蓋棺定論」。柳宗元立刻得改口為「罪人」,與朝廷保持「統一口徑」。柳宗元在〈與蕭翰林俛書〉一文中,改稱呼王叔文:「與罪人交十年」;在〈謝除柳州刺史表〉一文中,也還寫有「臣以不慎交友」這樣的詞句……柳宗元被貶居永州之後,只能認為王叔文等確是罪臣,在〈寄許京兆孟容書〉中言道:「此人雖萬被誅戮,不足塞責,而豈有賞哉?今其黨與,幸獲寬貸,各得善地,無分毫事,坐食俸祿,明德至渥也,尚何敢更俟除棄廢痼,以希望外之澤哉?」柳宗元自知「於眾黨人中,罪狀最甚」,自省為「不知愚陋,不可力疆」,認為「僕之罪,在年少好事,進而不能止,儔輩恨怒,以先得官」,「性又倨野,不能摧折,以故名益惡,勢益險」(〈與裴壎書〉)。但又困惑「僕輩坐益困辱,萬罪橫生,不知其端」(〈與蕭翰林俛書〉),連自己都不清楚究竟錯在哪裡,是什麼原因得罪了人。

柳宗元這一時期的文章中,顯得欲言又止、口是心非,有不少帶著「自辱」、「自汙」的字眼。

萊恩在《分裂的自我》一書中認為,「自汙」這類假面具、人格扮演,是人類生存本能的一種自我保護潛意識。〈繫辭〉言:「尺蠖之屈,以求

第十章　風波一跌逝萬里，壯心瓦解空縲囚

信也。龍蛇之蟄，以存身也。」動物界許多生物有保護自己的本領。據說大西洋中有一種魚類，它保護自己的手段十分奇特，大魚追殺它們的時候，危急關頭，它會突然自動開膛破肚，把內臟全部甩出去，大魚忽見一團血腥之物，立刻追逐而去。破肚魚乘此時機便悄悄溜走，躲到海底礁石的縫隙中養傷，它再生能力極強，若干時日後，內臟便又生長出來。這近乎殘忍的自我保護方法，真令人覺得不可思議。生物這種自我保護，恐怕只能說是本能所使然。「自汙」，成為生物界普遍的生存法則。英國的樹葉，沾滿蒸汽機的灰塵，白蛾成為天敵的醒目美食，因此紛紛自汙為灰褐色。「自汙」，也可以說是一種自我奴役的悲哀。

梁啟超在〈論自由〉中說：「是故人之奴隸我，不足畏也，而莫痛於自奴隸於人；自奴隸於人，猶不足畏也，而莫慘於我奴隸於我。辱莫大於心奴，而身奴斯為末矣。」「自汙」與其說是個人的悲哀，更是一種體制下命運的悲哀。

蒂利希於《存在的勇氣》一書中斷言：「自汙」是「墜入低於生存的存在形式」，是活命或為了保存血嗣不絕的無奈。

余華在《活著》中說：「人只要活著就是一種勝利！」翻閱中國幾千年的封建史，這種以「自汙」尋求自我保護的方式層出不窮。當人們突然陷入某種逆境，無法採用一般的保護手段時，也會出現以「自汙」的方式來為自己塗上一層保護色。如晉人阮籍，為逃避司馬氏迫害士人的歹毒心腸，不得不終日喝酒，喝得酩酊大醉，以癲狂酒徒的形象，掩蓋自己嗟生憂時的激憤與痛苦，藉以苟全於亂世。這類「自汙」的自我保護方式，是出於無奈迫不得已，頗有點外科手術「斷肢以求全身」的悲慘方式了。

有一種樹木叫胡楊：生而一千年不死，死而一千年不倒，倒而一千年不枯。見識了胡楊，就能理解生命的頑強本性。

在極權專制泰山壓頂、黑雲摧城的迫害下，這類為求生存而採用「自辱」、「自汙」的無奈之舉，比起那些「賣友求榮」、「落井下石」的自我保護方式，還是要可敬可嘆得多。猶如戲劇舞臺上的「丑角」，以醜化自己的形象以博得眾人的一笑，其所透露出得仍是高超的技巧和坦蕩的襟懷。

柳宗元初貶永州後的諸多文章，都流露著複雜而矛盾的心理。

柳宗元所寫〈憎王孫文〉，是一篇寓言式文章，「王孫」者即「獼猴」也。文章分為序文和騷體詩兩部分。柳宗元在序中寫了撰文的起因：

猿和獼猴群居在不同的山上，雙方德行有很大差異，彼此不能相容。猿的德行文靜穩重，能仁愛謙讓、孝順慈善。它們群居時互相愛護，吃東西互相推讓，行走時排成行列，飲水時遵守秩序。如果有的不幸失散離群，它就發出哀傷的鳴叫。假如遇到災難，就把弱小的幼猿圈在內側保護起來。猿們不會踐踏莊稼蔬菜，樹上的果子還未成熟時，大家共同小心看護著；等到果實成熟之後，便呼叫同伴聚齊，一同進食，一派和氣歡樂的樣子。它們遇到山上的小草、幼樹，一定繞道行走，使其能順利生長。所以猿群居住的山頭，經常是草木茂盛、鬱鬱蔥蔥。

獼猴的德行則完全不同，他們暴躁而又吵鬧，整天爭吵嚎叫，喧鬧不休，雖然群居卻彼此不和。吃東西時互相撕咬，行走時爭先恐後，飲水時亂成一團。有的離群走散了也不思念群體。遇到災難時，便推出弱小的而使自己脫身。它們喜歡糟蹋莊稼蔬菜，所過之處一片狼藉，樹上的果子還未成熟，就被他們亂咬亂扔。偷了人們的食物，只知塞滿自己的腮囊。遇到山上的小草、幼樹，一定要摧殘攀折，直到毀壞乾淨才肯罷休。因此獼猴居住的山頭經常是草木枯萎、一片荒涼。

猿群眾多時就把獼猴驅趕出去，獼猴多的時候也會撕咬猿。猿遇到

第十章　風波一跌逝萬里，壯心瓦解空縲囚

這種情況就索性離去，始終不與獼猻爭鬥對抗。動物中再沒有比獼猻更可惡的了。我被貶謫到這山林間很久了，看到獼猻這樣的行為，就寫了這篇〈憎王孫文〉。

柳宗元在序之後，言猶未盡，又以騷體詩表達著自己對此一現象的感嘆：

「湘水之㴩㴩兮，其上群山」；湘江水㴩㴩長又長啊，兩岸起伏盡是山。

「胡茲鬱而疲彼兮，善惡異居其間」；為什麼此山草木茂盛、而彼山光禿荒涼啊，因為善類和惡類分別聚居在其間。

「惡者王孫兮善者猿，環行遂植兮止暴殘」；凶惡的是獼猻啊，善良的是猿，繞道而行讓草木順利生長啊制止暴殘。

「王孫兮甚可憎！噫，山之靈兮，胡不賊旃」；獼猻啊太可憎！唉，山上的神靈啊，為什麼不把它們斬盡殺完？

「跳踉叫囂兮，衝目宣斷」；那獼猻亂跳狂叫啊，齜牙瞪眼。

「外以敗物兮，內以爭群」；對外毀壞東西啊，而內鬥群毆不斷。

「排鬥善類兮，譁駭披紛」；排擠打擊善良的猿類啊，喧譁如麻、驚擾紛亂。

「盜取民食兮，私己不分」；偷得百姓的食物啊，自己獨吞不分同伴。

「充嗛果腹兮，驕傲歡欣」；塞滿兩頰、填飽肚子啊，得意洋洋、自我作歡。

「嘉華美木兮碩而繁，群披競齧兮枯株根」；好花美樹啊粗大又茂盛，群猴爭折競咬啊任其枯爛。

「毀成敗實兮更怒喧，居民怨苦兮號穹旻」；毀壞了果實啊更加暴怒

喧闐，百姓怨恨痛苦啊呼叫蒼天。

「王孫兮甚可憎！噫，山之靈兮，胡獨不聞？」猢猻啊太可憎！唉，山上的神靈啊，為什麼只有你聽不見？

「猿之仁兮，受逐不校」；猿的仁慈正直啊，遭受驅逐也無怨言；

「退優遊兮，唯德是效」；從容不迫地退避啊，只以美好的德行為念。

「廉、來同兮聖囚，禹、稷合兮凶誅」；廉和來勾結起來啊，聖人周文王就成為囚犯（廉、來：指飛廉和惡來，相傳是殷紂王的臣子。聖：指周文王。囚：周文王曾被殷紂王囚禁在羑里）；禹與稷攜手合作啊，「四凶」就被除鏟（禹、稷：指夏禹和後稷，舜向堯推薦的二位賢臣。「四凶」相傳是被舜放逐的四個惡人：渾敦、窮奇、檮杌、饕餮）。

「群小遂兮君子違，大人聚兮孽無餘」；小人們一旦得勢啊君子就會遭殃，有德行的人聚在一起啊壞人就會完蛋。

「善與惡不同鄉兮，否泰既兆其盈虛」；善與惡不能共處啊，倒楣還是幸運得視雙方力量的增減。

「伊細大之固然兮，乃禍福之攸趨」；弱肉強食是物競天擇的必然規律啊，禍福轉換反映出趨勢的變幻。

「王孫兮甚可憎！噫，山之靈兮，胡逸而居？」猢猻啊太可憎！唉，山上的神靈呀，為什麼你竟熟視無睹、視而不見？

柳宗元文內的寓意和指向十分明顯。作者借猿和猢猻善惡對峙的描寫，隱喻以王叔文為首的政治革新集團和以宦官、藩鎮為主體的守舊頑固勢力之間勢不兩立的矛盾衝突。作者滿腔熱情地讚頌了革新集團美好的品德行為，無情地鞭撻了頑固守舊勢力排斥異己、禍害國民的醜陋行徑。文末還透過對「山之靈兮」妍媸不分、縱惡為非的質問，矛頭指向了最高統治者，表現出一個失敗的改革者難得的勇氣和是非觀。

第十章　風波一跌逝萬里，壯心瓦解空繆囚

柳宗元借寓言而一吐心中塊壘。

柳宗元撰寫於同一時期的〈謫龍說〉，也是一篇寓言體文章：

扶風有一個姓馬的年輕人說：他十五、六歲的時候，在澤州住。一次與一群同伴在郊外的亭子裡玩遊戲，突然，有一名奇異的女子從天而降，光彩奪目。這個女子穿著的皮衣是青色的面，白花紋的裡子，頭上戴著配有步搖的花冠。所有見了她的富豪公子都對她產生了愛慕之情，不時地走到她的身邊挑逗她。這個奇異的女子扳起面孔怒道：「不准這樣。我原本住在玉皇大帝的天宮，經常往來與各大星宿之處，陰陽兩氣供我呼吸。我鄙視小小的蓬萊、不屑於遠處的崑崙，沒有興趣到那些地方。玉皇大帝嫌我過於心高氣傲，一氣之下就把我貶謫到凡間。七天後就會把我召回天宮。現在我雖然屈辱地來到塵世，卻並非是你等同類。當我有一天再回到天宮，會把災害降臨到你們的頭上。」那些富豪公子聽了她的話，一時之間都被嚇跑了。那位奇異的女子就住在佛寺的講經堂。七天之後，她喝了一杯水，將水噴成色彩斑斕的雲霧。她便把皮衣反過來穿在身上，化成一條白色的龍，盤旋飛翔登天去了。人們從此再也沒有見到過她。只是覺得這件事情非常怪異！

哎！與她並不是同類，而在她被貶謫下凡時，試圖去調戲猥褻她，這樣做真是不應該啊！姓馬的年輕人從來不曾胡說八道，所以這件事被我記錄下來。

〈謫龍說〉寫得撲朔迷離，柳宗元究竟是在隱喻誰？有分析家認為，〈謫龍說〉「是用來比喻王叔文的」，寄寓了柳宗元對王叔文的一片崇敬之情。但遭到許多研究者的反駁，認為〈謫龍說〉是柳宗元的自喻。見仁見智、眾說紛紜，為後世的讀者留下了難解的謎團，也留有充分的想像空間。

陳松柏寫有〈謫龍說「是用來比喻王叔文的」嗎？——與張鐵夫先生商榷〉一文，將其觀點摘要如下：

關於〈謫龍說〉的寫作時間，普遍的說法是作於貶謫之後，是自喻。只有我的朋友張鐵夫認為：「〈謫龍說〉並不是柳宗元的自喻，而是用來比喻王叔文的。與此相連繫，該文的寫作時間，也不是在柳宗元被貶之後，而是在被貶之前；寫作地點也不是在謫所永州，而是在京師長安。」為什麼這樣說，鐵夫兄從「被緅裘白紋之裡」中讀出了新義，「緅裘」即深青色的帛裘，「白紋」即白色且帶條紋的布。該句的全意是披著深青色的帛裘，但其衣裡是白色的。因而指出了理解文章主旨的「關鍵所在」：一個是王叔文貶為「渝州司戶參軍員外接同正員」的官階為從八品下階，按照唐代嚴格的等級制，只能服深青色的品服，柳宗元貶永州司馬員外為六品下階，品服當是深綠，由此可見，是喻王而不是喻柳。二是王叔文被貶期間，其母才死去一個多月，正是居喪期間，因此還得穿上白色的喪服。柳母其時尚在，不存在服喪問題。因此，王叔文在渝州任上，「外面穿著八品官的深青色章服，而裡面則穿著白色的喪服」，與謫龍「被緅裘白紋之裡」相諧。因此斷定該作影射的對象是王叔文。

對此，我以為不然，這是鐵夫兄理解文學作品太過拘謹所致。

……王叔文被貶的聖旨下達之後，柳宗元可能寫下〈謫龍說〉以示對王叔文的信任、鼓勵與支持，表達自己對唐憲宗處分決定的不滿嗎？結論是肯定不會。

綜觀柳宗元一生，絕對是一個標準的、虔誠的儒家信徒，是李唐王朝忠實的奴僕。他與唐憲宗的關係，永遠也不是敵對的，對抗的，而是主與僕、君與臣的關係。正因此，他絕對不會反對皇權，不與皇帝唱反調，而唯皇帝的馬首是瞻，做皇帝的「孺子牛」。別看他不久前給王叔文的母親寫過〈故尚書戶部侍郎王君先太夫人河間劉氏誌〉，對王叔文備加讚賞，那可是唐順宗在位的時候，王叔文仍然是順宗的寵臣。現在皇帝換了，對立面都是擁戴功臣，大權在握，王叔文及其盟友柳宗元們，無

第十章　風波一跌逝萬里，壯心瓦解空縲囚

一不是打擊處分的對象，難道他們會選擇緊跟王叔文而站在皇帝的對立面？肯定不是，他們衷心期待的只能是皇帝對他們的寬大處理，讓他們戴罪立功⋯⋯

接下來對比一下那兩次不同處分宣判的時間：

據《新唐書・憲宗本紀》，永貞元年八月「壬寅，貶右散騎常侍王伾為開州司馬，前戶部侍郎、度支鹽鐵轉運使王叔文為渝州司戶」。永貞元年九月「己卯，京西神策行營節度行軍司馬韓泰貶撫州刺史，司封郎中韓曄貶池州刺史，禮部員外郎柳宗元貶邵州刺史，屯田員外郎劉禹錫貶連州刺史，坐交王叔文也」。從「八月壬寅」到「九月己卯」的時間差是36天。這可是柳宗元如坐針氈的日子，皇帝下旨貶王叔文為渝州司戶，已經向柳宗元及其他同黨敲響了警鐘：當道者正在密切地關注你們，處分馬上就輪到你們！他們因此而誠惶誠恐，因此而不敢亂說亂動，更不敢串連、聲援、相互鼓勵。他們最大的渴望就是作為領頭羊的王伾、王叔文已經處分，已起到殺雞儆猴作用，追隨者能夠全部赦免。柳宗元能例外嗎？面對唐憲宗的聖旨，他有膽量逆旨而行，為王叔文抱屈、給王叔文鼓勵打氣嗎？絕對不敢！

試想柳宗元如果真的為王叔文寫了〈謫龍說〉，其膽量固然可嘉，第二次處分就不可能有八司馬，只能是「二王一柳七司馬」：柳宗元既然和王叔文關係密切，硬和他黏在一塊，對新皇帝處分不滿，和新皇帝唱反調，就沒有資格享受韓泰、韓曄、劉禹錫等的同等待遇，就不僅僅是「坐交王叔文」，而是王叔文死黨，肯定要加重處罰，以至於與王叔文一樣：「貶禮部員外郎柳宗元為邵州（或永州）司戶」，然後和王叔文一樣賜死。那就沒有唐宋八大家中的柳宗元了！⋯⋯在這樣險惡的環境下，柳宗元能把自己的頭伸向矢志效忠一生的唐朝新皇帝的刀下嗎？還是那一個堅定的回答：肯定不會！

據此，陳松柏認為〈謫龍說〉不是為王叔文而寫，不是寫在長安，而是柳宗元貶到永州之後，抒發自己的一時感慨。

我並無意去考究〈謫龍說〉究竟是暗喻王叔文,還是柳宗元自喻。那是史學家的事情。我只是從文中讀到柳宗元心中的一股鬱悶之氣,一股浩然之氣。

「龍游淺灘遭蝦戲,虎落平陽受犬欺」,似乎成為對英雄困境中不得施展抱負的描摹。但是,假如是一條真龍而不是「畫龍」,即使遭遇困厄淺灘,凌雲之志也不會磨滅;假如是一隻真虎而不是紙老虎,即使不幸淪落平陽,呼嘯山林的氣勢也不會消散。柳宗元透過筆下的奇異美貌女子,身陷困境、貶入凡塵,仍能潔身自好,堅守自己生命的尊嚴,刻劃出一種龍亡骨架在,虎死不倒威的風骨傲氣。

與〈謫龍說〉相映對照的文章還可參閱〈鶻說〉:

有一種猛禽名叫鶻,在長安的薦福佛塔上築巢居住有一年了。佛塔下僧房中居住的僧人,能夠十分精細地觀察鶻鳥的活動。僧人向我講述了關於鶻鳥的事:「冬天的晚上,這隻鶻都會抓一隻完好無損的小鳥帶回自己的巢裡。用這隻小鳥來溫暖自己的爪子,左右腳掌來回交換地抓著它。早晨就抓著它上佛塔的角上,放掉那隻鳥,伸長脖子向遠處看,一直看到那隻鳥飛得再也看不見為止。如果小鳥是往東飛去,鶻必定是朝相反的方向飛去。這一天便不會去東邊追逐食物;南北西方向也是一樣。

柳宗元從僧人觀察到的現象之中,引申出自己的感慨:

嗚呼!孰謂爪吻毛翮之物而不為仁義器耶?是固無號位爵祿之欲,里閭親戚朋友之愛也,出乎觳卵,而知攫食決裂之事爾,不為其他。凡食類之飢,唯旦為甚,今忍而釋之,以有報也,是不亦卓然有立者乎?用其力而愛其死以忘其飢,又遠而違之,非仁義之道耶?恆其道,一其志,不欺其心,固斯世之所難得也。

哎!誰說長著利爪尖喙、翅膀羽毛豐碩的鳥類是蠻不講理之物呢?他們本來就沒有對爵位俸祿的欲望,也沒有鄰里親戚朋友的情感。從蛋

第十章　風波一跌逝萬里，壯心瓦解空縲囚

殼中出來待哺，生性就只知道攫取食物撕扯獵物，再也沒有其他目標。凡是食肉生物，每天早晨是飢餓最甚的時候，鶻鳥卻忍受著自己的飢餓，放生了小鳥，只為報答它一夜為己取暖的恩惠，鶻鳥不也是知恩而圖報的鳥嗎？使用了那隻鳥的熱力，於是愛惜它的生命，卻忘記了自己的飢餓，還遠離並迴避它，這不是也存著仁義之心嗎？長久保持心中的道義，專一堅守處世的意志，不違背心中的良知，這種行為原本就是世間所難得的品行。

余又疾夫今之說曰：「以煦煦而嘿，徐徐而俯者善之徒；以翹翹而厲，炳炳而白者暴之徒。」今夫梟鴟，晦於晝而神於夜；鼠不穴寢廟，循牆而走，是不近於煦煦者耶？今夫鶻，其立趯然，其動耄然，其視的然，其鳴革然，是不亦近於翹翹者耶？由是而觀其所為，則今之說為未得也。孰若鶻者，吾願從之。毛耶翮耶，胡不我施？寂寥太清，樂以忘飢。

我很討厭現今人們的說法：「認為那些溫柔而恬靜、謙恭而順從的就是善良之輩；而那些張揚而剛烈，執著而激烈的就是凶暴之徒。」那些梟鴟，白天隱藏、晚上神氣；老鼠不躲在居住的洞穴，卻是沿著牆亂竄，不時還發出吱吱的叫聲。這些特徵不正是與那些溫和謙順的人類似嗎？而像鶻鳥，它站立時昂揚，動起來迅速，目光犀利，鳴叫響亮，這些特徵不是與那些赫然獨立的人很相似嗎？觀察了鶻鳥的所有行為，用當今的說教來講事理，無疑是要埋沒真相的。假如誰能像鶻鳥一樣的話，我倒要主動去向他學習。鶻鳥身上有著鷹擊長空的翅膀，我什麼時候也能夠脅生雙翼，便能縱情翱翔在寂寥的長空，在快樂中忘記飢餓。

後世的許多學者，認為柳宗元這篇文章反映「知恩圖報」的思想。並對世俗社會把梟鴟看作是「善人」，而把鶻鳥當作是「惡人」的成見，用事實予以辛酸的諷刺。重新詮釋了陽剛和陰柔兩種對立形象，並闡述自己的好惡是非觀。

其實無須去細究「謫龍」或「鷓鳥」是暗喻誰，完全可以把它們看作是一種泛指，是作者在當時彼地的內心所感。文如其人，文抒心聲。我們從中讀出了柳宗元永貞革新失敗後，錯綜複雜、糾結矛盾的心理狀態。

　　柳宗元還寫過一篇〈伊尹五就桀贊〉，光聽題目就覺得十分怪異。伊尹是輔佐聖君的賢相，而夏桀則是歷史上臭名昭彰的暴君。伊尹一而再，再而三，竟然五次歸附夏桀，大有「助紂為虐」之嫌疑，柳宗元為什麼還要讚美他呢？

　　柳宗元在〈伊尹五就桀贊〉中寫道：

　　「彼伊尹，聖人也。聖人出於天下，不夏、商其心，心乎生民而已。」伊尹之所以稱之為聖人，因為作為臣子，並不是賣身於夏朝或者商朝。而是心繫天下蒼生百姓。伊尹出身低賤，是商湯妻子的陪嫁奴隸。《呂氏春秋・本味篇》記載：「有侁女子採桑，得嬰兒空桑之中，獻之其君。其君令烰養之，察其所以然，曰：『其母居伊水之上，孕，夢有神告之曰：臼出水而東走，毋顧。明日，視臼出水，告其鄰，東走十里，而顧其邑盡為水，身因化為空桑。』故名之曰伊尹。此伊尹生空桑故也。長而賢。湯聞伊尹，使請之有侁氏，有侁氏不可。伊尹亦欲歸湯。湯於是請取婦為婚。有侁氏喜，以伊尹為媵送女。」有侁氏，即有莘氏。伊尹的母親是居於伊水之上、採桑養蠶的奴隸。傳說伊尹曾五次去附夏桀，又五次回亳（ㄅㄛˋ　商湯時的國都）從湯。

　　對於伊尹的「朝秦暮楚」，柳宗元寫出他的思考邏輯：「退而思曰：『湯誠仁，其功遲；桀誠不仁，朝吾從而暮及於天下可也。』於是就桀。」伊尹知道夏桀並非仁愛之君，但他畢竟皇權在握，「率土之濱，莫非王土」，天下蒼生百姓都在其掌控之中。只有說動了夏桀，才能收到立竿見影的效果。早晨去輔佐夏桀，到晚上就能讓天下人都感受到仁愛。然

第十章　風波一跌逝萬里，壯心瓦解空縲囚

而,「桀果不可得,反而從湯。既而又思曰:『尚可十一乎?使斯人蚤被其澤也。』又往就桀。桀不可,而又從湯。以至於百一、千一、萬一,卒不可,乃相湯伐桀。」夏桀是一位諫諍不納的昏君,伊尹只得棄夏桀而返助商湯。但隨之又反思,討伐畢竟是凶事,「一將成名萬骨枯」,付出熱血和生命的還是百姓。也許還是諫諍的功夫不到,即便有萬分之一的希望,也要去做百分之百的努力。於是,伊尹再次前往事夏桀。伊尹勸說夏桀,聽我話的人,就可以成為堯舜名存青史,而聖君治下的百姓也就成為安居樂業的堯舜之民。可惜伊尹最終還是未能說服「山河易改,劣性難移」的夏桀棄惡從善,他只好輔佐商湯去伐夏桀。商湯有了伊尹,「湯為堯舜,而人為堯舜之人」。商滅夏後,伊尹治理國政,連保湯、外丙、中壬三朝,被稱為阿衡（宰相）。而夏桀這名暴君,被商湯打敗俘虜後,流亡死在南巢。柳宗元讚揚伊尹說:「聖有伊尹,思德於民。」「大人無形,與道為偶。」可見柳宗元認為,作為大臣,君為輕而民為重。

柳宗元為伊尹五次事夏桀開脫辯解後,感嘆地說:「大矣伊尹,唯聖之首。既得其仁,猶病其久。恆人所疑,我之所大。嗚呼遠哉!志以為誨。」柳宗元撰此文以表明:評價一個輔佐之臣是否賢能,並不是看他曾為誰效命,而是應該像伊尹這樣,心繫天下蒼生。

蘇軾在〈續歐陽子朋黨論〉一文中說:「孔子曰:『仁者安仁,智者利仁。』未必皆君子也。冉有從夫子則為門人之選,從季氏則為聚斂之臣。」表達了選擇君王的重要性。

蘇軾在〈辯伊尹說〉一文,一針見血地點明了柳宗元撰寫〈伊尹五就桀贊〉的言外之意:「元祐八年,讀柳宗元〈五就桀贊〉,終篇皆言伊尹往來兩國之間,豈有意教誨桀而全其國耶!不然,湯之當王也久矣,伊尹何疑焉。桀能改過而免於討,可庶幾也。能用伊尹而得志於天下,雖至愚知其不然矣。宗元意欲以此自解說其從二王之罪也。」蘇軾表達了對

柳宗元〈伊尹五就桀贊〉一文的質疑。

　　柳宗元所寫〈伊尹五就桀贊〉一文，不妨看作是柳宗元對新君的一番表白。儘管有古言：「良禽擇木而棲，賢臣擇君而事」，但以伊尹為例，柳宗元表達著對儒學訓誡「貞女不事二夫，忠臣不事二主」的質疑。難道真要「一失足成千古恨」，不給人「改過自新」的機會？

　　柳宗元一行人，溯湘江上行不遠，就到了匯入湘江的汨羅江口。

　　柳宗元在汨羅江口駐舟，憑弔在這裡投江自沉的詩人屈原。屈原是中國文學史上第一位「伏清白以死直」、以身殉志的政治家、思想家。他為了實現自己的理想，不屈不撓地抗爭，忠而獲遣，屢遭打擊，以「雖九死而不悔」的精神堅守自己的信念，當理想破滅後，不惜以身殉國。一千年後，柳宗元「重蹈覆轍」，痛感當年楚國朝廷忠奸易位、是非顛倒，楚王的昏聵腐敗，拒諫飾非的情形，與自己當下處境何其相似？柳宗元觸景生情，與屈原產生了強烈共鳴。臨江撫膺，溯源古今，「投跡山水地，放情詠〈離騷〉」，「離憂苟可治，孰能知其他」，寫下千秋頌唱的傳世之作〈弔屈原文〉：

　　「後先生蓋千祀兮，余再逐而浮湘」；先生逝世後一千年的今天啊，我又被放逐乘船來到湘江。

　　「求先生之汨羅兮，攬蘅若以薦芳」；為訪求先生的遺跡，我來到汨羅江畔啊，手捧杜蘅、杜若向先生敬獻芳香。

　　「願荒忽之顧懷兮，冀陳詞而有光」；願先生在幽冥中能顧念到我啊，我能夠向知音傾述衷腸。

　　「先生之不從世兮，唯道是就」；先生不肯隨波逐流啊，只遵循正確的政治主張。

第十章　風波一跌逝萬里，壯心瓦解空縲囚

「支離搶攘兮，遭世孔疚」；當時的國家是那樣的殘破紛亂啊，你生活的時代實在令人憂傷。

「華蟲薦壤兮，進御羔袖」；華貴的衣服被拋棄在地上啊，換上羊皮做的粗劣衣裳。

「牝雞咿嚘兮，孤雄束咮」；母雞呱呱亂叫啊，昂立的公雞卻不能放喉高唱。

「哇咬環觀兮，蒙耳大呂」；低階庸俗的曲調人們圍觀欣賞啊，對高雅美妙的音樂反而捂住耳朵盡力遮擋。

「菫喙以為羞兮，焚棄稷黍」；把毒藥當成美好的食物啊，真正的糧食卻被拋棄燒光。

「犴獄之不知避兮，宮庭之不處」；明明是牢獄卻不知躲避啊，丟下美麗的宮殿遠去異國他鄉。

「陷塗藉穢兮，榮若繡黼」；陷進泥坑坐在汙穢的地方啊，還自以為美得像披上錦繡衣裝。

「槱折火烈兮，娛娛笑舞」；房屋已被烈火燒毀啊，卻還歌舞昇平、喜氣洋洋。

「讒巧之嘵嘵兮，惑以為〈咸池〉」；喋喋不休的讒言巧語啊，迷惑地誤認為是頌歌傳唱。

「便媚鞠恧兮，美逾西施」；本是阿諛奉承厚顏無恥的小丑啊，卻把她看得比西施還要漂亮。

「謂讜言之怪誕兮，反實瑱而遠違」；把治國圖強的言論視為怪誕啊，反而塞住耳朵把它拋棄蠻荒。

「匿重痼以諱避兮，進俞、緩之不可為」；患了不治之症還要諱疾忌醫啊，就是請來俞跗、秦緩這樣的名醫也苦於開不出良方。

「何先生之凜凜兮，厲針石而從之」；為什麼像先生這樣高風亮節的人啊，還偏要磨礪針石、去醫治那不能治癒的創傷。

「但仲尼之去魯兮，曰吾行之遲遲」；但從前孔子離開魯國的時候啊，曾說「我走得很慢，步履踉蹌。」

「柳下惠之直道兮，又焉往而可施？」柳下惠奉行「直道」啊，也曾說到哪去都不能實現自己的主張。

「今夫世之議夫子兮，曰胡隱忍而懷斯？」現在世上的人都在議論先生啊，說你為什麼忍受那樣的打擊，還要關心祖國的興亡？

「唯達人之卓軌兮，固僻陋之所疑」；見識高遠之人的卓越行為啊，本來就是知識淺薄的人無法想像。

「委故都以從利兮，吾知先生之不忍」；拋棄自己的祖國、謀求個人的利益啊，我知道先生決不忍心做這樣的勾當。

「立而視其覆墜兮，又非先生之所志」；袖手旁觀坐視自己的國家滅亡啊，這更不是先生的志向。

「窮與達固不渝兮，夫唯服道以守義」；窮困或順達都無法改變志向啊，矢志服從心中的理想。

「矧先生之悃愊兮，滔大故而不貳」；何況先生一直對祖國忠心耿耿啊，即使犧牲生命也不改變立場。

「沉璜瘞佩兮。孰幽而不光？」美玉無論沉淪水底還是掩埋土中啊，怎會變得幽暗無光？

「荃蕙蔽匿兮，胡久而不芳？」香草被遮蔽起來啊，怎麼會因時間久長而失去芳香？

「先生之貌不可得兮，猶彷彿其文章」；先生的容貌已經無法看見了啊，但您的文章仍閃耀著光芒。

第十章　風波一跌逝萬里，壯心瓦解空縲囚

「託遺編而嘆唶兮，渙余涕之盈眶」；捧讀先生的遺著而感慨嘆息啊，我止不住熱淚盈眶。

「呵星辰而驅詭怪兮，夫孰救於崩亡？」你喝斥星辰而驅遣各種怪異啊，又豈能挽救社稷即傾的危亡？

「何揮霍夫雷霆兮，苟為是之荒茫」；你為什麼那樣指揮雷霆閃電啊，姑且浸沉於那荒誕渺茫的幻想。

「耀姱辭之曠朗兮，世果以是之為狂」；你寫下那些辭藻華美而又朦朧難明的文章啊，世俗之人果真以為你在發狂。

「哀余衷之坎坎兮，獨蘊憤而增傷」；唯獨我為你的遭遇深懷不平啊，內心充滿了悲憤和憂傷。

「諒先生之不言兮，後之人又何望」；如果先生不寫下這些文章啊，後世的人又如何對你仰望。

「忠誠之既內激兮，抑銜忍而不長」；你那愛國的赤誠既然在胸中激盪啊，就是想壓抑在心中也不能久長。

「芈為屈之幾何兮，胡獨焚其中腸」；芈姓的楚國與你屈氏有多大關係啊，為什麼你獨獨憂心如焚地為它著想？

「吾哀今之為仕兮，庸有慮時之否臧」；我對現在那些當官的痛心疾首啊，他們之中有哪一個關心國家的治亂興亡！

「食君之祿畏不厚兮，悼得位之不昌」；他們只擔心自己的俸祿不多啊，又發愁不能立刻騰達飛黃。

「退自服以默默兮，日吾言之不行」；我只能退身自守、默不作聲啊，因為我也難以實現自己的主張。

「既媮風之不可去兮，懷先生之可忘！」既然這苟且偷安的惡劣世風難以去除啊，我只有長懷先生永誌不忘！

柳宗元以屈原〈離騷〉、〈天問〉的風格，一抒胸臆中塊壘。自董仲舒「罷黜百家，獨尊儒術」以來，世上少了血氣方剛的燕趙慷慨悲壯之士，而多成為看風使舵、隨波逐流的苟且偷生之儒。柳宗元對於屈原的情操身雖不能至、心卻嚮往之。

　　柳宗元還寫過一篇〈招海賈文〉，晁無咎取以續《楚辭》，系之曰：「昔屈原不遇於楚，徬徨無所依，欲乘雲騎龍，遨遊八極，以從己志而不可，猶怛然念其故國。至於將死，精神離散，四方上下，無所不往。又有眾鬼虎豹怪物之害，故大招其魂而復之，言皆不若楚國之樂者。」柳宗元在〈招海賈文〉中雖取其義，然引申借寓，以謂崎嶇冒利，遠而不復，不如己故鄉常產之樂，亦以諷世之士行險僥倖，不如居易以俟命。可作為〈弔屈原文〉的參照閱讀。

　　永貞革新的失敗，對柳宗元的打擊尤其巨大。「摧心傷骨，若受鋒刃」。他常以被放逐的屈原和被貶謫的賈誼自喻：「不信縲絏枉，徒恨繾綣長。賈賦愁單閼，鄒書怯大梁。」（〈弘農公以碩德偉材屈於誣枉左官三歲復為大僚天監昭明人心感悅宗元竄伏湘浦拜賀末由謹獻詩五十韻以畢微志〉）

　　韓愈在〈柳子厚墓誌銘〉中寫道：「材不為世用，道不行於時。」感嘆於柳宗元的懷才不遇。劉禹錫也發出「皇天厚土，胡寧忍此」，感嘆柳宗元生不逢時，與屈原的人生悲劇何其相似。

　　宋人嚴羽說：「唐人唯子厚深得騷學。」此論可謂一語中鵠。「憤怒出詩人」，只有滿腹牢騷腸欲斷，才寫得「騷賦」！沒有人生際遇的「牢騷太盛」，沒有「心有靈犀一點通」的情感共鳴，筆端怎能流淌出〈離騷〉、〈天問〉一般的錦繡文字？

　　柳宗元的辭賦繼承、發揚了屈原辭賦的傳統。他的辭賦，不僅利用

第十章　風波一跌逝萬里，壯心瓦解空繆囚

了傳統的形式，而且繼承了屈原的精神。或許是因為兩人生年雖遠隔千載，但無論是思想、遭遇，還是志向、品格，都有相通之處。《舊唐書》本傳云柳宗元「既罹竄逐，涉履蠻瘴，崎嶇堙（戶乙）。蘊騷人之鬱悼，寫情敘事，動必以文，為騷文數十篇，覽之者為之悽惻。」與屈原作辭賦時的心情何其相似。柳宗元的「九賦」和「十騷」，成為唐代賦體文學作品中的傳世佳作。

柳宗元筆下的〈懲咎賦〉、〈閔生賦〉、〈夢歸賦〉、〈囚山賦〉等，均用〈離騷〉、〈九章〉體式。或直抒胸臆，或借古自傷，或寓言寄諷，幽思苦語，深得屈騷精髓。

柳宗元的另一佳作〈弔樂毅文〉，也表達了貶謫後「悼古傷今」的情緒。樂毅曾在燕昭王時期受到重用，成為一代名將。但在太子繼位後被趕出了燕國。這段歷史發生在春秋戰國時期，與王叔文集團在永貞革新中的命運十分相似。同樣是在新國君繼位後，「一朝天子一朝臣」，被逐出朝廷。

柳宗元在文中寫道：

許縱自燕來，曰：燕之南有墓焉，其志曰「樂生之墓」。余聞而哀之。其返也，與之文使弔焉。

大廈之騫兮，風雨萃之。車亡其軸兮，乘者棄之。嗚呼夫子兮，不幸類之。尚何為哉？昭不可留兮，道不可常。畏死疾走兮，狂顧徬徨。燕復為齊兮，東海洋洋。嗟夫子之耑直兮，不慮後而為防。胡去規而就矩兮，卒陷滯以流亡。惜功美之不就兮，俾愚昧之周章。豈夫子之不能兮，無亦惡是之遑遑。仁夫對趙之悃款兮，誠不忍其故邦。君子之容與兮，彌億載而愈光。諒遭時之容與兮，匪謀慮之不長。

跽陳辭以隕涕兮，仰視天之茫茫。苟偷世之謂何兮，言余心之不臧！

許縱自燕地來，他說：燕地的南邊有一座墓碑，上面刻著：樂生之墓。我聽到後頓時感到十分悲哀。在他返回的時候，讓他帶上這篇文章，請他在樂毅的墓碑前表達哀悼之情。

大廈被摧毀了啊，風捲著雨從天而降。車子上的軸也用壞了啊，坐車的人就把它丟棄。哎，在燕昭王死後，先生所遭受的磨難，很是不幸。還能怎麼辦呢？想要讓燕昭王長生不老是不可能的，他的治國思想也不可能永遠依照其意志執行。為了躲避災難的到來只能選擇逃跑，顯得那樣驚惶失措卻又猶豫不決。曾經屬於燕國的土地，如今都歸屬在齊國的名下，東海的樣子仍然寬廣無邊。你最可惜的就是只用那一種正直的態度來對待君王，不懂得為自己的前途和命運做一些謀劃。你如此地摒棄世故圓滑，一味地堅持正義的主張，最終落得遭受流亡的下場。你光輝的事業最大的不幸就是被迫半途而廢，留給那些愚昧之人成功的僥倖。莫非你是一個不會為自己設想的人嗎？你其實是厭惡那些偷機鑽營之人。你在答對昭王時表現的一片赤誠之心，已是仁至義盡了。你對自己的國家滿懷不忍的情緒，這種依戀故國的情感，即使是經過千萬年的磨礪仍然會熠熠生輝。你真是沒有趕上好的時世啊，並非你沒有深遠的謀略。

我在這裡長跪著，滿含淚水向你表達我的哀悼之情，眼睛注視著渺茫的蒼天。像我這樣苟且於世之人，真不知道後世之人會如何評價？很可能說我內心缺乏先聖的定力。

柳宗元悼念屈原、樂毅之文，何嘗不是自身的內心獨白。其間流露出迷惘、徬徨乃至絕望！

柳宗元在〈謗譽〉一文中，也表達出這種迷惘、徬徨：

凡人之獲謗譽於人者，亦各有道。君子在下位則多謗，在上位則多譽；小人在下位則多譽，在上位則多謗。何也？君子宜於上不宜於下，

第十章　風波一跌逝萬里，壯心瓦解空繆囚

小人宜於下不宜於上，得其宜則譽至，不得其宜則謗亦至。此其凡也。然而君子遭亂世，不得已而在於上位，則道必合於君，而利必及於人，由是謗行於上而不及於下，故可殺可辱，而人猶譽之。小人遭亂世而後得居於上位，則道必合於君，而害必及於人，由是譽行於上而不及於下，故可寵可富，而人猶謗之。君子之譽，非所謂譽也，其善顯焉爾。小人之謗，非所謂謗也，其不善彰焉爾。

然則在下而多謗者，豈盡愚而狡也哉？在上而多譽者，豈盡仁而智也哉？其謗且譽者，豈盡明而善褒貶也哉？然而世之人聞而大惑，出一庸人之口，則群而郵之，且置於遠邇，莫不以為信也。豈唯不能褒貶而已，則又蔽於好惡，奪於利害，吾又何從而得之耶？孔子曰：「不如鄉人之善者好之，其不善者惡之。」善人者之難見也，則其謗君子者為不少矣，其謗孔子者亦為不少矣。傳之記者，叔孫武叔，時之貴顯者也。其不可記者又不少矣。是以在下而必困也。及乎遭時得君而處乎人上，功利及於天下，天下之人皆歡而戴之，向之謗之者，今從而譽之矣。是以在上而必彰也。

或曰：「然則聞謗譽於上者，反而求之，可乎？」曰：「是惡可，無亦徵其所自而已矣！其所自善人也，則信之；不善人也，則勿信之矣。苟吾不能分於善不善也，則已耳。如有謗譽乎人者，吾必徵其所自，未敢以其言之多而舉且信之也。其有及乎我者，未敢以其言之多而榮且懼也。苟不知我而謂我盜蹠，吾又安取懼焉？苟不知我而謂我仲尼，吾又安取榮焉？知我者之善不善，非吾果能明之也，要必自善而已矣。」

柳宗元對「謗譽」的反覆論證，正反映了內心忐忑不定的矛盾心理。柳宗元在〈寄許京兆孟容書〉中有言：「罪謗交積，群疑當道，誠可怪而畏也。」身處大動盪時代，猶如置身於歷史的斷層，總會有新舊觀念的糾結與纏繞。肯定、否定、否定之否定，反覆辯證。剛產生一個念頭，馬上又有另一個截然相反的念頭相衝突。這些現象構成了一名思考者內心的豐富與複雜。

王安石〈讀柳宗元傳〉：「余觀八司馬，皆天下之奇材也；一為叔文所誘，遂陷於不義。至今士大夫欲為君子者，皆羞道而喜攻之。」正是由於參與了王叔文的永貞革新，柳宗元承受了常人難以承受的苦難。柳宗元在〈寄許京兆孟容書〉中回憶道：「宗元於眾黨人中，罪狀最甚」，「很忤貴近，狂疏繆戾，蹈不測之辜，群言沸騰，鬼神交怒。加以素卑賤，暴起領事，人所不信」，以至於被對方「詆訶萬端，旁午構扇，盡為敵仇，協力同攻」。

感慨於人生之路的艱難坎坷，柳宗元有感而發，寫出了詩作〈行路難〉三首。

行路難，樂府《雜曲歌辭》篇名，原為民間歌謠，後經文人擬作，採入樂府。《樂府解題》：「〈行路難〉，備言世路艱難及離別悲傷之意，多以君不見為首。」如鮑照的「君不見河邊草，冬時枯死春滿道」；如盧照鄰「君不見長安城北渭橋邊，枯木橫槎臥古田」；如僧貫休的「君不見道傍廢井生古木，本是驕奢貴人屋」；如駱賓王的「君不見玉關塵色暗邊亭，銅鞮虜寇危長城」；如高適的「君不見富家翁，昔時貧賤誰比數」；如顧況的「君不見古來燒水銀，變作北邙山上塵」等。

柳宗元〈行路難〉之一：

「君不見夸父逐日窺虞淵」；你可聽說夸父追趕太陽窺探日落的地方，

「跳踉北海超崑崙」；騰躍過北海群峰，跨越過崑崙山梁。

「披霄決漢出沆漭」；劈開雲霄衝破銀河，元氣浩渺蒼茫，

「瞥裂左右遺星辰」；風馳電掣，將星辰遺落身旁。

「須臾力盡道渴死」；沒支撐多久，便筋疲力盡，在半路上乾渴而亡，

「狐鼠蜂蟻爭噬吞」；成為狡狐野鼠、狂蜂螻蟻爭相吞噬的食糧。

「北方踔人長九寸」；有高不過九寸的侏儒居住北方，

第十章　風波一跌逝萬里，壯心瓦解空縲囚

「開口抵掌更笑喧」；鼓掌相慶，有說有笑，神采飛揚。

「啾啾飲食滴與粒」；縱使是微不足道的幾滴水、幾粒糧，

「生死亦足終天年」；也能維持生命，使自己活得年延壽長。

「睢盱大志小成遂」；大志向難似攀山，而小目標易如翻掌，

「坐使兒女相悲憐」；行路難，白了少年頭，徒勞悲傷。

柳宗元〈行路難〉之二：

「虞衡斤斧羅千山」（古代掌山澤者謂之虞，管川林者謂之衡）；林官率領的伐木隊伍千山遍及而浩蕩，

「工命採斫杙與椽」；奉命採伐營建宮室的棟梁。

「深林土剪十取一」；被齊土砍斷的大樹僅為十分之一，

「百牛連軛摧雙轅」；無數牛馬一齊用力拉斷了運樹的轅木車槓。

「萬圍千尋妨道路」；萬千棵參天大樹橫躺，使道路無法通暢，

「東西蹶倒山火焚」；伐木者砍倒它們一把火燒光。

「遺餘毫末不見保」；僥倖漏網的一點兒樹木也難逃厄運，

「躪躒石間壑何當存」；踐踏者的足跡踏遍了溪澗與山梁。

「群材未成質已夭」；眾多的珍稀樹種，未等成材就被摧殘，

「突兀磥豁空巖巒」；高峻屹立的山巒變得空空蕩蕩。

「柏梁天災武庫炎」（柏梁天災：漢武帝太初元年，西漢未央宮柏梁臺失火；武庫炎：晉惠帝元康五年，儲藏兵器物品的倉庫失火。這兩次有據可考的火災事故，損失甚大，歷代奇珍異寶皆蕩然無存）；如果再發生漢朝柏梁臺晉代武庫的火災，

「匠石狼顧相愁冤」；再好的工匠也難為無米之炊，只能寸斷愁腸。

「君不見南山棟梁益稀少」；你可知當今國家良材已日益稀缺，

「愛材養育誰復論」；有誰把栽培愛惜人才的事提到議事日程之上。

柳宗元〈行路難〉之三：

「飛雪斷道冰成梁」；紛飛的大雪封斷了道路，晶瑩的冰層包裹了橋梁；

「侯家熾炭雕玉房」；熾熱的炭火把王侯富麗豪華的住宅燒得暖氣洋洋。

「蟠龍吐耀虎喙張」；木炭像蟠龍吐火、猛虎張嘴，噴射著火光，

「熊蹲豹躑爭低昂」；又似熊蹲豹躍、互爭雌雄、一比弱強。

「攢巒叢崿射朱光」；堆積如山的木炭火光灼亮，

「丹霞翠霧飄奇香」；空氣中騰起紅霞與綠霧散發著清香。

「美人四向廻明璫」；戴著華美耳飾的美人環坐在它的周旁，

「雪山冰谷晞太陽」；正如在冰山雪谷中享受溫暖的陽光。

「星躔奔走不得止」；日月星辰的執行自有規律，永不停息，

「奄忽雙燕棲虹梁」；眨眼間飛燕呢喃，雙棲在七彩虹般的梁上。

「風臺露榭生光飾」；風臺水榭邊，桃紅柳綠，融融春光，

「死灰棄置參與商」（《左傳》：「辰為商星，參為晉星，參商相去之遠也」）；剩炭死灰被冷落棄置，如遠隔的參商。

「盛時一去貴反賤」；炙手可熱的事物，因需求變化，由珍稀化為糟糠，

「桃笙葵扇安可當」；自然規律又豈是盛夏必需的桃席與蒲扇所能阻擋？

第十章　風波一跌逝萬里，壯心瓦解空縲囚

〈行路難〉詩，柳宗元作於貶謫永州之後。王國安於《柳宗元詩箋釋》中認為：此詞與〈籠鷹詞〉、〈跂烏詞〉諸作，雖用寓言之體，然詞旨悲憤，顯以自況。

韓醇在《詁訓柳集》卷43中言：「三詩皆意有所諷，上篇謂志大如夸父者，竟不免渴死，反不如北方之短人，亦足以終天年，蓋自謂也。中篇謂人才眾多，則國家不能愛養，逮天下多事，則狼顧而嘆換可用之材，蓋言同輩諸公一時貶黜之意也。下篇謂物適其時則無有不貴，及時異事遷，則貴者反賤，猶如冰雪寒凜，則侯家熾炭無不貴矣。春陽發而雙燕來，則死灰棄置，無以用之。蓋言前日居朝而今日貶黜之意也。」

窺探柳宗元的心路歷程，永貞元年舊曆九月，對柳宗元來說是一個多災多難的九月。他像一隻「鯤鵬展翅九萬里」、意圖一展雄姿的鷹隼，猛然身負累累傷痕，從權力的高空跌落而下，由一位改革的勇者，眨眼間淪落為朝廷貶謫流放的囚徒。從此，春風得意的仕途便成為夢中的幻影，悲涼悽慘的厄運自此糾纏不休。這是大唐歷史上一個灰暗的九月，一位特立獨行的文學家、思想者，無奈地帶著家眷及行囊，倉皇離開了曾讓他大展才華的京都，離開了那夢魂縈繞的朝廷，匆匆踏上坎坷的流放路。一路上，他踏著藍田的紅葉，踏著漢水的漣漪，踏著長江的風浪，踏著洞庭的波濤，輾轉千里，艱難地向荊楚的南端遷移。他吃力地登上黃鶴樓，憑欄而望，滾滾長江東逝水，奔流到海不復回；鸚鵡洲頭落葉紛紛，遠去的鶴影似夢境難追；蒼茫的暮色讓人感嘆人生易老，平添無盡的屈原式離愁與別恨；「離騷不盡靈鈞恨，志士千年淚滿裳」（陸游詩）。此時的柳宗元，還未對前途喪失信心。在柳宗元的內心深處，充滿著北歸的期待與東山再起的企盼。因此，他對屈原的情感是矛盾的，這種矛盾的心態在他後來的詩句中或顯或隱地表現了出來：「南來不作楚臣悲，重入修門自有期。為報春風汨羅道，莫將波浪枉明時。」

柳宗元〈行路難〉三首詩中，第一首取材於神話故事「夸父逐日」。《山海經‧大荒北經》有記載：

　　炎帝的後裔夸父，「欲追日景，逮之於禺谷，渴極，飲於黃河，河水不足，北奔大澤，大澤未至而渴死道旁。」

　　夸父為什麼要逐日？那是他的一個目標！也許他知道自己注定是追不上日的，但他還是要追，只問耕耘，不求收穫。他以自己的渴死路旁，證實了一種追求的局限。不知他是否為自己的人生後悔？他一生都在奔跑，向著一個遙遠的光明的目標奔跑。他一時一刻都沒有絲毫懈怠，他一時一刻都沒有停止不前，他只是向前跑著。也許他並不知道地球是圓的，周而復始，是不是又跑回了原地。他只是不停地跑著，直到自己最後倒下去，再也爬不起來。也許，這就是命運的荒誕無稽。

　　追求的是光明，得到的是「灼瞎了眼睛」；追求的是火熱，結局卻是「飢渴而死」。也許人生追求的悲劇，就是在演繹一個「夸父追日」的神話故事。

　　與夸父英雄末路悲劇形成鮮明比照的是「北方諍人」。《列子》：「東北極有人，名諍人，長九寸。」是古代傳說中的小人國名。北方諍人不僅個子矮小，而且飲食也不過粒米滴水足矣，形同莊周〈逍遙遊〉的蓬間雀」一般，沒有鴻鵠之志，整日無憂無慮地雀躍於狹小的空間之中，自得其樂地枯榮於歲月的長河裡，得以終年，這實是夸父所不如的。其實，夸父與矮人，鯤鵬與蓬間雀，都為世間之肉體凡物，因此都只能在「有所待」的環境中生存。「夸父」自古以來就是一個勇者的象徵，當柳宗元為自己的結局而迷茫困惑之時，「夸父」自然進入他的腦海。「燕雀豈知鴻鵠之志哉？」，其實世界觀不同的兩個人，比兩個星球相隔得還要遙遠，各自活在自我的追求中。

第十章　風波一跌逝萬里，壯心瓦解空縲囚

柳宗元〈行路難〉第二首詩，完全是一種現實主義的筆法。以大唐王朝濫伐林木之事，隱喻朝廷人才潰乏之實。柳宗元親睹大唐王朝在歷經安史之亂、建中之亂後，宮廷、城廓、衙門、官府毀壞不少，因此，在戰事平息、世道重歸安寧後，大興土木、再現中興輝煌是情理之中的事。但是，過度地濫採濫伐，結果又造成了自然資源的匱乏，生態平衡的破壞。

王國維在《人間詞話》中指出，凡大詩人，大學者，所造之境必近乎自然，所寫之景，必瀕於理想。這裡充分地表現了柳宗元在狀物造勢方面的功力。柳宗元在詩的結尾處，痛心疾首地感嘆道：「君不見南山棟梁益稀少，愛材養育誰復論。」這最後兩句，使整首詩的意蘊昇華，由普通的敘事提升到了政論的高度，一種憂國憂民的情感躍然紙上，讓人產生無窮的慨嘆與思索。古人言：「十年樹木，百年樹人。」一方面是「南山棟梁益稀少」，直指國家人才缺失與潰乏的現狀；一方面，朋黨間的傾軋與顛覆，致使大量學子不但未能得到必要的提攜和保護，反而連遭貶謫放逐之苦和夭折厄運。

宋敖陶孫《敖器之詩話》中說：「柳子厚如高秋獨眺，霽晚孤吹」。敬佩柳宗元下筆不凡立意高遠。

柳宗元〈行路難〉第三首詩，透過對季節氣溫的變化與萬物適時而貴的現實觀察，深刻地體悟到了人生於世只能適時而為，不可強求的哲理。譬如木炭，在寒冷的冬天，王侯將相們為取暖之需無不爭相購買，因此炭價如金。而一旦大地回春，燕語呢喃，草長鶯飛，花紅柳綠時，昔日不可或缺的燃炭，今日已如同死灰一般棄置於外。這種「日寒柴炭貴如金，天暖棄置無人問」的現實，闡明了萬物以適時而貴，時移而異的常理。其實，這裡的「燃炭」也正是柳宗元對世態炎涼進行了痛苦思索

之後的一種感悟與內心世界的寫照。

多少智者哲人「英雄所見略同」，以「在路上」、「在旅途」的概念來表述人生過程的體驗。美國詩人艾倫‧金斯堡有句詩：「人生是把命運駛入沒有航標的河流上。」是一種漂泊、一種顛簸，或「中流擊水浪遏飛舟」，或「隨波逐流看風撐船」？

路，在哲學思考中成了一個重要意象。

卡夫卡只有天堂，沒有道路。魯迅則只有道路沒有天堂。顯然，柳宗元在〈行路難〉詩中，寄寓了自己對人生的哲學思考。

第十章　風波一跌逝萬里，壯心瓦解空縲囚

第十一章
從頭角崢嶸到「圓外方中」

柳宗元於永貞元年九月被貶謫出京城，一路跋涉、風餐雨宿，直走到年末，才來到永州。司馬是個小官，永州司馬更是個邊緣化的閒職，實質上是沒職沒權的罪官。

唐代的永州下轄零陵、祁陽、湘源三縣。州府駐地零陵。零陵是個相當古老的地方，據說零陵之名源自舜帝。《史記‧五帝本紀》：「舜南巡狩，崩於蒼梧之野，葬於江南九疑，是為零陵。」是個相當荒僻冷落的地方。長年卑溼苦寒，大水多雨，是所謂的「瘴癘」之地。

「安史之亂」以後，由於藩鎮割據，不少地方不輸賦稅，湖南已成為朝廷財賦的主要來源地之一。本來亂後的湖南許多州縣容納流亡人口，戶口會有所增長，可是永州的情況恰恰相反，據《舊唐書》卷40〈地理志三〉記載，這裡天寶年間，有戶二萬七千四百九十四，人口十七萬六千一百六十八；到乾元元年（西元758年），銳減至戶六千三百四十八，人口二萬七千五百八十三。而據《元和郡縣圖志》卷29，元和初戶僅八百九十四，還不如一個大村莊的人口戶籍多。由此可見柳宗元貶謫之地的「蠻荒」。

柳宗元的職務全稱是「永州司馬員外接同正員」。永州司馬是正六品上。但遠州的司馬依例只是個「閒員」，多由「內外文武官左轉右遷者遞居之」（白居易《白氏長慶集》卷44〈江州司馬廳記〉）；而員外接即是在編制之外，當時朝廷有明確規定：員外及攝、試官不得干預政務。因而，

第十一章　從頭角崢嶸到「圓外方中」

柳宗元到永州，既無公務，也無官舍，用他在〈陪韋使君祈雨口號〉中的話：「俟罪非真吏」。即算不得什麼官吏，只是一個囚徒。

柳宗元初到永州，既無官署州廨辦公，也沒有客舍院落安家，只得寄居在瀟水東岸的一座古龍興寺裡。據《光緒零陵縣誌》和唐佚名《大唐傳載》，這裡原是三國蔣琬的故宅，擒殺關雲長的吳軍司馬呂蒙也曾在此住過。後來改為寺院。寺院非常破敗，人跡罕至，十分荒涼。柳宗元剛到的時候，寺內「梟鸑戲於中庭，蕭葭生於堂筵」。柳宗元一行在西軒裡收拾出幾間房屋，雖然勉強可以棲身，但只有北窗，光線昏暗。柳宗元在〈永州龍興寺西軒記〉中描述了這裡的情景：

> ……至則無以為居，居龍興寺西序之下。余知釋氏之道且久，固所願也。然余所庇之屋甚隱蔽，其戶北向，居昧昧也。寺之居，於是州為高。西序之西，屬當大江之流；江之外，山谷林麓甚眾。於是鑿西墉以為戶，戶之外為軒，以臨群木之杪，無不瞩焉。不徙席，不運几，而得大觀。夫室，嚮者之室也；席與几，嚮者之處也。向也昧而今也顯，豈異物耶？因悟夫佛之道，可以轉惑見為真智，即群迷為正覺，舍大暗為光明。夫性豈群物耶？孰能為余鑿大昏之墉，闢靈照之戶，廣應物之軒者，吾將與為徒。遂書為二：其一志諸戶外，其一以貽巽上人焉。

柳宗元是一個熱衷於參與政事的入世士子，「居廟堂之高，則憂其民；處江湖之遠，則憂其君」，即使從繁華的京都流放到蠻荒，仍難捨棄「利安元元」的人生理念。雖然「余知釋氏之道且久，固所願也」，然而，寺廟的鐘聲無法讓他忘懷「了卻君王天下事，贏得生前身後名」的心結；陶淵明「採菊東籬下，悠然見南山」的詩句，也無法使他隨遇而安「樂不思蜀」。他日復一日地在木魚聲中，焦躁地等待著、盼望著，等待著新朝的「大赦」，盼望著有朝一日「量移」，得到重新啟用。

柳宗元到永州的第二年，唐憲宗改元大赦。柳宗元欣喜地應永州刺史韋某之邀，代筆寫下〈賀元和大赦表〉：

臣某言：伏奉正月二日制，大赦天下，永貞二年宜改元和元年。太陽既升，煦育資始，霈澤斯降，膏潤無遺。臣某誠慶誠賀，頓首頓首。

伏唯皇帝陛下仁化旁流，孝理弘闡，紀元示布和之令，肆眚見恤人之心。曠然滌瑕，得以遷善，渙發大號，申明舊章。農有薄徵，市無強價。勳勤是錄，爵秩以班。寵寧間於幽明，澤必周於夷夏，近甸輕榷酤之入，遠人忘水旱之災。既行慶於官僚，亦推恩於天屬，諸生喜黌塾之廣，庶老加絮帛之優。量入所以備凶，興廉期於變俗。爰褒有客。尊賢之典唯新；載奉素王，宗予之道斯在。綸言一降，庶政畢行，懷生之倫，感悅無量。臣某等守在遐遠，親奉詔條，踴躍之誠，倍百恆品。無任感恩抃舞屏營之至。

登基改元為普天同慶的大事，頒布天下大赦乃是題中應有之義。柳宗元寫出「太陽既升，煦育資始，霈澤斯降，膏潤無遺」、「紀元示布和之令，肆眚見恤人之心」，抱著滿腔希望，期待自己的命運由此出現轉機：「臣某等守在遐遠，親奉詔條，踴躍之誠，倍百恆品」。然而，希望很快破滅，這是一塊「被聖澤遺忘的角落」，柳宗元並未能「搭順風車」，迎來大赦的聖旨。

永州秋風又起，一年一度秋風勁，又到蕭瑟落葉時。柳宗元盼來了朝廷大赦的第三道詔命。這次詔書倒是提到了「八司馬」諸人，《舊唐書》卷14〈憲宗紀〉載有聖旨：「左降官韋執誼、韓泰、陳諫、柳宗元、劉禹錫、韓曄、程異等八人，縱逢恩赦，不在量移之限。」顯然，永貞革新派之八司馬，涉及帝位繼承問題，這是憲宗很難釋懷之處。另一方面，革新措施樹敵太多，一旦失敗必然是「牆倒眾人推」。如柳宗元在〈與蕭翰林俛書〉中所言：「貶黜甚薄，不能塞眾人之怒，謗語轉侈，囂囂嗷嗷，漸成怪民。」

第十一章　從頭角崢嶸到「圓外方中」

　　……一晃幾年過去了，柳宗元苦苦等待，卻仍未等來「大赦」和「量移」，等來的結果反倒是昔日的「同袍」王叔文、凌准、呂溫等人，相繼辭世的噩耗。他開始感到前途渺茫、命運多舛，感到理想的蕩滅，感到生命的荒廢，感到世路的坎坷與人生的艱辛，感到官場的險惡與朝庭的昏庸，再加上身體的漸感不支，與精神的疲憊憔悴，讓他悲苦莫辨，北歸成了一種奢望，「仙駕不可望，世途非所任」；「凝情空景慕，萬里蒼梧陰」。

　　柳宗元初到永州時寫過一篇〈閔生賦〉，頗能表達他當時的心情：

　　「閔吾生之險厄兮，紛喪志以逢尤。」；〈離騷〉云：「紛逢尤以離謗。」晁無咎注釋：「柳宗元雅善蕭俛，在江嶺間貽書言情云，宗元與罪人交十年，官以是進，辱在附會，居治平世，終身為頑人之類，猶有少恥，未能盡忘。此蓋以叔文輩為罪人，頑人謂己恥辱，然悔厲極矣。……蓋自以生之不幸，喪志而為此。」我十分哀憫自己坎坷的人生遭遇，自己心中的志向難以實現，到頭來卻要遭受如此的罪尤。柳宗元的人生際遇與屈原何其相似。

　　「氣沉鬱以杳眇兮，涕浪浪而嘗流」；〈離騷〉云：「攬茹蕙以掩涕兮，沾余襟之浪浪。」心情十分憂鬱，又無所依附，眼淚沒有變乾的時候，不停地往下流。

　　「膏液竭而枯居兮，魄離散而遠遊」；油燈耗竭，只能一個人在黑暗中呆坐，魂魄無主似地向遠方漂游。膏血枯竭而面容憔悴。

　　「言不信而莫余白兮，雖遑遑欲焉求」；一錯百錯人輕言微，所講的話沒人願意相信，我又難以辯白，儘管慌忙著急，又能得到什麼所求？

　　「合喙而隱志兮，幽默以待盡」；只能閉上嘴巴、隱埋志向，在幽靜的住所，默默等待生命的終盡。

　　「為與世而斥謬兮，固離披以顛隕」；本來想要為世界指出其荒謬，

最終卻遭到批判而顛覆落隕。

「騏驥之棄辱兮，駑駘以為騁」；騏驥這般的駿馬遭受遺棄的屈辱，劣質的駑馬卻能夠四處縱橫馳騁。

「元虬蹶泥兮，畏避蛙黽」；《莊子》曰：「蹶泥則沒足滅跗。」屈原〈離騷〉云：「馴玉虬以乘鷖兮，溘埃風余上徵。」龍無角為虬，龍在泥潭中深陷著，不幸地還得躲避蛤蟆蛙黽。

「行不容之崢嶸兮，質魁壘而無所隱」；《前漢·鮑宣傳》云：「朝廷亡有者艾魁壘之士。」魁壘，壯貌也。〈甘泉賦〉曰：「皋伊之徒，冠倫魁能。」高大的身軀塞不進窄狹的容器，磊落的志士難找到蟄隱之所。

「鱗介槁以橫陸兮，鴟嘯群而厲吻」；水中的鱗介在陸地只能乾枯，一群群的鴟鷹鳴叫著前來食吻。

「心沉抑以不舒兮，形低摧而自慇」；鬱悶的心情難以舒展開來，只能彎下身軀默默地傷慇。

「肆余目於湘流兮，望九疑之垠垠」；〈湘中記〉云：「九山相似，行者疑惑。」九疑山，半在蒼梧，半在零陵。湘水出零陵，北入江。我放開眼界眺望湘水北去，九疑山高遠連綿、無際無垠。

「波淫溢以不返兮，蒼梧鬱其蜚雲」；清澈的江水不停地流淌，沒有停歇掉頭的時候，蒼梧山上飛過五彩霓雲。

「重華幽而野死兮，世莫得其偽真」；《史記》載：「舜南巡狩，崩於蒼梧之野，葬於江南九疑。」虞舜是否死在這曠野之上？世人至今也難以分辨傳說是假是真。

「屈子之悁微兮，抗危辭以赴淵」；憂鬱憤懣的屈原，忠心於楚國社稷，卻違背了楚王的意願。留下了經典的辭賦作品，自己卻憤然投江沉淵。

第十一章　從頭角崢嶸到「圓外方中」

「古固有此極憤兮，矧吾生之藐艱」古往今來這樣極度悲憤的事情數不勝數，我的遭遇不值得多言處世之艱。

「列往則以考己兮，指斗極以自陳」；鋪陳過去的事情以審視自己的現狀，我面對北斗星表述衷腸。

「登高巖而企踵兮，瞻故邦之殷轔。」《前漢書》曰：「振殷轔而軍裝。」攀登到高高的山峰上，踮起自己的腳，眺望遠在天邊的故鄉，是那樣水繁山轔。

「山水浩以蔽虧兮，路蓊勃以揚氛」；重重的山水阻擋了我的視線，綿遠的路程只見陣陣的煙塵揚氛。

「空廬頹而不理兮，鬻丘木之榛榛」；被我閒置的茅屋至今沒有人去管理，高山上遮擋的樹木鬱鬱榛榛。

「塊窮老以淪放兮，匪魑魅吾誰鄰？」窮困年邁的我又遭到了流放，除了和魑魅鬼怪為伴，我又能與誰為鄰？

「仲尼之不惑兮，有垂訓之謨言」；孔子到了四十不惑之年，訓誡後人的箴言才流傳於世。

「孟軻四十乃始持心兮，猶希勇乎黝賁。」《孟子》有言：「我四十不動心。」孟子到了四十歲的時候，才開始將自己的心平靜下來，但是仍然希望自己勇猛如北宮黝和孟賁。

「顧余質愚而齒減兮，宜觸禍以玷身」；《楚辭》云：「玷余身而危死節兮，覽余初其猶未悔。」玷，危也。至於我這樣的愚昧之人，接近四十歲的年紀，遭遇這樣大的禍患，甚至危及生命，也是咎由自取，沒什麼好後悔的。

「知徙善而革非兮，又何懼乎今之人」；既然我已經知道了要從善如流，那麼又何必在乎或害怕非議的今人。

「噫！禹績之勤備兮，曾莫理夫茲川」哎！大禹如此辛勞治理天下之水，但是卻沒有顧及湘水之川。

「殷、周之廓大兮，南不盡夫衡山」；〈王制〉曰：「南不盡衡山，北不盡恆山。」殷、周的領土可以稱之為遼闊，向南的地方也未能包括衡山。

「余囚楚、越之交極兮，邈離絕乎中原。壤汙潦以墳洳兮，蒸沸熱而恆昏」；我所囚困的地方，正在楚越交界的地方，距離中原是何等的遙遠。這裡到處是汪洋一片，炎熱的天氣讓人混沌昏迷。

「戲鳧鸛乎中庭兮，蒹葭生於堂筵」；有野鴨和鸛在自己的庭院中玩耍，蘆葦也濫生於庭堂屋筵。

「雄虺蓄形於木杪兮，短狐伺景於深淵」；《楚辭》言：「雄虺九首。」《毛詩》云：「為鬼為蜮。」陸璣註疏：「蜮，一名射影。南人將入水，先以瓦石投水令濁，然後入。」《博物誌》載：「江南山有射工蟲，長一二寸，口中有弩形射人影，不治，則殺人。」害人的雄虺在樹梢上藏匿著，短狐潛伏深淵，窺視人們的行蹤。

「仰矜危而俯慄兮，玾日夜之拳攣」；俯仰之間所看到的景象總是令人感到驚悚、顫抖，每天每夜都讓人感到不安。

「慮吾生之莫保兮，忝代德之元醇」；我擔心自己的生命難以在這裡得到保全，只能慣性地忠實承繼世代的德醇。

「孰眇軀之敢愛兮，竊有繼乎古先。明神之不欺余兮，庶激烈而有聞。冀後害之無辱兮，匪徒蓋乎曩愆」；但是我又怎麼能看重自己微不足道的軀殼呢？只能私自希望自己向古代的聖王看齊。我明白神靈是會真心對待我，激烈的天地運轉，彷彿已明白了我所傾訴的情感。希望以後不會再有災害來侵襲我了，我真誠地祈禱，不僅是為了彌補自己過去的罪愆。

第十一章　從頭角崢嶸到「圓外方中」

這一時期，柳宗元所寫〈囚山賦〉，表白著自己的流放生涯，如同囚徒一樣被羈押在牢籠之中：

「楚越之郊環萬山兮，勢騰湧夫波濤」；楚山越地的永州城群峰環繞的遠郊，起伏的峰巒好似波濤奔騰。

「紛對回合仰伏以離迾兮，若重塘之相褒」；高低錯落的群山四合圍繞，就好像是高牆深院一樣築起了牢籠。

「爭生角逐上軼旁出兮，其下坼裂而為壕」；峰巔刀削筆立般橫空出世，懸崖峭拔斷裂為深溝險壑。

「欣下頹以就順兮，曾不畝平而又高」；人們才剛為地勢變得平坦而高興，還未走出一畝地就又開始變得險峻。

「沓雲雨而漬厚土兮，蒸鬱勃其腥臊」；每逢山間雲霧打溼植被，蒸騰出的味道十分腥羶。

「陽不舒以擁隔兮，群陰沍而為曹」；陽氣在這裡淤積阻隔，濃烈冰涼的陰氣就與它掩映融會。

「側耕危獲苟以食兮，哀斯民之增勞」；勞苦的人民在危險的山上勞動，以獲取生存所需要的食糧，事倍功半的付出，令人寄予深深的同情！

「攢林麓以為叢棘兮，虎豹咆嚪代狴牢之吠嗥」；山麓間茂密的森林好似束縛我的荊棘，老虎豹子的咆哮就像看管獄吏的嚎叫。

「胡井眢以管視兮，窮坎險其焉逃」；我為什麼待在這裡，一如井蛙觀天？窮途末路之際，險山惡水之外，又有何處可逃？。

「顧幽昧之罪加兮，雖聖猶病夫嗷嗷」；自己受到了莫須有罪名的冤屈，就算是聖人也害怕惡語中傷！

「匪兕吾為柙兮，匪豕吾為牢」；我本來不是野獸卻被關進了木籠，我本來不是豬但是被關進了牢圈！

「積十年莫吾省者兮，增蔽吾以蓬蒿」；足足十年，還不夠我吾日三省吾身，只是徒增身邊遮蔽我的蓬蒿野草。

「世日以理兮，賢日以進，誰使吾山之囚吾兮滔滔？」只有世事獲得治理，賢德的人才能得以重用。是誰把我困在了這無邊無涯的深淵裡啊！

晁太史無咎序柳宗元此賦於《變騷》曰：「《語》云：仁者樂山。自昔達人，有以朝市為樊籠者矣，未聞以山林為樊籠者。宗元謫南海久，厭山不可得而出，懷朝市不可得而復，丘壑草木之可愛者，皆陷阱也，故賦〈囚山〉。淮南小山之辭，亦言山中不可以久留，以謂賢人遠伏，非所宜爾，何至以幽獨為梏牢，不可一日居哉？」向來只聞士大夫以鬧市為樊籠，尋求逃避喧囂嘈雜而歸隱山林。而獨有柳宗元反以山林為樊籠，可見其不甘寂寞的參政議政之熱忱。

由於朝中反對派的屢屢作梗，柳宗元的回歸夢想一再破滅。據史記載：「永貞季，公以黨累貶永州司馬。宰相惜其才，欲澡濯用之，詔補袁州刺史。其後諫官頗言不可用，遂罷。當時之讒公者眾矣……」柳宗元文章的犀利辛辣，使反對派如芒刺在背，咬住緊緊不放，必置之於死地而後快。正是在此背景下，柳宗元撰寫了〈罵尸蟲文〉，透過對「尸蟲」的咒罵而宣洩心中的憤懣：

有道士言：「人皆有尸蟲三，處腹中，伺人隱微失誤，輒籍記。日庚申，幸其人之昏睡，出讒於帝以求饗。以是人多謫過、疾癘、夭死。」

柳子特不信，曰：「吾聞『聰明正直者為神』。帝，神之尤者，其為聰明正直宜大也，安有下比陰穢小蟲，縱其狙詭，延其變詐，以害於物，

第十一章　從頭角崢嶸到「圓外方中」

而又悅之以饗？其為不宜也殊甚。吾意斯蟲若果為是，則帝必將怒而戮之，投於下土，以殄其類，俾夫人咸得安其性命而苟愿不作，然後為帝也。」

有道士說：「人都有三條尸蟲，待在腹中，等待人有隱蔽細小的過錯，就用本子記下來。到庚申那天，趁人昏睡的時候，到玉帝那裡進讒言以求食物。於是人們因為過失而被貶謫、得到疾病、或是夭折。」

柳某偏偏不相信：「我聽說『聰明正直的人是神』。玉帝，神之中最傑出的，他的聰明正直應該是最高的，又怎麼可能屈尊降貴、勾結陰險骯髒的小蟲，縱容它們的奸詐狡猾，放任它們的讒言機變，去危害萬物，還取悅它們、提供食物呢？這種行為也太不恰當了。我想，這種蟲如果真的做這種事，那麼玉帝必然發怒而殺死它，丟到地下去，滅絕它們這一種類，使人都可以安生立命，從此不再有疾病災禍，這樣才是玉帝啊。」

道教徒認為，人體內有三條尸蟲。《酉陽雜俎》云：「人有三尸，上尸清姑，伐人眼；中尸白姑，伐人五臟；下尸血姑，伐人胃命。凡庚申日，言人過於帝。」古語云：「三守庚申三尸伏，七守庚申三尸滅。」按《道書》：「上尸彭琚，中尸彭質，下尸彭矯。以是人多謫過。」尸蟲處人腹中，記人失誤，趁人昏睡，出讒於帝，故人之疾瘠、夭死多遭其殃。柳宗元對之不敢輕信，認為天帝應該比一般的神更為聰明正直，不可能與「陰穢小蟲」為伍，聽信讒言，迫害賢良，而應該怒而戮之，把它們殺個精光。但是上帝高高在上，作者身處卑微，不可能向天帝查詢此事，但又痛恨這類尸蟲受到天帝的寵信，因而作此文咒罵尸蟲。

〈罵尸蟲文〉由兩部分組成：先是前列散文小序，採用寓言形式，介紹故事梗概，說明寫此文之「意在筆先」，巧妙地把「尸蟲」與「天帝」連繫起來。然後以騷賦之汪洋恣肆，開始了痛快淋漓的斥罵：

柳宗元劈頭就是橫空一叱：「來，尸蟲！汝曷不自形其形？」作者這種強烈的憎惡憤怒之情壓抑已久，此時剝其皮、顯其形，尋找到宣洩口，便一洩千里。

「陰幽詭側而寓乎人，以賊厥靈」；尸蟲陰險詭祕地隱藏於人體，完全是一副戕害生靈的德性。

「膏肓是處兮，不擇穢卑」；《左傳》載：「晉侯求醫於秦，秦伯使醫緩為之。未至，公夢疾為二豎子，曰：彼良醫也，懼傷我焉，逃之。其一曰：居肓之上，膏之下，若我何？醫曰：疾不可為也。在肓之上，膏之下，攻之不可，達之不及。」尸蟲生存於陰暗之處，膏肓之間，醫藥很難達及。

「潛窺默聽兮，導人為非；冥持札牘兮，搖動禍機」；窺探人的隱私，等候時機一旦成熟，就要出來為非作歹。

「卑陬拳縮兮，宅體險微」；平時蜷縮一團惶恐不安，「以曲為形，以邪為質；以仁為凶，以僭為吉；以淫諛諂諛為族類，以中正和平為罪疾；以通行直遂為顛蹶，以逆施反鬥為安佚」；柳宗元在此處連用八個「以」字，由表及裡，寫盡了尸蟲揚惡抑善，妒人之能，幸人之失的險惡卑鄙心理。

「利昏伺睡，旁睨竊出，走讒於帝，遽入自屈。幂然無聲，其意乃畢」；柳宗元透過神態、動作、聲音等一系列細節的描繪，把尸蟲刻劃得細緻入微、入木三分。令人彷彿看到尸蟲鬼鬼祟祟，趁著人們熟睡的時候，便賊頭賊腦地溜出體外，跑到天帝面前進讒言，又急忙鑽回人體縮作一團，遮掩得無聲無息、了無痕跡。柳宗元別具匠心地用「旁睨」、「竊出」、「遽入」、「幂然」等片語，出神入化地把尸蟲來無影去無蹤的醜陋形象揭露得淋漓盡致。

279

第十一章　從頭角崢嶸到「圓外方中」

然後，柳宗元寫了尸蟲對人體的戕害：「求味己口，胡人之恤！」為了滿足自己的饕餮之慾，尸蟲在人體內擺下人血人肉宴席。「修蛔恙心」、「短蟯穴胃」、「外搜疥癩」、「下索瘻痔」，偶有不適的小病，便煽風點火、借題發揮，乘風揚灰、推波助瀾，感染惡化為「不治之症」。

作者對此深惡痛絕，凝聚著無限的怨懟之情，痛切地發出：「則唯汝類。良醫刮殺，聚毒攻餌。旋死無餘，乃行正氣。」體現著作者剷除禍害，抑惡揚善的急切心情，也寄望於「吾皇聖明」，尸蟲「多行不義必自斃」，最後自得其咎、自取滅亡。

柳宗元在文章的結尾處，想像地描述了天帝對尸蟲的懲罰：

汝雖巧能，未必為利。帝之聰明，宜好正直，寧懸嘉饗，答汝讒慝？叱付九關，貽虎豹食。下民舞蹈，荷帝之力。是則宜然，何利之得！速收汝之生，速滅汝之精。蓐收震怒。將敕雷霆，擊汝酆都，糜爛縱橫。俟帝之命，乃施於刑。群邪殄夷，大道顯明，害氣永革，厚人之生，豈不聖且神歟！

後世的「柳粉」，把其解釋為：「作者巧妙地以頌為諷，把皇帝比作聰明正直的天帝，旁敲側擊，明捧暗罵，對他縱容包庇『尸蟲』，不辨賢愚妍媸的昏庸面貌，進行了辛辣的嘲諷，表現了作者渴望『群邪殄夷，大道顯明，害氣永革，厚人之生』的美好願望。」「柳粉」們對自己心中偶像的崇敬之情可以理解，但因此而要為古人粉飾門面，硬要把柳宗元塑造成一個英雄形象，其實大可不必。

柳宗元不可能超脫其生存環境而成為「超人」，他的思考模式也逃不脫封建士大夫的窠臼：認為君是明君，「宅心仁厚」、有容人胸懷。事情都是敗在奸佞之臣的讒言。其實也無須苛責柳宗元，在封建專制極權的高壓之下，有幾人能「風號大樹中天立」，成為迎著暴風雨高翔的海燕？更多的是「人在屋簷下，不得不低頭」的家雀。

與〈罵屍蟲文〉有著異曲同工之妙的還有〈宥蝮蛇文〉和〈斬曲几文〉。〈宥蝮蛇文〉把讒言的小人比作蝮蛇，蝮蛇陰妒潛狙，不勝其毒，然而上位者卻讓毒蛇橫行，賊害無辜。〈斬曲几文〉則把諂曲獻媚者比作曲几，畸形怪狀，曲程詐力，然而上位者卻棄直而用曲，使曲者進，而直者遠離朝廷。這些文章曲折反映出柳宗元被貶謫後的矛盾複雜心理。

　　柳宗元還寫了一篇〈起廢答〉，顧名思義，是一篇關於啟用與貶廢的問答。

　　柳宗元在公事之餘，「遊於愚溪之上」，溪旁聚集著「鯢老」、「壯齒」等十餘人。於是有了以下一番對答：

　　曰：今番，有兩個廢物得以啟用。
　　問：誰也？
　　答：東祠一個跛腳和尚，官廄一匹爛腦袋馬。
　　問：什麼原因得到啟用？

　　於是引出了一番笑談：

　　先講述了跛腳和尚在受到重用之前自慚形穢的慘狀：「少而病躄愈以劇，居東祠十年，扶服輿曳（「扶服」，與「匍匐」同），未嘗及人，側匿愧恐殊甚。」這一名和尚居住東祠十年，躄足的病情日益加劇，行動也已不便。不是自己爬著走，就是被別人拖著移，東躲西藏、羞於見人。這樣一個苟且偷安、朝不保夕的和尚，居然時來運轉，永州其他有作為的佛學大師，因為種種緣故離去，儘管他既無佛家德才，又無健康體魄，然而一座寺廟不能缺少了主持，他在寺廟中年資較長，論資排輩也輪到推他出面。於是，「盥濯之，扶持之」，經過一番喬裝打扮，原本已成廢物的跛腳和尚，隆重地被捧上了佛教大師的尊榮地位。人以位貴，搖身一變，「壯者執輿，幼者前驅，被以其衣，導以其旗，怳惕疾視，引且翼

第十一章　從頭角崢嶸到「圓外方中」

之」，前呼後擁，好不威風。「凡師數百生，日饋飲食，時獻巾帨，洋洋也，舉莫敢逾其制。」門徒眾多，有的贈食、有的獻衣，最終養成一副飯來張口、衣來伸手，恃寵而驕、頤指氣使的派頭。

那一匹爛腦袋馬也與跛腳和尚一樣，先描繪了它過去的可憐遭遇：「顙之病亦且十年，色玄不龐，無異技，硈然大耳。然以其病，不得齒他馬。食，斥棄異皁，恆少食，屏立擯辱，掣頓異甚，垂首披耳，懸涎屬地，凡廄之馬，無肯為伍。」這匹病馬被孤立、被嫌棄、被侮辱，經常飢腸轆轆，口水淋漓，沒有一匹馬肯與它作伴，完全是一個受屈辱，遭虐待，苟延殘喘的形象。這匹並無特別技能的馬，之所以一步登天，完全是因為一個偶然的機會。「會今刺史以御史中丞來蒞吾邦，屏棄群駰，舟以溯江，將至，無以為乘。廄人咸曰：『病顙駒大而不龐，可秣飾焉；他馬巴僰庫狹，無可當吾刺史者」。於是，「眾牽駒上燥土大廡下，薦之席，糜之絲，浴剔蚤髶(《禮記》：「乘髦馬，不蚤髶。」蚤，謂除爪也。髶謂翦鬣也。《莊子》：「為天子之諸御不爪剪」。「刮惡除洟，垩以雕胡」(垩，音挫，斬刷也。雕胡，草名，菰也)，「秣以香萁，錯貝鱗纕」(纕音襄，馬腹帶)，「鑿金文羈，絡以和鈴」(《左傳》：「錫鸞和鈴」)，「纓以朱緌，或膏其鬣，或劘其䏶」(劘，音磨，削也；䏶，音誰，屁股也)，「御夫盡飾，然後敢持」。於是一匹「病顙之駒」經過造假冒充，成為官府的良馬。於是「除道履石，立之水涯；幢旍前羅(旍，音輿，旌旗一種。《周禮》：「鳥隼為旍」)，槓蓋後隨；(槓，音江，旗竿。《漢書‧甘泉賦》注：「郅偈竿槓之狀」)。千夫翼衛，當道上馳；抗首出臆，震奮遨嬉。」人靠衣裝馬靠鞍，一匹病馬，儼然變作趾高氣揚的千里馬氣派了。

柳宗元在〈起廢答〉的結尾，畫龍點睛地設計了一番寓意深長的對話：

先生曰:「是則然矣。叟將何以教我?」

鬻老進曰:「今先生來吾州亦十年,足軼疾風,鼻知羶香,腹溢儒書,口盈憲章,包今統古,進退齊良,然而一廢不復,曾不若躄足、涎顙之猶有遭也。朽人不識,敢以其惑,願質之先生。」

先生笑且答曰:「叟過矣!彼之病,病乎足與顙也;吾之病,病乎德也。又彼之遭,遭其無耳。今朝廷洎四方,豪傑林立,謀猷川行,群談角智,列坐爭英;披華髮輝,揮喝雷霆,老者育德,少者馳聲,卯角羈貫,排廁鱗徵,一位暫缺,百事交併,駢倚懸足,曾不得逞,不若是州之乏釋師、大馬也。而吾以德病伏焉,豈躄足、涎顙之可望哉?叟之言過昭昭矣,無重吾罪!」

於是,鬻老、壯齒相視以喜,且籲曰:「諭之矣!」拱揖而旋,為先生病焉。

〈起廢答〉透過對比,永州的兩個「廢物」,「東祠曁浮屠」一個跛腳和尚,與「中廄病顙之駒」一匹爛腦袋馬,都獲得進用的機會。而唯有柳宗元「足軼疾風,鼻知羶香,腹溢儒書,口盈憲章,包今統古,進退齊良」,卻僅因為是「病乎德」,而十年間一斥不復。雖然事件和人物形象明顯都屬虛構,但無疑都是人的化身,故事情節都是現實生活中的凝聚。柳宗元借鬻老之口,嘲諷了當時社會顛倒黑白的醜惡現象,表達著柳宗元被「廢而不用」、深刻痛切的「長歌之哀」。

最後一句「叟之言過昭昭矣,無重吾罪!」你這樣實話實說,實在是加重了我的罪愆。流露出柳宗元經歷了一次次無情打擊,已經變得杯弓蛇影、如驚弓之鳥。深恐有什麼「不恭之話」傳到政敵耳中,又成為向上進讒言攻訐的藉口。

柳宗元到永州後所受到的打擊,可謂禍不單行、雪上加霜。

柳宗元母親盧氏,育有二女一子,柳宗元是家嗣的獨苗。母親

第十一章　從頭角崢嶸到「圓外方中」

五十五歲孀居，一直與獨子相依為命。柳宗元遭貶謫逐出長安，母親不放心兒子，兒子也不放心母親，於是，母子相隨流放永州。

初到永州第一個春節，柳宗元在初一向母親拜年，十五在門前掛起花燈，為了讓母親高興。春節之後，聽說憲宗改元永和，大赦天下。柳宗元暗暗高興，以為不久就可以回到長安了。想到垂暮之年的老母親跟著自己遠涉蠻荒之地，心中時時感到不安。當希望破滅之後，柳宗元十分沮喪，倒是母親心寬，能夠隨遇而安，反過來安慰柳宗元。

據柳宗元在〈先太夫人河東縣太君歸祔誌〉中記載：「既至永州，又奉教曰：『汝唯不恭憲度，既獲戾矣，今將大儆於後，以蓋前惡，敬懼而已。苟能是，吾何恨哉！明者不悼往事，吾未嘗有戚戚也。』」你應該有心理準備，你是因為對憲宗不恭，才獲此懲咎。只要你吸取教訓，以此為戒，謹慎做人，危機總會過去。你不必沉湎在過去的往事之中，我心裡也就沒有什麼憂慮了。

柳母出身於天高氣爽的北方，突然隨子流放至南方陰冷潮溼的環境，「竄窮徼，人多疾殀，炎暑熇蒸，其下卑溼，非所以養也」。夏天酷暑，冬天陰冷，年長者很難調養。加之永州位處蠻荒偏僻之地，醫療條件也不好，「診視無所問，藥石無所求，禱祠無所資，蒼黃叫呼，遂邁大罰」，身體越來越不行了。過了五月，才吃完粽子，六十八歲的母親竟一病不起，與世長辭了。

柳宗元全身披孝，擗踴哀號，大呼蒼天：「天乎神乎，其忍是乎！而獨生者誰也？為禍為逆，又頑狠而不得死，逾月逾時，以至於今。」柳宗元深感是自己拖累了母親，「卒以無孝道，不能有報焉」，然而終也無力回天。龍興寺的眾僧來為柳母超度亡靈，喃喃誦經之聲不絕於耳。柳宗元的淚水在誦經聲中長流不止。

柳宗元在〈先太夫人河東縣太君歸祔誌〉中寫道：「靈車遠去，而身獨止，元堂暫開而目不見。孤囚窮縶，魄逝心壞。蒼天蒼天，有如是耶？有如是耶？而猶言猶食者，何如人耶？已矣已矣！窮天下之聲，無以舒其哀矣；盡天下之辭，無以傳其酷矣。」悲天愴地的呼喊，讀之令人心碎。

柳宗元的母系，他在〈送內弟盧遵遊桂林序〉中有記載：「外氏之世德，存乎古史，揚乎人言，其敦大樸厚尤異乎他族。由遵而上，五世為大儒，兄弟三人咸為帝者師。」「其風之流者，皆好學而質重。」柳母出身於河南范陽著名的盧姓家族，五世都是名聲卓著的飽學儒士，其中三人還為帝王師。母親賢惠聰敏，而且見識不凡，從小受到良好的教育，有相當高的文化素養。

柳宗元在懷念母親的〈先太夫人河東縣太君歸祔志誌中說：「某始四歲，居京城西田廬中，先君在吳，家無書，太夫人教古賦十四首，皆諷傳之。以詩禮圖史及剪制纔結授諸女，及長，皆為名婦。」柳宗元年僅四歲的時候，住在京城西邊靠近田野的家族舊居中，父親當時在江南吳地任職，是母親充任了家庭教師的職責。柳鎮曾對柳宗元說：「吾所讀舊史及諸子書，夫人聞而盡知之無遺者。」柳宗元的母親出身名門望族，從小受到良好的教育。七歲即通《毛詩》及劉向《烈女傳》等，有相當高的文化素養。柳宗元四歲時，他的二姐七歲，大姐十歲。母親盧氏親自教她們讀《詩》、《禮》、《圖》、《史》，教她們剪裁女工。等到她們長大，都成了有名望的夫人。柳宗元的大姐嫁給崔簡，崔氏是山東大姓，崔簡是唐初宰相崔仁師的五世孫，後來曾任連州、永州刺史。柳宗元的二姐嫁給裴瑾，裴氏是關中大姓，裴瑾是玄宗朝宰相裴光庭的後裔，官至京兆府參軍，吉州刺史。母親教柳宗元讀古賦十四首，都是她背誦下來再傳授給兒子。柳宗元天賦很高，年僅四歲就能把母親所教古賦全部背誦下來。

第十一章　從頭角崢嶸到「圓外方中」

　　柳宗元在〈先太夫人河東縣太君歸祔誌〉中還回憶：「先君之仕也，伯母叔母姑姊妹子姪皆遠在數千里之外，必奉迎以來。太夫人之承之也，尊己者，敬之如臣事君；下己者，慈之如母畜子；敵己者，友之如兄弟。諸姑之有歸，必廢寢食，禮既備，嘗有勞疾。」柳宗元的父親柳鎮做官外任，伯母、嬸孃、姑姑、姐妹、姪兒等，都遠在數千里之外，母親必定想方設法將他們迎接回來，團聚在一起。母親對待這些人，凡是年紀長於自己的，像臣子侍奉君王一樣尊敬；年紀小於自己的，如同母親對待子女一樣慈祥；對自己有懷有敵意的，不計前嫌、宛如兄弟一樣友好。那些姑表遠親如果有上門探親的，母親必定廢寢忘食，提前準備。曾經因為準備禮品，自己操勞過度而得了疾病。

　　柳宗元在〈先太夫人河東縣太君歸祔誌〉中還回憶：「嘗逮事伯舅，聞其稱太夫人之行以教曰：汝宗大家也，既事舅姑，周睦姻族，柳氏之孝仁益聞。歲惡少食，不自足而飽孤幼，是良難也。」盧氏嫁入柳家，大家族之中的叔伯姑舅關係複雜，而柳母不唯德淑行懿，賢慧豁達，而且知書達禮，能禮讓謙恭和睦相處，贏得裡外稱讚。每逢災荒年頭，母親總是寧願自己節衣縮食，也要讓孤幼孩子吃飽⋯⋯

　　母親的音容笑貌、言行舉止，都鐫刻在柳宗元的靈魂深處。

　　死者逝之如斯，生者獨承痛苦。柳宗元痛徹臟腑地寫下自己無盡的悔恨：「太夫人有子不令而陷於大僇，徙播癘土，醫巫藥膳之不具，以速天禍，非天降之酷，將不幸而有惡子以及是也。」柳宗元無比悔恨，深以為是自己的流放而加速了母親的死亡。

　　中國千年的習俗是「入土為安」，但柳宗元是戴罪之身，無詔命不得離開貶所，他無法護送母親的靈柩回長安祖塋，只得暫且厝於龍興寺：「又今無適主以葬。天地有窮，此冤無窮。既舉葬紼，猶以不孝之辭，擬

述先德,且志其酷焉。」「綍」同「引」。《禮記・曾子問》:「葬引至於綍恆。」現在由於兒子的「不孝」,致使老母親「死無葬身之地」。柳宗元悲痛欲絕,真正體會到得罪當朝權貴的後果。

柳宗元想到與自己「同病相憐」的八司馬之一凌准。凌准的母親在家中去世,他貶謫在外,連回去奔喪到靈前一哭的權利也被剝奪。不久二弟又死,再不久,凌准自己也在貶地死去,可憐凌家只剩兩個小兒,孤苦零丁,形影相弔。柳宗元為此寫下〈哭連州凌員外司馬〉。

柳宗元先極讚凌准的著書立說:「六學誠一貫,精義窮發揮;著書逾十年,幽賾靡不推。天庭揳高文,萬字若波馳。」六學即六藝,凌准博學多才,聞識深廣,《易・繫辭》言:「探賾索隱,鉤深致遠。精義入神,以致用也。」《易・乾》又曰:「剛健中正,純粹精也。」凌准能融學識於一爐,頗得精義真諦。凌准積十年之功力,著《後漢春秋》二十餘萬言,又著《六經解圍人文集》八萬言,為後世留下寶貴的精神財富。凌准三十歲那年,投書至當朝宰相,宰相在殿堂之上當眾試他的文采辭色,凌准下筆萬言,一揮而就。宰相驚為奇才,「擢為崇文館校書郎」。

柳宗元又歷數了凌准為官的政績:「記室徵西府,宏謀耀其奇。轙(音由)軒下東越,列郡蘇疲羸。宛宛凌江羽,來棲翰林枝。孝文留弓劍,中外方危疑。抗聲促遺詔,定命由陳辭。徒隸肅曹官,徵賦參有司。」建中初年,凌准以金吾兵曹為邠寧節度使掌書記。涇原之亂時,為節度使韓遊瓌出謀劃策,對平息叛亂立有大功。邠寧節度使韓遊瓌去世後,凌准轉任浙東觀察判官,輕車微服下浙東。按驗汙吏,秉公做事,受到地方官吏的敬重。由於凌准在浙東的政績卓著,「聞於上」,而被召為翰林學士。貞元二十一年正月,德宗崩,宦官閹臣們祕議不發喪,五日乃下遺詔,而凌准勇於「獨抗危辭」,與王伾等十七八人聯名上書,終

第十一章　從頭角崢嶸到「圓外方中」

於贏得「旦旦發喪」。凌准在永貞革新中，由翰林升任參度支，執掌徒隸簿，為同僚做出了廉潔的榜樣；主管徵賦事，堅持制度處處為朝廷打算。由始「奸利衰止」……

然而，就是這樣一位文武全才，「廢逐人所棄，遂為鬼神欺」。世人多是錦上添花，當其得勢之際，門庭若市，而一旦落難，則牆倒眾人推，只剩「落井下石」之輩。「才難不其然，卒與大患期」；原本讚譽的滿腹經綸，現在變成與其罪人身分相當，一無是處。

結局終至落得「高堂傾故國，葬祭限囚羈。仲叔繼幽淪，狂叫唯童兒。一門既無主，焉用徒生為！舉聲但呼天，孰知神者誰？泣盡目無見。腎傷足不持。溘死委炎荒，臧獲守靈帷。平生負國譴，骸骨非敢私。蓋棺未塞責，孤旐凝寒颸。」高堂即北堂，母親病故於家鄉，而凌准身為謫人，生不能養、死不能葬。不久後兩弟又相繼辭世，在他們身邊痛哭的只有尚未省事的兒郎。家中失去了重心，苟活的生者只能眼睜睜看著他們一去不返。無奈中只好抬頭喊天，萬能的神啊，你今在何方！凌准痛哭得淚盡聲絕、雙目失明，腎氣衰竭、走路搖晃，竟然暴死於炎熱的蠻荒。守靈的沒有親人，只有僕人與丫鬟！凌准被貶謫在邊遠之地，死後骸骨也不能回歸故鄉。悲哀呀！蓋棺之後仍是流言四起，孤獨的靈旗在寒風中凍凝不揚！真正是呼天天不應，愴地地不靈。難道對一個人的評價，就是這樣「蓋棺定論」？

「念昔始相遇，腑腸為君知。進身齊選擇，失路同瑕疵。本期濟仁義，合為眾所嗤。滅身竟不試，世義安可支！恬死百憂盡，苟生萬慮滋。顧余九逝魂，與子各何之？我歌誠自慟，非獨為君悲！」想當年我們初次相識，一見如故，互訴衷腸。我們選擇了共同的改革目標，進身朝廷，又因為一樣的原因被貶南蠻。揚雄〈解嘲〉：「當途者入青雲，失路者委溝渠。」我們原本期望以仁義普濟眾生，那必然為愚蠢的人群譏笑中

傷。我們到死也未有用武之地，維繫正義，還有何指望？孔融〈臨終詩〉曰：「生存多所慮，長寢萬事畢。」死去的，當然一了百了，苟活者，卻憂思千萬。我自己每晚都多次夢迴長安，不知是否能與你同路返鄉？兄弟呀！我長歌當哭，全然出於心靈深處的哀慟，為國為民，並非僅僅是為你而悲傷！兔死狐悲、物傷其類。柳宗元的〈哭連州凌員外司馬〉詩，何嘗不是在哭母親，哭自己？！

元和二年的第三道聖詔：「左降官韋執誼、韓泰、陳諫、柳宗元、劉禹錫、韓曄、程異等八人，縱逢恩赦，不在量移之限。」破滅了柳宗元北歸的最後一線希望，他護送母親靈柩回長安的計畫也隨之化為泡影。

柳宗元情迫之下也是「病急亂投醫」，曾向廣州刺史、嶺南節度使趙昌上啟陳情，希望能給予通融援手。柳宗元在監察御史的任上時，曾與趙昌、杜司空等有舊，關係不錯。柳宗元訴說自己的處境：「頃以黨與進退，投竄零陵，囚繫所迫，不得歸奉松檟。哀荒窮毒、人理所極，親故遺忘，況於他人。」「伏唯惻然見哀，使得存濟，悢悢荒懇，叩顙南望。竊以動心於無情之地，施惠於不報之人，古烈尚難，況在今日？而率然干冒，決不自疑者，蓋以聞風之日久，向德之誠至，振高義於流俗之外，合大度於古人之中，獨有望於閣下而已，非敢以尋常祈向之禮，當大賢匍匐之仁。夙夜忖度，果於自卜，方在困辱，不敢多言。伏紙惶恐，不勝戰越。」一向個性孤傲的柳宗元能夠寫出如此聲淚俱下的言詞，即便是路人也會寄予同情。然而，柳宗元的書信如泥牛入海、杳無音訊。所有的故舊好友，都像躲避痲瘋病人一般，生恐沾染上自身。

柳宗元萬般無奈之下，只得於第二年，安排表弟盧遵、從弟宗直護送母親靈柩回家。生不能盡孝，死不能送葬，柳宗元是忍受著怎樣刺骨錐心之痛！

在永州苦苦掙扎的十年，柳宗元還曾分別向尚書右丞（後官拜京兆

第十一章　從頭角崢嶸到「圓外方中」

尹)許孟容、淮南節度使李吉甫、荊南西川節度使武元衡等，獻文上啟，請求能為他說幾句公道話，以改變聖上成見，換取自己命運的轉機。許孟容是先父舊摯，其他人也都可稱之為老友，這些人都身居要位，也許幫忙說幾句話是舉手之勞，然而，滿懷希望寄去的書信，卻是石沉大海，沒有一點漣漪。柳宗元終於明白：「人情薄，世情惡」，世上多見錦上添花者，難遇雪中送炭人。

柳宗元在永州的貶謫生涯可說是貧困拮据。這從他寫給上司湖南李中丞，求救濟廩糧的信中可以看出。

那時柳宗元既要養家，還要顧及收養的姐夫崔簡遺屬，生活可說是窮困潦倒，萬般無奈之下，只得向李中丞告乏求助。雖然古訓有「廉者不受嗟來之食」，向人開口乞食，歷來為士人所羞恥。但面對眾口嗷嗷，也顧不得顏面諸多了。柳宗元之所以如此羞赧地開口求助，因為鑒於湖南李中丞宅心仁厚，曾幫助柳宗元安撫姐夫崔簡的遺屬。柳宗元為此感激涕零地寫過〈謝李中丞安撫崔簡戚屬啟〉。現在再次開口求助，柳宗元一定經過了激烈的內心掙扎，這從他撰寫〈上湖南李中丞干廩食啟〉時，下筆的尋詞措句上可以看出：

某啟：某嘗讀列子書，有言於鄭子陽者曰：「列御寇，蓋有道之士也。居君之地而窮，君不好士使之然乎？」子陽於是以君命輸粟於列子，列子不受（《列子‧說符》之文），固常高其志。又讀孟子書，言諸侯之於士曰，使之窮於吾地則賙之，賙之亦可受也。又怪孟子以希聖之才，命代而出，不卓然自異以潔白其德，取食於諸侯不以為非。斷而言之，則列子獨任之士，唯己一毛之為愛，故遁以自免；孟子兼愛之士，唯利萬物之為謀，故當而不辭。

今宗元處則無列子之道，出則無孟子之謀，窮則去讓而自求（定公《穀梁傳》，求者請也。古之人重請，何重乎請，人之所以為人者讓也。

請道去讓也,則是舍其所以為人也),至則捧受而不慚,斯固為貪凌苟冒人矣。董生曰:「明明求財利,唯恐眍乏者,庶人之事也」(董仲舒答武帝之策)。是皆詬恥之大者,而無所避之,何也?以為士則黜辱,為農則斥遠,無伎不可以為工,無貨不可以為商,抱大罪,處窮徼,以當惡歲而無廩食,又不自列於閣下,則非所以待君子之意也。伏唯覽子陽孟子之說,以垂德惠,無使惶惶然控於他邦,重為董生所笑,則縲囚之幸大矣。

　　柳宗元行文向來有引經據典的本事,這次又為自己的貧窮困頓,從先秦到兩漢,從子陽、孟子到董仲舒找出依據。儘管讓人覺得「啞然失笑」,不免有魯迅筆下窮酸腐儒孔乙己的影子,但終究是「含著辛酸淚水之笑」,讓人對柳宗元的處境有了更多的同情和悲哀。

　　《莊子・山木》篇中,記載了莊子與魏惠王的一段對話,竟然也有著與柳宗元大同小異的邏輯:

　　莊子身穿縫補破舊的粗布衣,用麻繩繫著草鞋而見魏惠王。魏惠王說:「先生為何如此困頓?」莊子反駁道:「只是貧窮,並非困頓。士人不能順道循德而行,才是困頓。衣破鞋爛,只是貧窮,並非困頓。這是人們所言的不遇有道之世。君王難道不曾見過騰躍的猿猴嗎?猿猴處身於高大喬木楠、梓、榆、樟之間,就能攀攬樹枝而成森林之王,即便后羿、逢蒙也不敢輕視。等到猿猴處身於多刺灌木柘、棘、枳、枸之間,只能慎行側目,驚惶失措。這並非筋骨僵硬而不再柔軟,而是所處時勢不便,不足以發揮才能。」

　　莊子的話倒是與柳宗元所言「英雄所見略同」。

　　柳宗元大概正是在貧困交加、乞告無門的悲痛欲絕情形下,寫出了〈乞巧文〉,作為自己內心告白:

　　《荊楚歲時記》云:「七夕,婦人以彩縷穿七孔針,陳幾筵酒脯瓜果

第十一章　從頭角崢嶸到「圓外方中」

於庭中以乞巧。或云：見天漢中奕奕白氣，有光五色，以為徵應，見者得福。此乞巧之所自也。」七夕乃是牛郎織女鵲橋相會的日子，民間風俗，在這一天設筵陳饗，以綵線穿七孔針，向天孫織女「求巧」，可以學得「織五彩雲霓之福」。柳宗元「借題發揮」，藉助這一形式，設想了向天孫織女乞巧的「太虛幻境」：

柳子夜歸自外庭，有設祠者，（饎）餌馨香，蔬果交羅，插竹垂綏，剖瓜犬牙，且拜且祈。怪而問焉。女隸進曰：「今茲秋孟七夕，天女之孫將嬪於河鼓。邀而祠者，幸而與之巧，驅去蹇拙，手目開利，組紃縫製，將無滯於心焉。為是禱也。」

柳宗元「設祠乞巧」，醉翁之意不在酒，他借用寓言形式，把嬉笑怒罵的辛辣與抱樸終生的堅定融於一爐。不僅坦露了內心痛苦的深刻矛盾，也展現了不甘墮落的倔強靈魂。話中藏話、含沙射影地抨擊了世風和時政。

柳宗元要向天孫織女乞求「驅去蹇拙」，「幸而與之巧」：

臨臣之庭，曲聽臣言：臣有大拙，智所不化，醫所不攻，威不能遷，寬不能容。乾坤之量，包含海嶽，臣身甚微，無所投足。蟻適於垤，蝸休於殼。龜黿螺蚌，皆有所伏。臣物之靈，進退唯辱。仿佯為狂，局束為謅，籲籲為詐，坦坦為悉。他人有身，動必得宜，周旋獲笑，顛倒逢嬉。己所尊瞻，人或怒之。變情徇勢，射利抵（山戲）（音義，山險貌）。中心甚憎，為彼所奇。忍仇佯喜，悅譽遷隨。胡執臣心，常使不移？反人是己，曾不惕疑。貶名絕命，不負所知。抃嘲似傲，貴者啟齒。臣旁震驚，彼且不恥。叩稽匍匐，言語譎詭。令臣縮恧，彼則大喜。臣若效之，瞋怒叢己。彼誠大巧，臣拙無比。王侯之門，狂吠狴犴。臣到百步，喉喘顛汗。睢盱逆走，魄遁神叛。欣欣巧夫，徐入縱誕。毛群掉尾，百怒一散。世途昏險，擬步如漆，左低右昂，鬥冒衝突。鬼神恐

悸，聖智危慄。泯焉直遂，所至如一。是獨何工，縱橫不憫。非天所假，彼智焉出？獨嗇於臣，恆使玷黜。沓沓驁驁，恣口所言。迎知喜惡，默測憎憐。搖唇一發，徑中心原。膠加鉗夾，誓死無遷。探心扤膽，踴躍拘牽。彼雖佯退，胡可得旃！獨結臣舌，喑抑啣冤。掰背流血，一辭莫宣。胡為賦授，有此奇偏？炫耀為文，瑣碎排偶。抽黃對白，噲嗻飛走。（噲嗻，鳥聲也）駢四儷六，錦心繡口。宮沉羽振，笙簧觸手。觀者舞悅，誇談雷吼。獨溺臣心，使甘老醜。矍昏莽鹵，樸鈍枯朽。不期一時，以俟悠久。旁羅萬金，不鬻弊帚。跪呈豪傑，投棄不有。眉臍頤麼，喙唾胸嘔。大赧而歸，填恨低首。天孫司巧，而窮臣若是，卒不餘畀，獨何酷歟？敢願聖靈悔禍，矜臣獨艱。付與姿媚，易臣頑顏。鑿臣方心，規以大圓。拔去吶舌，（「吶」，與「訥」同。）納以工言。文辭婉軟，步武輕便。齒牙饒美，眉睫增妍。突梯卷臠，（《楚辭·卜居》云：將突梯滑稽以挈楹乎。突梯，隨俗貌。《莊子》：臠卷傖囊而亂天下。卷臠，不申舒貌。音拳攣）為世所賢。

柳宗元深感世事艱難：「世途昏險，擬步如漆，左低右昂，鬥冒衝突。鬼神恐悸，聖智危慄」，乞求「改掉」自己為世俗所不容的諸多「毛病」：「威不能遷，寬不能容」，「忍仇佯喜，悅讐遷隨」，「仿佯為狂，局束為謭」，「籲籲為詐，坦坦為忝」，「變情徇勢，射利抵（山戲）」等等，祈願聖靈能夠「付與姿媚，易臣頑顏。鑿臣方心，規以大圓。拔去吶舌，納以工言。文辭婉軟，步武輕便。齒牙饒美，眉睫增妍。突梯卷臠」，以求得見容於社會，改變現實的處境。

柳宗元的「乞巧」，當然是預料中的結局。他俯伏稽首，一拜再拜，一直等至夜半，還沒有回音。疲倦至極準備去睡了，只見有一青袖朱裳的天使，手持絳節前來告之天孫織女的回答：

天孫告汝，汝詞良苦，凡汝之言，吾所極知。汝擇而行，嫉彼不為。汝之所欲，汝自可期。胡不為之，而誰我為！汝唯知恥，諂貌淫

第十一章　從頭角崢嶸到「圓外方中」

詞，寧辱不貴，自適其宜。中心已定，胡妄而祈？堅汝之心，密汝所持，得之為大，失不汙卑。凡吾所有，不敢汝施，致命而升，汝慎勿疑。

柳宗元終於「大徹大悟」：「天之所命，不可中革」，「抱拙終身，以死誰惕！」天生叛逆之骨，江山易改，本性難移，還是守道而認命吧！

永州貶謫時期，柳宗元留存下不少與友人「一醉方休」的飲酒詩賦：

柳宗元在〈序飲〉一文中，描繪了與眾友飲酒取樂的情形：

遂置酒溪石上。向之為記所謂牛馬之飲者，離坐其背。實觴而流之，接取以飲。乃置監史而令曰：當飲者舉籌之十寸者三，逆而投之，能不洄於洑。不止於坻，不沉於底者，過不飲。而洄而止而沉者，飲如籌之數。既或投之，則旋眩滑汩。若舞若躍，速者遲者，去者住者，眾皆據石注視，歡抃以助其勢。突然而逝，乃得無事。於是或一飲，或再飲。客有婁生圖南者，其投之也，一洄一止一沉，獨三飲，眾乃大笑歡甚。余病痞，不能食酒，至是醉焉。遂損益其令，以窮日夜而不知歸。

在溪水邊的大石頭上安放酒和酒具。大家散坐著好像牛馬飲於溪水中的石群上。將酒杯中斟滿酒，然後將其放入水中讓它流動，水邊的人拿起酒杯飲酒。於是設定了監督行酒令之人。應該飲酒的人舉起三根十寸長的籌籤，迎著溪水投進去，能夠不進入漩渦之中的，不停滯在水中陸地上的，不沉入水底的人，就算是順利透過，就可以不要飲酒。如果籌籤落入漩渦中，或是停滯在水中陸地之上，或沉入水底的人，就要按照籌籤的數目喝酒。有人將籌籤投入流水之後，籌籤在湍急的水流中滑溜打轉，好像是在跳舞一樣，一會兒快，一會兒慢，一會兒流動，一會兒停止，所有人都扒住石頭注視，非常高興地拍手鼓掌，加油助樂。突然順流漂走，就可以不用喝酒了。於是有的人飲一次，有的人飲酒兩次。客人中有個叫婁圖南的書生，他所投擲的籌籤，一次流入了漩渦

中,一次停留在水中的陸地上,一次沉入了水底,唯獨他飲酒三次,眾人都大聲歡笑,非常高興。我患痞病,不能多飲酒,此時已經醉了。於是將酒令增減,從早到晚,都顧不得回家。

〈陪永州崔使君遊宴南池序〉:「羽觴飛翔,匏竹激越。熙然而歌,婆然而舞,持頤而笑,瞠目而倨,不知日之將暮,則於向之物者可謂無負矣。」

〈婁二十四秀才花下對酒唱和詩序〉:「君子遭世之理,則呻呼踴躍以求知於世,而遁隱之志息焉。於是感激憤悱,思奮其志略以效於當世,故形於文字。」「余既困辱,不得預睹世之光明,而幽乎楚、越之間……」

〈法華寺西亭夜飲賦詩序〉:「余既謫永州,以法華浮圖之西臨陂池丘陵,大江連山,其高可以上,其遠可以望,遂伐木為亭,以臨風雨,觀物初,而遊乎顥氣之始。」「是夜,會茲亭者凡八人。既醉,克己欲志是會以貽於後,咸命為詩……」

柳宗元還寫道:「吾聞昔之飲酒者,有揖讓酬酢百拜以為禮者,有叫號屢舞、如沸如羹以為極者,有裸裎袒裼以為達者,有資絲竹金石之樂以為和者,有以促數糾遬而為密者,今則舉異是焉。故舍百拜而禮,無叫號而極,不袒裼而達,非金石而和,去糾遬而密。簡而同,肆而恭,衎衎而從容,於以合山水之樂,成君子之心,宜也。」我聽說過去飲酒的人,有相互拜謝敬酒,以保持禮節;有大聲叫喊,舞蹈起來,亂紛紛的以為盡興盡情;有脫光衣服,赤身裸體,以為曠達不羈;有的伴奏著各種管弦樂器,以為聲音協和;有的互相靠近糾纏在一起,以為親密。現在我們所做的與這些都不相同:放棄了互相拜謝以保持禮儀,沒有大聲叫喊以為盡興盡情,沒有赤身裸體而曠達,不用樂器伴奏而和

第十一章 從頭角崢嶸到「圓外方中」

諧，不去靠近糾纏而親密。沒有繁瑣的禮節而感到和樂，盡情任性卻相當恭敬，歡樂高興，從容閒適，以符合孔子「仁者樂山，智者樂水」的說法，養成君子的旨趣，是非常適宜的。

儘管柳宗元心知肚明，借酒澆愁、寄情酒色並不好，一開始還在極力「掌握分寸」，但久而久之，養成了嗜酒的習慣。他在〈飲酒〉一詩中寫道：「今旦少愉樂，起坐開清樽。舉觴酹先酒，遣我驅憂煩。」「莫厭樽前醉，相看未白首」；將進酒，杯莫停。但願長醉不願醒，與爾共銷萬古愁。

柳宗元試圖寄情山水，物我兩忘。然而可得乎？抽刀斷水水更流，借酒澆愁愁更愁。

孟子有一段廣為人知的名言：「天降大任於斯人，必先苦其筋骨，勞其心志……」，意思無非是說，苦難對人的意志是一種磨練。「寶劍鋒自磨礪出」。然而，這恐怕只是一種理想主義的願景，或者說是一種英雄主義的「壯懷激烈」。面對磨難，也許確實有人能保持百折不撓、九死不悔的鋒芒，但更多的人是被磨難挫傷得意志消沉、頹廢衰竭，磨平了原本的頭角崢嶸，最多也是磨得「內尚方，外已圓」。

柳宗元貶謫之前，原本是剛直激烈、無所避忌而又顯得嚴謹不足、孟浪有餘。然而經過一系列的磨難打擊，性格微妙地變得內向化。這種變化是他從對「革新運動失敗的沉重反思和教訓總結中，意識到這種性格不適宜在嚴酷複雜的政治角力中立足，開始自覺地抑志斂性」。

在〈佩韋賦〉中，柳宗元以柔軟的韋（皮繩）作為約束自己剛烈心性的標誌，他反思那些剛柔相濟的古人，以「疏顏以誚秦兮，入降廉猶臣僕」的藺相如當作自己的榜樣。藺相如不僅能與自己觀點相同的朋友交好，而且能夠不計前嫌，與過去頂撞輕侮過自己的廉頗「將相和」。表

示「恆懼過而失中庸之義，慕西門氏佩韋以戒」，去其「純剛純強」，以求「剛以柔通」。

在〈解崇賦〉中，他更借卜筮之言告誡自己「去爾中躁與外撓，姑務清為室而靜為家。」表示要「鋪沖虛以為席，駕恬泊以為車。」這是柳宗元久歷生命沉淪之後對人生的一種解悟，也是殘酷現實給予他帶著嘲弄的賜予。在一而再、再而三的政治打擊下，柳宗元不得不在主觀上慎重考慮自我性格與社會現實的適應問題。

柳宗元的此一「轉變」傾向，明確地表達於〈說車贈楊誨之〉一文。

楊誨之是柳宗元泰山大人楊憑的兒子，也就是柳宗元的小舅子。元和四年，楊憑因李夷簡劾奏在前江西觀察使的贓罪，自京兆伊貶為臨賀縣尉，並籍沒家產。元和五年十一月，楊誨之前往臨賀縣探望父親，順路到永州與姐夫柳宗元會面。〈說車贈楊誨之〉就是這次會面分手時，柳宗元寫給小舅子的「臨別贈言」：

在楊誨之就要離開永州的時候，柳宗元起身將他送到門口，正在這時，有一輛車子從門口經過，柳宗元指著車子對楊誨之說道：「若知是之所以任重而行於世乎？材良而器攻，圓其外而方其中然也。材而不良，則速壞。工之為功也，不攻，則速敗。中不方，則不能以載，外不圓，則窒拒而滯。方之所謂者箱也，圓之所謂者輪也。匪箱不居，匪輪不途。吾子其務法焉者乎？」你明白車子之所以能夠承載著重物在道路上行走的原因嗎？是因為車子用了精良質地和精巧的器具，外面是圓形的，裡面是方形的。假如質地不好的話，就很容易壞掉。假如工匠沒有精湛的造車工藝的話，車子也會很快壞掉。假如車子中間不是方形的話，載重物顯然就不可能；外面如果不是圓形的話，就會艱澀難以前行。這裡所說的方形，就是指車廂，說的圓形，就是指車輪。沒有車廂就不

第十一章 從頭角崢嶸到「圓外方中」

能承載貨物,沒有車輪就不能前行。你能夠恰如其分地模仿車子嗎?

柳宗元由車子聯想到人生的行路。車必須具備四點,才能入世行路。一是「材良」,打造車的材質要好,猶如人的先天遺傳基因;二是「器攻」,要經過匠人的精心雕琢,如同後天經過刻苦學習;三是「圓外」,車輪只有圓潤才能滾動前行,警示著為人處事要八面玲瓏;四是「方中」,車廂只有方方正正才能載貨,也就是說內心要有堅持不變的信念。後兩項圓外與方中極為重要,是說人的性格修練。如果中不方,人就活得無價值;如果外不圓,就不能四通八達、完成任重而道遠的使命。顯然,柳宗元之說車,是對自己坎坷挫折的痛苦人生的一種感悟。

柳宗元接著說:「澤而杼,山而侔」,《考工記》言:「凡為輪,行澤欲杼,行山欲侔。」當車子經過沼澤地的時候,就要把輪圈削薄,當車子經過山路的時候,就要保持上下高低一致;「上而輕,下而軒且曳。」《詩經》言:「戎車既安,如輊如軒。」向上走的時候要如輊向下傾斜,向下走的時候要如軒向上傾斜,並且要用力拽著。這樣車子才會安全……

柳宗元接著還說到祥車(歸葬的車)、兵車(「革」)、車巢車(「巢」,攻城戰車)、安車(馬拉小車)、輼車(有帷的車)、武車(「垂綏」,兵車)、巾車(「載十二旒」,有蓋的祭祀車)等:「祥而曠左,革而長轂以戟,巢焉而以望,安以愛老,輼以蔽內,垂綏而以畋,載十二旒,而以廟以郊以陳於庭」,各種車萬變不離其宗,即材良、器攻、圓外、方中,缺一不可。

楊誨之是柳宗元最為親近的人,他不願意看到與自己年輕時性格相近的小舅子,重蹈自己的覆轍:「誨之,吾戚也,長而益良,方其中矣。吾固欲其任重而行於世,懼圓其外者未至,故說車以贈。」楊誨之是我的親戚,隨著年齡的不斷增長,具有越來越優秀的品德,因為他的心理

面是呈方形的,我一直打算讓他擔負起經世興邦的重任,只是擔心他外在的圓柔還沒有修練到位,因此,用車子的道理來給予他啟示。

柳宗元的〈說車贈楊誨之〉一文,其實是訴說了「性格決定命運」的人生哲理。

然而,柳宗元的苦心孤詣,妻弟楊誨之並不以為意。楊誨之把柳宗元的「圓其外」之說誤解成圓滑媚俗,所以直到次年四月十八日回覆柳宗元一封長信。楊誨之給柳宗元的回信現今已經佚失,我們只能從柳宗元〈與楊誨之第二書〉的回信中,了解當年兩人的爭辯。

楊誨之認為:「我不能翦翦(畏首畏尾)、拘拘(畏首畏尾),以同世取榮」、「吾未嘗為(奸)佞且(虛)偽」。把「圓外方中」等同於膽小怕事、老奸巨猾。楊誨之主張縱恣肆志,反對恭寬退讓。「圓外方中」,在車,可能成為弊車(故障車);在人,可能成為恆人(普通人)。柳宗元告誡他,做人必須「內可以守,外可以行乎其道」,而要達到「求諸中以厲乎己」的境界,就不能放縱不拘。柳宗元用《左傳·定公十年》中「遭夾谷、武子之臺」作表述,說明與人爭辯,既可用義正詞嚴的痛罵,但也可如《禮記·內則》之「當下氣怡色」,用和顏悅色的柔聲說服人。柳宗元用《禮記·祭義》中「濟濟切切、哀矜、淑問之事」作表述,說明與人相處既能諾諾連連的恭敬,也能以《易·蹇》、《孟子·離婁上》、《論語·為政》等經典之「及為蹇蹇匪躬、以革君心之非、莊以涖乎人」為訓,與人為善鄭重其事的規勸。一切以「時中(適時、適宜)」為轉移。

楊誨之在回信中還說:「我不能為車之說,但當則法(效法)聖道而內無愧,乃可長久。」柳宗元為此特別指出,聖人偉大,但是,千萬不要把他們想像成「縱目(四隻眼睛)、卬鼻(象鼻)、四手八足、鱗毛羽鬣、飛走變化」的「異類」而加以排斥,事實上,他們與凡人一樣,也有自己

第十一章　從頭角崢嶸到「圓外方中」

的「樂」與「愁」。聖人之所以能夠「作言語、立道理、千百年天下傳道之」，是因為「求諸中（時中）以厲（嚴格）乎己」，因此，所謂「聖道」，也就是凡道，並無特別之處。

柳宗元所撰寫〈觀八駿圖說〉一文，也可作為勸解楊誨之的「輔助教材」：

〈八駿圖〉是六朝起就十分流行的一幅名畫，呈現古代傳說中，周穆王駕著八匹駿馬上崑崙山的故事。晉王嘉《拾遺記》曰：「八駿之名，一曰絕地，二曰翻羽，三曰奔霄，四曰越影，五曰逾暉，六曰超光，七曰騰霧，八曰挾翼」，把周穆王所駕八匹馬的形態，畫得十分離奇古怪：似像非像傳說的蛟龍、鳳凰、麒麟的樣子，一匹匹都在騰雲駕霧、奮蹄飛騰。柳宗元看著這幅〈八駿圖〉，發表了一番感慨：

「世聞其駿也，因以異形求之。則其言聖人者，亦類是矣。故傳伏羲曰牛首，女媧曰其形類蛇，孔子如倛頭，若是者甚眾。孟子曰：『何以異於人哉？堯舜與人同耳！』」世俗之人聽傳說是周穆王的駿馬，因此就按奇形怪狀去想像它。所以他們傳說的聖人相貌，也大多與此情況相似。傳說中伏羲長著牛頭，女媧是蛇身人首，孔子的面部好像戴著倛頭，就是方臉龐。諸如此類的情形比比皆是。孟子說：「我與常人有什麼不同的地方呢？堯舜也和普通的人一樣嘛！」

現在的馬，駕著車行走，有的走上一里路就出汗了，有的走上十里路才出汗，有的卻走上千百里路還不出汗。但從外表上看，都是滿身長著毛，有尾有鬃，四腳有蹄，吃草飲水，全都一樣。由此類推到駿馬，自然樣子也相同。現在的人，有的當不了小販，有的不能當小吏，有的當不了大官，然而有的人就能勝任。從外表上看，他們腦袋都是圓的，眼睛都橫長著，都吃五穀雜糧，喜歡吃大魚大肉，穿上細麻布衣服就感